主 编◎喻洪麟 奚正新

副主编◎曹 瑜 李盛姝

踏上崇高的信仰之路

——新编高等学校党课培训教程

西南交通大学出版社
·成都·

图书在版编目（ＣＩＰ）数据

踏上崇高的信仰之路：新编高等学校党课培训教程／
喻洪麟，奚正新主编. —成都：西南交通大学出版社，
2017.11（2021.10 重印）
ISBN 978-7-5643-5782-5

Ⅰ. ①踏… Ⅱ. ①喻… ②奚… Ⅲ. ①中国共产党 –
基本知识 – 高等学校 – 教材 Ⅳ. ①D219

中国版本图书馆 CIP 数据核字（2017）第 233908 号

踏上崇高的信仰之路 ——新编高等学校党课培训教程	主编	喻洪麟 奚正新	责任编辑　郭发仔 封面设计　严春艳

印张　12.75　　字数　221千

成品尺寸　170 mm×230 mm

版次　2017年11月第1版

印次　2021年10月第6次

印刷　成都中永印务有限责任公司

书号　ISBN 978-7-5643-5782-5

出版发行　西南交通大学出版社

网址　http://www.xnjdcbs.com

地址　四川省成都市金牛区二环路北一段111号
　　　西南交通大学创新大厦21楼

邮政编码　610031

发行部电话　028-87600564　028-87600533

定价　28.00元

前　言

中国共产党是中国工人阶级的先锋队，同时也是中国人民和中华民族的先锋队，是中国特色社会主义事业的领导核心，代表中国先进生产力的发展要求，代表中国先进文化的前进方向，代表中国最广大人民的根本利益。党的最高理想和最终目标是实现共产主义。

党的十八大以来，以习近平同志为核心的党中央接过历史的接力棒，带领全党全国各族人民朝着实现"两个百年"奋斗目标、实现中华民族伟大复兴的中国梦奋勇前进，取得了举世瞩目的巨大成就。今天，我们比历史上任何时期都更接近实现这个目标。我们越是接近中华民族伟大复兴的目标，就越需要发挥高等教育的作用，越渴求科学知识和卓越人才。高校肩负着人才培养、科学研究、社会服务、文化传承创新、国际交流合作的重要使命。大学生是祖国的未来、民族的希望。教育强则国家强，人才兴则民族兴，立德树人是高校的根本任务。在大学生中发展党员是充分发挥党的政治优势和组织优势，做好大学生思想政治教育，培养和造就德才兼备、全面发展的中国特色社会主义合格建设者和可靠接班人高素质人才的迫切需要，对于把我党建设成为学习型、服务型、创新型的马克思主义执政党，始终确保我党作为中国特色社会主义事业的坚强领导核心具有重大而深远的战略意义。

为了帮助广大党员和入党积极分子学习党的基本知识，在新时期、新形势下正确认识中国共产党，认真学习贯彻党的十九大精神，对广大党员和入党积极分子进行教育和培训，我们编写了这本《踏上崇高的信仰之路——新编高等学校党课培训教程》。

本书主要针对高等学校的广大党员和入党积极分子编写。本书立足于我国新时期全面建成小康社会和加强党的建设新的伟大工程的需要，结合高等学校的实际，全面系统地阐述了党的奋斗历程与历史经验、党的性质和宗旨、党的指导思想、党的纲领、党的组织制度、党的作风与纪律、当代大学生的信仰选择以及入党的条件和程序等，并附有中国共产党章程、中国共产党大事记（1921—2017 年）、中国共产党发展党员工作细则、入党常用文书及范文、入党誓词和党的基本知识测试模拟题，每章还附有知识链接和思考题。全书框架结构严谨，逻辑体系完整，突出了党性、理论性、实践性和时代性，是一本在新时期新形势下对高校广大党员和入党积极分子进行党课培训和思想政治教育的辅助读物。

本书由四川外国语大学重庆南方翻译学院的喻洪麟、奚正新担任主编，曹瑜、李盛姝担任副主编。具体分工如下：奚正新负责前言、第一章、第四章、第七章、附录的编写和全书的统稿；曹瑜负责第三章和第六章的编写；李盛姝负责第二章、第五章和第八章的编写。本书大纲由奚正新拟出，经编写组讨论后修改确定，全书由喻洪麟、奚正新负责审稿和定稿。

由于时间仓促，水平有限，不足之处敬请广大读者批评指正。

编　者

2017 年 11 月

目 录

第一章 中国共产党的历程与经验

第一节 中国共产党的奋斗历程

一、中国共产党的创立

（一）马克思主义在中国的传播

辛亥革命后，袁世凯称帝、张勋复辟，日本又提出灭亡中国的"二十一条"，这是中国的又一奇耻大辱。1916年袁世凯死后，北洋军阀分成直系、皖系、奉系三大派系，他们各自割据一方，在帝国主义列强侵略、瓜分中国的背景下，相互之间展开愈演愈烈的军阀混战，使国家陷于分裂和动乱之中。

要救国，必须寻找新的出路。1915年9月，陈独秀在上海创办的《青年》（后改为《新青年》）杂志，犹如黑夜中的一道闪电，掀起一场空前的新文化运动的狂飙。新文化运动的基本口号是"德先生"（Democracy）和"赛先生"（Science），也就是民主和科学。当封建主义在社会生活中占据支配地位的时候，提倡民主、反对独裁专制，提倡科学、反对迷信盲从，具有巨大的进步意义。

1917年，列宁领导的俄国十月革命开辟了人类历史的新纪元，第一次把社会主义从书本上的学说变成活生生的现实。它所取得的历史性胜利不仅唤醒了西方的无产阶级，而且唤醒了东方的被压迫民族，使中国出现了一批赞成俄国十月革命、具有初步共产主义思想的知识分子。李大钊是中国颂扬俄国十月革命的第一人。他在1918年著文指出：十月革命是"立于社会主义上之革命"，是"世界人类全体的新曙光"。他预言："试看将来的环球，必是赤旗的世界！"

到这时，中国人接受马克思列宁主义的条件逐渐成熟。第一次世界大战期间，中国民族资本主义经济在短时间内得到迅速发展，中国工人阶级的力量随之发展壮大起来。到1919年五四运动前夕，产业工人已达200万人左右。

这个阶级的人数虽然不多，但它同先进的经济形式相联系，是中国先进生产力的代表。而且，由于深受帝国主义、资产阶级和封建势力的三重压迫，因而它更具有强烈的改变现状的要求，在革命斗争中比任何别的阶级都要坚决和彻底。中国工人阶级的成长、壮大，以及此时形成的比辛亥革命时期更为庞大的先进知识分子群，为接受马克思主义提供了客观的社会基础。

1919 年上半年，"巴黎和会"不顾中国作为战胜国一方的权益，将战败的德国在中国山东的一切特权转交给日本。消息传到国内，激起各阶层人民的强烈愤怒，以学生斗争为先导的五四运动如火山爆发般开始了。

5 月 4 日，北京学生 3000 余人在天安门前集会，游行示威，掀起爱国风暴。在北洋军阀政府的严厉镇压下，一场风暴一度转入低潮。从 6 月 3 日起，学生重新走上街头，又有大批学生被捕。在此重要关头，工人阶级开始以独立的姿态登上政治舞台。从 6 月 5 日起，上海工人举行声援学生的罢工，参加人数达六七万。随后，工人罢工、商人罢市如燎原烈火蔓延全国，扩展到 20 多个省、市的 100 多座城市。五四运动突破青年知识分子的狭小范围，发展成为有工人阶级、小资产阶级和民族资产阶级参加的全国规模的群众性革命运动。运动的中心由北京转移到上海，斗争的主力由学生逐渐延伸到工人。

五四运动是彻底的反帝反封建运动，是中国革命史上具有重大意义的事件，它标志着中国新民主主义革命的开端。五四运动促进了马克思主义在中国的传播。

中国的先进分子接受马克思主义，从一开始并不是把它当作单纯的学理来讨论，而是把它作为观察国家命运的工具。他们以马克思主义基本原理为指导，积极投身到现实斗争中去，注意同工人群众结合，同中国实际结合。这是中国马克思主义思想运动一开始就具有的特点和优点。

（二）中国共产党的早期组织

中国共产党的早期组织首先在上海成立。1920 年 8 月，上海共产党早期组织正式成立。参加者有陈独秀、李汉俊、李达、陈望道、俞秀松等，陈独秀任书记。上海共产党早期组织成立后，实际上成为各地建党活动的联络中心，起着中国共产党发起组织的重要作用。

1920 年 10 月，李大钊、张申府、张国焘三人发起成立北京共产党早期组织，李大钊为负责人。1920 年秋，董必武、陈潭秋、包惠僧等在武昌正式成立武汉共产党早期组织，推选包惠僧为书记。1920 年秋，施存统、周佛海等在日本东京建立旅日共产党早期组织，施存统为负责人。1920 年秋冬之际，毛泽东、何叔衡等在长沙，以新民学会骨干为核心秘密组建共产党早期组织。

1920 年底至 1921 初，王尽美、邓恩铭等在济南建立共产党早期组织。1921年春，陈独秀等重新组建广州共产党早期组织，陈独秀、谭平山先后任书记。1921 年，张申府、周恩来、赵世炎、刘清扬等在法国巴黎也建立了由留学生中先进分子组成的共产党早期组织，张申府为负责人。

这些共产党早期组织的名称不一，有的叫"共产党"，有的叫"共产党支部"或"共产党小组"，它们的性质相同，都是组成统一的中国共产党的地方组织，后来被通称为"共产主义小组"。

各地共产主义小组成立后，有组织、有计划地扩大马克思主义的研究和宣传，批判各种反马克思主义思潮，发起建立社会主义青年团，创办工人刊物，开办工人学校，领导工人成立工会，开展工人运动，进一步促进了马克思主义同工人运动的结合。这样，正式成立中国共产党的条件就基本具备了。

（三）中国共产党第一次全国代表大会召开

1921 年 6 月，共产国际派马林等到上海，他们建议召开党的全国代表大会，正式成立中国共产党。上海党组织在李达的主持下进行了全国代表大会的筹备工作，并向各地党组织发出通知，要求各地选派两名代表出席大会。来自北京、汉口、广州、长沙、济南和日本的各地代表于 7 月 23 日全部到达上海。7 月 23 日晚，中国共产党第一次全国代表大会在上海法租界望志路 106号（今兴业路 76 号）正式开幕。出席大会的有：上海的李汉俊、李达，北京的张国焘、刘仁静，长沙的毛泽东、何叔衡，武汉的董必武、陈潭秋，济南的王尽美、邓恩铭，广州的陈公博，留日学生周佛海以及陈独秀委派的包惠僧等。

会议讨论并通过了中国共产党纲领，确定了党的名称、奋斗目标、基本政策，提出了发展党员、建立地方和中央机构等组织制度。会议还通过了《关于当前实际工作的决议》，决定集中力量领导工人运动，建立工会组织，指导开展工人运动的组织和宣传工作，并要求党在斗争中应采取独立的政策以维护无产阶级的利益，不同其他党派建立任何联系。①

会议决定设立中央局，作为中央临时领导机构，并选举陈独秀为书记，张国焘分管组织工作，李达分管宣传工作，中国共产党的第一个中央机关由此产生。

一大的召开标志着中国共产党的正式成立。中国共产党的成立，犹如一

---

① 中共中央党史研究室：《中国共产党历史：第一卷（1921—1949）》[M]，北京：中共党史出版社，2011：68。

轮红日在东方冉冉升起，照亮了中国革命的前程。这是近代中国社会进步和革命发展的客观要求，是中国历史上开天辟地的大事件。自从有了中国共产党，中国革命的面貌焕然一新。

二、中国共产党在新民主主义革命时期的成长、壮大

（一）第一次国共合作

中国共产党成立以后，集中力量领导工人运动，掀起了中国工人运动的第一次高潮。从 1922 年 1 月至 1923 年 2 月，全国罢工达 180 多次，其中主要有香港海员大罢工和京汉铁路工人大罢工。香港海员大罢工取得了胜利，但京汉铁路工人大罢工却遭到直系军阀吴佩孚的血腥镇压，造成了震惊中外的"二七惨案"。我党从"二七惨案"中进一步认识到，没有强有力的同盟者，要战胜强大的敌人是不可能的。

1923 年 6 月，中国共产党第三次全国代表大会确定了全体共产党员以个人名义加入国民党、与国民党建立革命统一战线的方针。1924 年 1 月 20 日至 30 日，在中国共产党人的参加与帮助下，孙中山在广州召开了国民党第一次全国代表大会，重新解释了三民主义。大会通过了共产党人起草的以反帝反封建为主要内容的宣言，确定了联俄、联共、扶助农工的三大政策，从而把旧三民主义发展为新三民主义。大会选举出中国国民党中央执行委员会，共产党员李大钊、谭平山、毛泽东、林祖涵、瞿秋白等 10 人当选为国民党中央执行委员或候补执行委员，约占委员总数的 1/4 。国民党的一大标志着第一次国共合作的正式建立。

1926 年 2 月，中国共产党向全国人民明确提出了出兵北伐、推翻军阀统治的政治主张。1926 年 5 月，国民革命军第七军一部和第四军叶挺独立团等作为先头部队，先行出兵湖南。7 月 1 日，广东国民政府发表《北伐宣言》；7 月 9 日，国民革命军的 8 个军约 10 万人，兵分三路，从广东正式出师北伐。共产党员李富春、朱克靖、廖乾吾、林伯渠分别担任二、三、四、六军的党代表。

北伐战争打击的对象是占据中国广大地区、受帝国主义支持的北洋军阀吴佩孚、孙传芳和张作霖。国民革命军于 7 月 11 日胜利进入长沙；8 月 22 日占领岳阳；随后攻打汀泗桥、贺胜桥，击溃吴佩孚主力，直指武汉；9 月 6 日、7 日，占领汉阳、汉口；10 月 10 日，攻克武昌。国民革命军随即转入江西，于 11 月初在南浔铁路一线发动猛烈进攻，消灭了孙传芳的主力，占领九

江、南昌；12 月中旬进占福州。与此同时，冯玉祥领导的国民军也在苏联顾问团和中国共产党的帮助下，于 1926 年 9 月 17 日在五原誓师，参加北伐。不到半年的时间里，北伐军打垮了吴佩孚，消灭了孙传芳主力，进占至长江流域和黄河流域地区，沉重地打击了帝国主义和封建军阀的反动统治。由中国共产党领导的工农运动亦迅猛发展。在上海，工人阶级在中国共产党的领导下，先后举行了三次武装起义，有力地支援了北伐战争。

1927 年 4 月 12 日和 7 月 15 日，蒋介石和汪精卫背叛革命，先后公开发动了"四一二"和"七一五"反革命政变，公开宣布与共产党决裂，并对共产党人和革命群众实行"宁可枉杀千人，不可使一人漏网"的血腥大屠杀。至此，第一次国共合作失败。

（二）南昌起义和八七会议

为了反抗国民党反动派的屠杀政策，挽救中国革命，中共中央于 1927 年 7 月 12 日进行改组，停止了中央委员会总书记陈独秀右倾机会主义的领导，决定集合自己掌握和影响的部分国民革命军南下广东，会合当地革命力量，实行土地革命，恢复革命根据地，然后举行新的北伐。

8 月 1 日，在周恩来、贺龙、叶挺、朱德和刘伯承的领导下，南昌起义开始。起义成功后，中共前委按照中共中央关于这次起义仍用国民党左派名义号召革命的指示精神，发表了国民党左派《中央委员宣言》，揭露蒋介石、汪精卫背叛革命的种种罪行，表达了拥护孙中山"三大政策"和继续反对帝国主义、封建军阀的斗争决心。

南昌起义后，汪精卫急令张发奎、朱培德等部进攻南昌。8 月 3 日起，中共前委按照中共中央原定计划，指挥起义军分批撤出南昌，沿抚河南下，经瑞金、寻邬（今寻乌）进入广东。9 月下旬，起义部队在潮汕地区与国民党军激战，遭到失败。余下的部队在朱德、陈毅的带领下，转战闽南、赣西、粤北、湘南，最后到达井冈山，与毛泽东领导的秋收起义的部队胜利会师。

1927 年 8 月 7 日，中共中央在汉口原俄租界三教街 41 号（现为阳街 139 号）召开了中央紧急会议（因出席的中央委员不到半数，所以不是中央全会，也不是中央政治局会议），即"八七会议"。迫于白色恐怖，会议仅开了一天，共有三项议程：共产国际代表作报告；中央常委代表瞿秋白作报告；改选临时中央政治局。

会议总结了大革命失败的经验教训，坚决纠正和结束了陈独秀的右倾机会主义错误，撤销了陈独秀的总书记职务。会议确定了以土地革命和以武装反抗国民党反动派的屠杀政策为党在新时期的总方针，就国共两党关系、土地革命、武装斗争等问题进行了讨论，并把发动农民举行秋收起义作为党在当时的最主要任务。

"八七会议"是中国共产党历史上一次重要会议，它在中国革命遭受严重挫折后，总结了失败的经验教训，结束了陈独秀右倾机会主义在党中央的统治，确定了党在农村领导武装暴动、开展土地革命的斗争方式。这次会议对于挽救大革命失败所造成的危局，实现党的战略转变起了重要作用。但是，"八七会议"在反对右倾错误的时候，没有注意防止"左"的思想的出现，使"左"倾情绪在党内滋长起来，给后来的中国革命造成很大的危害。

（三）农村革命根据地的建立

大革命失败后，以毛泽东为代表的中国共产党人，高举土地革命和武装反抗国民党反动统治的旗帜，肩负起独立领导中国民主革命的重任，实行武装斗争，经过创建、发展红军和农村革命根据地的实践，提出了农村包围城市、武装夺取政权的思想，逐步找到了一条适合中国特点的民主革命的正确道路。

1927年10月，毛泽东率领湘赣边界秋收起义的工农革命军，进军井冈山，开始创建以宁冈为中心的井冈山农村革命根据地。在此期间，广州、海陆丰、湘东、湘南、黄安等地的工农群众在武装起义中建立起来的红色政权先后遭到失败。1928年4月，朱德等率领南昌起义、湘南起义的余部到达井冈山，与毛泽东所部会师，成立中国工农红军第四军，井冈山红色政权和革命力量得到加强。

但是，这小块地区的红色政权仍处在强大的白色政权的包围之中，仍不断地遭到优势敌军的"围剿"。在这样的形势下，"红旗到底打得多久"，革命能不能在农村根据地坚持并发展下去，成了党必须回答的一个基本问题。

1928年5月，湘赣边界党的第一次代表大会在宁冈茅坪召开。会议总结了井冈山根据地创建以来的经验，明确回答了一些人提出的"红旗到底打得多久"的疑问，指出革命根据地和红军能够长期存在并发展。[①]

1928年10月，湘赣边界党的第二次代表大会通过了毛泽东起草的《政治问题和边界党的任务》的决议。[②]毛泽东在文中指明了中国革命的性质、任务以及中国红色政权的实质，总结了井冈山根据地及其他地区建立小块红

---

① 中共中央党史研究室：《中国共产党历史：第一卷（1921—1949）》[M]，北京：中共党史出版社，2011：254。

② 中共中央党史研究室：《中国共产党历史：第一卷（1921—1949）》[M]，北京：中共党史出版社，2011：256。

色政权的经验教训，首次提出"工农武装割据"的重要思想，分析了中国红色政权为什么能够发生、存在的原因和条件，回答了"红旗到底打得多久"的问题。

同年11月，毛泽东代表中共红四军前委给中央写了题为《井冈山的斗争》的报告，进一步总结了井冈山工农武装割据的经验，阐明了"工农武装割据"的思想，得出中国红色政权能够继续存在和发展的结论。

1929年1月，毛泽东、朱德率领红四军的主力从井冈山出发，向赣南、闽西进军。经过一年多的艰苦转战，红四军同其他红军合编为红一军团，并且在赣南、闽西地区打下了中央革命根据地的基础。在同一时期，赣东北、洪湖、湘赣边、鄂豫皖以及其他农村革命根据地也都在不断粉碎敌军进攻中站住了脚，获得了初步发展。这样，"红旗到底打得多久"的问题，也就是毛泽东论证的"中国的红色政权为什么能够存在"的问题，已经通过实践得到了肯定的回答。

毛泽东提出的实行"工农武装割据"的思想，就是在中国共产党领导下，把武装斗争、土地革命、建立革命政权三者结合起来，它为党在大革命失败后成功地把工作重点由城市转入农村，在农村建立革命根据地，走农村包围城市、武装夺取政权的道路奠定了基础。

然而，当时党内仍有相当一些人继续坚持中国革命要以城市武装起义为中心的观点，即"城市中心论"。为此，1930年1月，毛泽东在给红四军第一纵队司令员林彪的信，即《星星之火，可以燎原》一文中，总结了各地红军、红色政权和农村革命根据地建设的经验，系统地阐述了中国革命只能走与资本主义国家不同的道路的思想。他明确指出：中国的红色政权是半殖民地半封建社会各种矛盾尖锐化的产物。红军、游击队和红色区域的建立和发展，是半殖民地中国在无产阶级领导下的农民斗争的最高形式，是半殖民地农民斗争发展的必然结果。革命力量在城市被强大的敌人击败，短期内无法在城市取得胜利的条件下，中国革命的发展规律是：将党的工作重点从城市转入农村，在农村开展游击战争，深入进行土地革命，推翻当地的白色政权，建立红色政权，把落后的农村变为先进的革命根据地；依托这样的农村革命根据地去反对依靠城市进攻农村的凶恶的敌人，并进而以农村包围城市，以便在长期战斗中逐步锻炼、积累、发展革命力量，逐步削弱敌人的力量；直到敌大我小、敌强我弱变成我大敌小、我强敌弱时，再攻占中心城市，夺取全国革命的胜利。

在农村建立根据地，以农村包围城市、武装夺取政权道路的思想，是以毛泽东为主要代表的中国共产党人对马克思列宁主义的运用和发展，它反映了中国特殊的历史条件以及由此决定的中国革命发展的特殊规律，指明了中国革命走向胜利的唯一正确道路，中国革命正是循着这样一条正确道路走向胜利的。

（四）"左"倾冒险主义和教条主义的严重影响

中国革命的发展并不是一帆风顺的。随着局势的好转，加上共产国际的错误指导，中国共产党内的"左"倾急性病又逐渐发展起来。

1930年6月11日召开的中央政治局会议，通过了李立三起草的《目前政治任务的决议》（即《新的革命高潮与一省或几省首先胜利》)[①]，从而使"左"倾冒险主义在党中央占据了统治地位。这次"左"倾错误在党内统治的时间虽然不长，但党却为此付出了沉重代价。9月下旬，党在上海召开扩大的六届三中全会，纠正了李立三等对革命形势的"左"倾估计错误。全会前后，"左"倾冒险主义错误开始得到纠正，全党工作开始转到正常的轨道上来。

可是，由于共产国际的干预，事情陡然间发生了变化。1930年10月，共产国际给中共中央来信，提出李立三的路线是反共产国际的政治路线。从莫斯科回国不久、受到共产国际东方部副部长米夫器重的留苏学生王明、博古等，通过不正常的途径比中央先获知这封信的内容，立刻打起"反对调和主义"的旗号，猛烈攻击六届三中全会后的中央，在党内造成严重的思想混乱，使中央难以正常工作。

1931年1月7日，党的六届四中全会在上海召开。全会以批判三中全会的所谓对"立三路线"的"调和主义"为宗旨，强调反对"党内目前主要危险"的"右倾"，决定"改造充实各级领导机关"[②]。瞿秋白、周恩来等受到严厉指责。王明在米夫的支持下，不仅被补选为中央委员，而且成为中央政治局委员。这次全会实际上批准了王明"左"倾教条主义的纲领。从这时起，以教条主义为特征的王明"左"倾错误在党中央开始了长达四年的统治。

1933年下半年，蒋介石发动对革命根据地的第五次"围剿"。他先后调集100万军队向各地红军进攻，而以50万军队从9月下旬开始向中央革命根据地进攻。

这时，临时中央领导人博古依靠共产国际派来的军事顾问德国人李德负责军事指挥。他们放弃前几次反"围剿"中行之有效的积极防御方针，主张

---

① 中共中央党史研究室：《中国共产党的九十年：新民主主义革命时期》[M]，北京：中共党史出版社、党建读物出版社，2016：127。

② 中共中央党史研究室：《中国共产党的九十年：新民主主义革命时期》[M]，北京：中共党史出版社、党建读物出版社，2016：145。

"御敌于国门之外",使红军陷于被动的地位;在进攻遭受挫折后,又采取消极防御方针,实行分兵防御、"短促突击",企图用阵地战代替游击战和运动战,同装备优良的国民党军队拼消耗。这样,战局的发展对红军日渐不利。

"左"倾错误进一步发展的恶果导致第五次反"围剿"的失败。1934 年 4 月,国民党军队集中优势兵力进攻中央革命根据地的北大门——广昌。经过18 天血战,广昌失守。10 月初,国民党军队推进到根据地腹地,中央红军主力被迫实行战略转移。10 月中旬,中共中央机关和中央红军 8.6 万多人撤离根据地,踏上向西突围的征途。党的六大后,革命运动出现了复兴局面,但由于中共中央的领导权落到一些根本不懂得中国国情、却得到共产国际信任的"左"倾教条主义者手中,除陕北以外各根据地丢失,党在国民党统治区的组织遭到严重破坏,给党和红军造成巨大损失。这个教训是惨痛的。

(五)遵义会议的召开

1934 年 1 月,党的六届五中全会以后,王明"左"倾教条主义变本加厉,给中国革命造成了极其严重的危害,致使第五次反"围剿"失败,迫使红军放弃革命根据地,开始长征。

1935 年 1 月 15 日至 17 日,中共中央在遵义召开了政治局扩大会议。会议的主要议题是总结第五次反"围剿"以来的经验教训。首先,由博古作关于第五次反"围剿"的总结报告,他在报告中极力为"左"倾教条主义错误辩护。接着,周恩来作了副报告,主要分析了第五次反"围剿"和长征中战略战术及军事指挥上的错误,并做了自我批评,主动承担了责任。毛泽东在会上作了重要发言,着重批判了第五次反"围剿"和长征以来博古、李德在军事指挥上的错误,以及博古在总结报告中为第五次反"围剿"失败辩护的错误观点。张闻天、王稼祥、朱德、刘少奇等多数同志在会上发言,支持毛泽东的正确意见。会议经过激烈争论,在统一思想的基础上,委托张闻天起草了《中共中央关于反对敌人五次"围剿"的总结决议》,并由常委审查通过。决议肯定了毛泽东关于红军作战的基本原则,否定了博古关于第五次反"围剿"总结报告,提出了中国共产党的中心任务是战胜川、滇、黔的敌军,在那里建立新的革命根据地。决议批判了"左"倾教条主义的军事路线,重新肯定了毛泽东等的正确军事路线,要求红军迅速完成从阵地战到运动战的转变,灵活机动地运用战略战术,为创建新的根据地而斗争。会议决定改组中央领导机构,增选毛泽东为政治局常委,取消博古、李德的最高军事指挥权,仍由中央军委主要负责人周恩来、朱德指挥军事。

遵义会议是中国共产党历史上的一次重要会议。它结束了王明"左"倾教条主义在党中央的统治，确立了以毛泽东为核心的新的党中央的正确领导和毛泽东在红军和党中央的领导地位。在党生死攸关的危急关头挽救了党，挽救了红军，挽救了中国革命，使红军在极端危险的境地得以保存下来，胜利地完成长征，开创了抗日战争的新局面。它证明中国共产党具有独立自主解决自己内部复杂问题的能力，是中国共产党从幼年走向成熟的标志。

（六）抗日民族统一战线的形成

1931 年，日本发动"九一八事变"。日本侵占中国东北后，中国共产党为建立以国共合作为基础的抗日民族统一战线进行了长期不懈的努力。1933 年 1 月，中国共产党发表宣言，首次提出红军准备在三个条件下与任何武装部队订立共同对日作战的协定。这三个条件是：立即停止进攻苏区；立即保证民众的民主权利；立即武装民众，创立武装的义勇军。

1935 年 8 月 1 日，中国共产党又发表了《为抗日救国告全体同胞书》（即《八一宣言》），再次明确表示只要国民党军队停止进攻苏区，实行对日作战，红军愿立刻与之携手，共同救国。《宣言》建议一切愿意参加抗日救国的党派、团体、名流学者、政治家和地方军政机关进行谈判，共同筹组国防政府和抗日联军，并呼吁各党派和军队停止内战，以便集中一切国力去为抗日救国的神圣事业而奋斗。

1935 年夏秋之际，日本帝国主义制造"华北事变"，妄图吞并华北进而灭亡整个中国。12 月 9 日，北平爆发了"一二·九运动"，把全国抗日救亡运动推向了新高潮。中国共产党面对从土地革命战争向民族革命战争转变的新形势，做出了正确的分析，制定出了适合新情况的完整的政治路线和战略方针。1935 年 12 月 17 日至 25 日，中共中央在陕北安定县（今子长）瓦窑堡召开政治局扩大会议。会议通过了《中共中央关于目前政治形势与党的任务的决议》。决议指出：当前日本帝国主义"正准备并吞全中国，把全中国从各帝国主义的半殖民地变为日本的殖民地"。民族矛盾已上升为主要矛盾。在这种形势下，一切不愿当亡国奴、不愿充当汉奸的中国人的唯一出路，就是"向着日本帝国主义及其走狗汉奸卖国贼展开神圣的民族战争"[①]。决议指出：在地主买办阶级营垒中间，也不是完全统一的，党也应利用他们之间的矛盾与冲突，以利于抗日民族解放斗争。对于日本帝国主义与其他帝国主义之间的矛盾，也应采取这样的策略。决议指出："目前政治形势已经起了一个基本上的变化"，

---

① 中共中央党史研究室：《中国共产党历史：第一卷（1921—1949）》[M]，北京：中共党史出版社，2011：417。

"党的策略路线，是发动、团结与组织全中国全民族一切革命力量去反对当前主要的敌人：日本帝国主义与卖国贼头子蒋介石"。[①]为了结成广泛的抗日民族统一战线，决议批评了党内长期存在的"左"倾关门主义，指出这是目前党内的主要危险，必须坚决加以纠正。决议提出了中国共产党在抗日民族统一战线中的领导权问题，强调共产党必须以自己彻底的反日、反汉奸卖国贼的言论和行动去取得统一战线的领导权，"只有在共产党领导之下，反日运动才能得到彻底的胜利"。

1936 年 5 月 5 日，中国共产党向国民党政府发出《停战议和一致抗日》的通电，将"抗日反蒋"政策转变为"逼蒋抗日"政策。8 月 25 日，中共中央公开发表《中国共产党致中国国民党书》，信中再次呼吁停止内战，建立抗日民族统一战线。1936 年 12 月 12 日，"西安事变"爆发，中国共产党迅速确定了和平解决的方针，并应张学良、杨虎城的邀请，派周恩来、叶剑英等人赴西安谈判，迫使蒋介石接受停止内战、联共抗日等六项条件。1937 年 7 月 7 日，日本侵略军向北平西南的卢沟桥发动进攻，制造了震惊中外的"七七事变"。"七七事变"的第二天，中共中央发布通电号召全中国军民团结起来，抵抗日本的侵略。

7 月 15 日，中共代表周恩来等将《中共中央为公布国共合作宣言》送交蒋介石。《宣言》提出迅速发动全民族抗战、实行民主政治和改善人民生活三项基本要求，重申中国共产党为实现国共合作的四项保证。8 月 13 日，日军将战火烧到了上海。次日，国民政府外交部发表《自卫抗战声明书》。8 月中旬，中国共产党代表周恩来、朱德、叶剑英同蒋介石等就国共合作宣言和改编红军问题在南京举行第五次谈判，蒋介石被迫同意将在陕北的中央红军改编为国民革命军第八路军（简称八路军）。

1937 年 8 月，中共中央在陕北洛川召开政治局扩大会议，通过了《抗日救国十大纲领》，提出了争取抗战胜利的全面抗战路线。8 月 25 日，中革军委发布命令，陕北红军改编为国民革命军第八路军，朱德、彭德怀任正、副总指挥，叶剑英、左权任正、副参谋长，任弼时、邓小平任政治部正、副主任。八路军下辖第一一五师、第一二〇师、第一二九师，林彪、贺龙、刘伯承分别任师长，全军约 4.6 万人，开赴华北抗日前线。9 月，国民政府军事委员会按照新的统一序列，将八路军番号改为第十八集团军，但人们仍习惯地称为八路军。10 月间，又将南方十三个地区的红军游击队改编为国民革命军新编

---

① 中共中央党史研究室：《中国共产党的九十年：新民主主义革命时期》[M]，北京：中共党史出版社、党建读物出版社，2016：172。

第四军（简称新四军），叶挺、项英任正、副军长，张云逸、周子昆任正、副参谋长，袁国平、邓子恢任政治部正、副主任。新四军下辖四个支队，陈毅、张鼎丞、张云逸、高敬亭分别任支队长，全军共 1.03 万人，开赴华中抗日前线。9 月 22 日，国民党中央通讯社发表了《中共中央为公布国共合作宣言》。23 日，蒋介石发表谈话，实际上承认了共产党的合法地位。至此，抗日民族统一战线正式形成，第二次国共合作开始。

（七）新民主主义革命理论的形成

从中国社会性质和中国革命的历史特点出发，毛泽东科学地论述了中国革命的历史进程和新民主主义革命的时代特点。他指出，中国现实社会的半殖民地半封建社会性质决定了中国革命必须分为两个步骤：第一步是民主主义革命，第二步是社会主义革命。

毛泽东指出："所谓民主主义，现在已不是旧范畴的民主主义，已不是旧民主主义，是新范畴的民主主义，而是新民主主义。"[①]毛泽东在中国共产党内首次创造性地提出了新民主主义的科学概念。"所谓新民主主义的革命，就是在无产阶级的领导之下的人民大众的反帝反封建的革命。"[②]具体来说，从革命的阵线看，新民主主义革命是从十月革命开始的世界无产阶级革命的一部分，已经不是旧的、以建立资产阶级共和国为目的的世界资产资产阶级革命的一部分。从革命的领导者看，新民主主义革命的领导者已经是中国的无产阶级而不再是资产阶级，中国革命中领导权的这种历史变化，是旧民主主义革命转变为新民主主义革命的主要标志。从 1919 年五四运动开始，中国的旧民主主义革命转变成为新民主主义革命，即无产阶级领导的人民大众的反帝反封建的革命。从革命的前途看，"新民主主义革命是社会主义革命的必要准备，社会主义革命是新民主主义革命的必然趋势"。毛泽东指出，只有完成前一个革命才能去完成后一个革命，想要"毕其功于一役"是不行的。但是，想要在这两个革命中间横插一个资产阶级专政的阶段，也是"走不通的"。[③]

毛泽东认为，统一战线、武装斗争、党的建设是中国共产党在中国革命中战胜敌人的三个主要法宝，统一战线和武装斗争，是战胜敌人的两个基本武器，统一战线是实行武装斗争的统一战线。而党的组织，则是"掌握统一

[①] 李荣健：《新编入党培训教程》[M]，北京：北京邮电大学出版社，2012：19。

[②] 中共中央党史研究室：《中国共产党历史：第一卷（1921—1949）》[M]，北京：中共党史出版社，2011：557。

[③] 中共中央党史研究室：《中国共产党历史：第一卷（1921—1949）》[M]，北京：中共党史出版社，2011：557。

战线和武装斗争这两个武器以实行对敌人冲锋陷阵的英勇战士"。毛泽东认为："正确地理解了这三个问题及其相互关系，就等于正确地领导了全部中国革命。"

（八）延安整风运动

遵义会议后，中国共产党在毛泽东的领导下，纠正了"左"、右倾机会主义的错误，使党的思想路线开始转到把马克思列宁主义普遍真理同中国革命具体实际相结合的轨道上来。但由于政治形势的迅速变化，对于"左"、右倾错误思想根源还没有彻底地清算。抗战爆发后，党内又增加了大批农民和小资产阶级出身的新党员。因此，党内存在着思想不纯、作风不纯的现象。针对这种情况，党中央决定在全党范围内开展一次大规模的整风运动。

延安整风运动是我党历史上第一次大规模的整风运动。1941年5月，毛泽东在延安高级干部会议上作《改造我们的学习》的报告，标志着整风运动开始；1945年4月20日，六届七中全会通过《关于若干历史问题的决议》，整风运动胜利结束。

延安整风运动分三个阶段进行，其主要内容是：反对主观主义以整顿学风；反对宗派主义以整顿党风；反对党八股以整顿文风。解决的中心问题是反对教条主义，树立一切从实际出发、理论与实践统一、实事求是的马克思主义作风。整风采取"惩前毖后，治病救人"和"团结—批评—团结"的方针，认真严肃地开展批评与自我批评，对犯错误的同志不着重追究个人责任，而着重分析其犯错误的环境和原因，以达到"既要弄清思想，又要团结同志"的目的。整风的方法是学习理论，联系实际，总结经验教训，提高思想认识。

延安整风在我党历史上具有深远的历史意义，它是党的建设史上的一个伟大创举。通过延安整风，全党确立了一条实事求是的辩证唯物主义的思想路线，干部在思想上大大地提高一步，使全党达到了空前的团结，并进一步成熟起来。

（九）毛泽东思想的形成

在抗日战争即将取得胜利的前夜，1945年4月23日至6月11日，中国共产党第七次全国代表大会在延安召开。

毛泽东向大会作了《论联合政府》的政治报告，朱德作了《论解放区战场》的军事报告；刘少奇作了《关于修改党章的报告》；周恩来作《论统一战线》的重要讲话。大会充分发扬民主，对重要报告进行了认真深入的讨论，尤其对毛泽东的政治报告，先后讨论修改达九次之多。大会经过深入讨论，一致通过了关于政治、军事、组织方面的报告，通过了政治决议案、军事决议案。大会还通过了新的党章，确定以马克思列宁主义与中国革命实践相统一的毛泽东思想作为全党一切工作的指针。

党的七大是中国共产党在新民主主义革命时期召开的一次极其重要的全国代表大会。它总结了中国新民主主义革命 20 多年曲折发展的历史经验，制定了正确的路线、纲领和策略，克服了党内的错误思想，使全党特别是党的高级干部对于中国民主革命的发展规律有了比较明确的认识，从而使全党在马克思列宁主义、毛泽东思想的基础上达到了空前的团结。①这次大会作为"团结的大会、胜利的大会"被载入史册。它为党领导人民去争取抗日战争的胜利和新民主主义革命在全国的胜利，奠定了政治上、思想上和组织上的深厚基础。将毛泽东思想确定为党的指导思想并写入党章，是党的七大的历史性贡献。

毛泽东思想这一科学概念的形成，经历了一个过程。1941 年 3 月，党的理论工作者张如心用了"毛泽东同志的思想"的提法。同年 6 月，中共中央北方局、八路军野战政治部指示：要宣传"我党领袖毛泽东同志发展了马列主义的关于中国革命的各项学说和主张"。9 月，中央政治局扩大会议进一步肯定了毛泽东关于中国革命的理论。1943 年 7 月 5 日，王稼祥在《中国共产党与中国民族解放的道路》一文中，首先使用了"毛泽东思想"这个概念，明确提出："毛泽东思想就是中国的马克思列宁主义"。毛泽东思想这一科学概念提出后，很快被全党同志所接受。在此前后，朱德、刘少奇、周恩来、陈毅、邓小平等同志纷纷发表文章或演说，论述毛泽东同志的思想。1945 年 4 月，党的六届七中全会通过了《关于若干历史问题的决议》，充分肯定和高度评价了毛泽东的理论贡献，指出："中国共产党自 1921 年产生以来，就以马克思列宁主义的普遍真理和中国革命的具体实践相结合为自己一切工作的指针，毛泽东同志关于中国革命的理论和实践便是此种结合的代表。"党的七大通过的《党章》指出："毛泽东思想，就是马克思主义的理论与中国革命的实践之统一的思想，就是中国的共产主义，中国的马克思主义。"刘少奇在报告中概括了毛泽东思想的主要内容，就是：关于现代世界情况及中国国情的分析；关于新民主主义的理论与政策；关于解放农民的理论与政策；关于革命统一战线的理论与政策；关于革命战争的理论与政策；关于革命根据地的理论与政策；关于建设新民主主义共和国的理论与政策；关于建设党的理论

---

① 中共中央党史研究室：《中国共产党的九十年：新民主主义革命时期》[M]，北京：中共党史出版社、党建读物出版社，2016：256-257。

与政策；关于文化的理论与政策等。[①]

党的七大确定毛泽东思想为党的指导思想，是近代中国历史和人民革命斗争发展的必然选择。毛泽东思想是马克思列宁主义在中国运用和发展的理论成果，是实践证明了的关于中国革命正确的理论原则和经验总结，是中国共产党集体智慧的结晶。毛泽东同志是毛泽东思想的主要创立者，是马克思主义中国化的伟大开拓者。毛泽东思想以独创性的理论丰富和发展了马克思列宁主义，实现了马克思列宁主义的基本原理同中国革命的具体实践相结合的第一次历史性飞跃。

（十）人民解放战争的胜利

1. 重庆谈判与争取和平民主

中国人民在经过 14 年浴血奋战赢得抗日战争胜利后，又面临着如何建国的选择。中国共产党代表全国人民的根本利益，力图通过和平的途径来建设一个独立、民主、富强的新民主主义中国。代表大地主大资产阶级利益的国民党统治集团，企图用内战的方式剥夺人民已经取得的权利，使中国社会退回到抗战前一党专制独裁的反动统治状态中。一场关系中国走向光明还是黑暗的大决战不可避免。

1945 年 8 月 28 日，毛泽东偕周恩来、王若飞前往重庆同国民党当局进行谈判。毛泽东亲赴重庆，充分显示中国共产党谋求和平的真诚愿望，受到全国人民的热烈欢迎和社会舆论的高度赞誉。

经过 43 天复杂而艰苦的谈判，国共双方于 10 月 10 日正式签署会谈纪要，即《双十协定》。重庆谈判期间，国民党重新秘密印发反共的《剿匪手本》，阎锡山出兵攻打山西上党地区的人民军队。《双十协定》刚签订，蒋介石便调集 110 万军队，分三路向华北解放区进攻，图谋打开进入东北的通道，进而占领整个东北。国民党通过战争来削弱和消灭人民革命力量的企图已经暴露出来。

国民党的内战政策，激起要求和平民主的广大人民的强烈愤慨。1945 年 11 月 19 日，郭沫若等在重庆举行反内战大会，成立各界反内战联合会。11 月下旬，昆明学生举行反内战集会，3 万余人总罢课。12 月 1 日，国民党派武装军警镇压学生。重庆、上海等地陆续爆发声援昆明学生的活动，形成"反对内战，争取民主"的大规模的爱国主义运动。中国民主同盟和抗战后相继

---

① 中共中央党史研究室：《中国共产党的九十年：新民主主义革命时期》[M]，北京：中共党史出版社、党建读物出版社，2016：257。

成立的中国民主建国会、中国民主促进会、九三学社等民主党派和许多民主人士，也积极参加反对内战的斗争。国民党当局在政治上处于被动地位。

2. 以自卫战争粉碎国民党的军事进攻和开展第二条战线的斗争

国民党在美国的大力支持下，加紧部署全面内战。美国用飞机和军舰将54万国民党军运送到内战前线，并派海军陆战队帮助接收沪、平、津等地。

1946年5月初，国民政府宣布还都南京，国共谈判的中心也从重庆移到南京。周恩来率中共代表团力争实现和平，但蒋介石发动内战的决心已定，谈判无法取得进展。面对日益严重的危机，国统区各阶层人民也积极行动，试图制止内战。6月23日，上海人民团体联合会组织请愿团赴南京向国民党当局呼吁和平，但请愿团成员在南京下关车站遭到国民党军警的围攻毒打，马叙伦等多人受伤。

国民党在完成内战准备后，悍然向解放区发动全面进攻，扬言要在三五个月内消灭共产党领导的人民军队。6月26日，国民党军队22万人进攻中原解放区，全面内战爆发。中原军区主力在司令员李先念等的率领下分路突围。其后，国民党军在晋南、苏北、鲁西南、胶东、冀东、绥东、察南、热河、辽南等地，向解放区展开大规模进攻。此时，国民党军队总兵力为430万人，而且得到了美国的军事援助，在军队数量、装备和战争资源等方面，明显占优势。

面对国民党军队气势汹汹的全面进攻，中国共产党领导的解放区军民沉着应战。华中野战军主力在苏中地区七战七捷，歼敌5万余人。淮北、晋冀鲁豫、晋察冀、东北等战场捷报频传。山东莱芜战役歼敌5.6万人。人民军队在全面内战爆发后连续挫败了国民党军的全面进攻，使其"速战速决"的反革命计划破产。

从1947年3月起，国民党军对解放区的全面进攻受挫后，改为重点进攻山东、陕北两个解放区。在此期间，东北、热河、冀东、豫北、晋南的人民解放军开始对国民党军实施局部反攻，先后歼敌40余万人，收复和解放153座城市。

1947年5月，"反饥饿、反内战"运动在全国兴起。5月20日，京沪苏杭地区16所大专院校的5000余名爱国学生，冲破宪警阻拦，在南京举行联合大游行。学生们高呼"反饥饿、反内战"的口号向国民参政会请愿。同一天，北平学生也举行"反饥饿、反内战"大游行。上海、天津、重庆、福州、桂林、济南、长沙、昆明等地的爱国学生也通过罢课、游行等方式参加斗争。

同"五二〇"学生运动相呼应，国民党统治区其他方面的人民运动风起云涌。1947 年，有 20 多个大中城市约 320 万工人罢工。在农村，广大农民反抗抓丁、征粮和征税。2 月 28 日，台湾人民为反抗国民党暴政，举行了武装起义。国民党政府内外交困，已处在全国人民的包围之中。

3. 人民解放军转入战略进攻和土地制度的改革

经过一年多的作战，人民军队先后挫败国民党军的全面进攻和重点进攻，使战争形势发生了有利的变化。到 1947 年 6 月，国民党军队的总兵力由战争开始时的 430 万人减少到 373 万人，其中正规军由 200 万人减少到 150 万人。人民军队发展到 195 万人，武器装备也得到很大改善。

1947 年 6 月 30 日夜，刘邓大军 12 万人强渡黄河，发起鲁西南战役，揭开人民解放战争战略进攻的序幕。1947 年 10 月 10 日，中国人民解放军总部发表宣言，提出了"打倒蒋介石，解放全中国"的口号。接着，中共中央召开十二月会议，毛泽东作了《目前形势和我们的任务》的报告，制定了彻底打败蒋介石、夺取全国胜利的政治、军事、经济纲领及一系列方针政策。1948 年 4 月，毛泽东把新民主主义革命总路线进一步概括为："无产阶级领导的，人民大众的，反对帝国主义、封建主义和官僚资本主义的革命。"

人民解放军由战略防御转入战略进攻的新形势，要求在解放区更加普遍深入地开展土地制度改革，以进一步调动广大农民的革命和生产积极性，支援解放战争。1947 年 7 月至 9 月，在刘少奇的主持下，中共中央工作委员会在河北平山西柏坡召开全国土地会议，制定了《中国土地法大纲》。这个彻底的反封建的土地革命纲领，明确规定废除封建性及半封建性剥削的土地制度。解放区各级领导机关派出大批土改工作队深入农村，发动群众，组织贫农团和农会，控诉地主，惩办恶霸，彻底平分地主土地，迅速形成土改热潮。

到 1948 年秋，在一亿人口的地区消灭了封建的生产关系，长期遭受地主阶级残酷压迫和剥削的广大农民在政治上、经济上翻了身，生产积极性大为高涨，大批青壮年加入人民军队或担负战争勤务，从而保证了人民解放战争的胜利进行。

4. 伟大的战略决战和国民党反动统治的覆灭

1948 年上半年，人民解放军在各个战场上向国民党军继续展开进攻。同年秋，敌我力量对比已发生根本变化，人民解放战争进入夺取全国胜利的战略决战阶段。

以毛泽东为核心的党中央科学地分析战争形势，以宏大的革命气魄和高超的指挥艺术，正确把握战略决战的时机，选定决战方向，并针对不同战场的特点制定作战方针，连续组织了辽沈、淮海、平津三大战役，共歼灭和改编国民党军队 154 万余人，使国民党赖以维持其反动统治的主要军事力量基本上被摧毁。

三大战役后，国民党政权在长江以北的力量全线崩溃。1949 年 4 月 13 日，国共代表开始在北平举行正式谈判。4 月 20 日，国民党政府拒绝在和平协定上签字，和谈破裂。

1949 年 4 月 21 日，毛泽东、朱德发布向全国进军的命令，人民解放军迅即向尚未解放的广大地区举行规模空前的大进军。4 月 23 日，人民解放军占领南京，统治中国 22 年的国民党反动政府宣告覆灭。

中国共产党领导的人民解放战争，摧毁了国民党的反动政权，基本上完成中国民主革命反帝反封建最主要的历史任务。人民解放军指战员牺牲 26 万人，负伤 104 万人，涌现出以董存瑞等为代表的一大批英雄人物，人民解放战争是中国战争史和世界战争史上少有的威武雄壮的活剧。

（十一）七届二中全会的召开

三大战役结束后，解放战争的胜利已成定局。在这胜利的前夕，中国共产党为了解决新形势下面临的一系列重大问题，于 1949 年 3 月 5 日至 13 日，在西柏坡召开了七届二中全会。会上提出了促进革命迅速取得全国胜利和组织这个胜利的各项方针；说明了在全国胜利的局面下，党的工作重心由乡村转移到城市；规定了革命在全国胜利后，党在政治、经济、外交方面应采取的基本政策，以及使中国由农业国转变为工业国、由新民主主义转变为社会主义社会的总任务和主要途径。此外，会上还指出，夺取全国胜利，只是万里长征走完了第一步，今后的路更长，工作更艰巨，因此，全党务必保持谦虚、谨慎、不骄不躁和艰苦奋斗的优良作风，警惕居功自傲、贪图享乐思想的滋长，警惕资产阶级糖衣炮弹的攻击，加强党的思想建设。这一指导思想至今仍是我党思想工作的重心，并且应加大奖惩力度，维护我党在广大群众心中的形象。

党的七届二中全会，是在中国新民主主义革命即将取得全国性胜利的历史转折关头的一次重要会议，为党的工作重心从农村转向城市，从战争转向生产建设，将中国由农业国转变为工业国，由新民主主义社会逐渐转变为社会主义社会，做了政治、思想、理论和方针政策等多方面的充分准备，描绘了建设新中国的宏伟蓝图，使全党在新的形势下，达到高度的团结统一，具有划时代的重大意义。

（十二）中华人民共和国的成立

中国人民政治协商会议第一届全体会议于 1949 年 9 月 21 日至 9 月 30 日在北京举行。中国共产党及各民主党派、人民团体和无党派民主人士等的代表（含候补代表）共 662 人参加了会议。

这次会议代行中国的立法机构——全国人民代表大会的职权。通过了具有临时宪法性质的《中国人民政治协商会议共同纲领》（简称《共同纲领》）。

《共同纲领》中规定："中华人民共和国为新民主主义即人民民主主义的国家，实行工人阶级领导的、以工农联盟为基础的、团结各民主阶级和国内各民族的人民民主专政。""中华人民共和国的国家政权属于人民"，"人民行使国家政权的机关为各级人民代表大会和各级人民政府"；"各级政权机关一律实行民主集中制"。①经济建设的根本方针是："以公私兼顾、劳资两利、城乡互助、内外交流的政策，达到发展生产、繁荣经济之目的"；国家应多方面"调剂国营经济、合作社经济、农民和手工业者的个体经济、私人资本主义经济，使各种社会经济成分在国营经济领导之下，分工合作，各得其所，以促进整个社会经济的发展"。②

《共同纲领》展示了新中国的宏伟建设蓝图，是新中国的建国纲领。在全国人民代表大会制定宪法前，它具有临时宪法作用，成为全国各族人民共同遵守的大宪章。

三、中国共产党在社会主义革命和建设中的曲折前进

（一）社会主义改造

在中国实现社会主义，是中国共产党自创立时起就确定的奋斗目标。1952年 9 月，毛泽东在中央书记处会议上提出：我们现在就要开始用十年到十五年的时间基本上完成到社会主义的过渡，而不是十年或者更长时间以后才开始过渡。1953 年 6 月，中共中央政治局正式讨论和制定了中国共产党在过渡时期的总路线："从中华人民共和国成立，到社会主义改造基本完成，这是一个过渡时期。党在这个过渡时期的总路线和总任务，是要在一个相当长的时期内，逐步实现国家的社会主义工业化，并逐步实现国家对农业、手工业和

---

① 中共中央党史研究室：《中国共产党的九十年：新民主主义革命时期》[M]，北京：中共党史出版社、党建读物出版社，2016：344。
② 中共中央党史研究室：《中国共产党的九十年：新民主主义革命时期》[M]，北京：中共党史出版社、党建读物出版社，2016：344。

资本主义工商业的社会主义改造。"这是一条社会主义建设与改造同时并举的路线。1954年9月15日至28日，第一届全国人民代表大会第一次会议在北京隆重召开。大会通过了《中华人民共和国宪法》，以根本大法的形式，把中国共产党在过渡时期的总路线作为国家在过渡时期的总任务确定下来。

实现国家的社会主义工业化，是国家独立富强的客观要求和必要条件。到1957年底，第一个五年计划的各项指标大都大幅度地超额完成，工业、交通运输业和基本建设各条战线喜报频传。随着过渡时期总路线的提出和第一个五年计划的实施，对农业、手工业和资本主义工商业的社会主义改造，也在大力向前推进。

从1955年下半年到1956年底，我国加快了对农业、手工业和资本主义工商业社会主义改造的步伐，在较短的时间里，实现了生产资料所有制的深刻变革，社会主义改造取得决定性的胜利。全民所有制和劳动群众集体所有制这两种社会主义公有制形式，已在整个国民经济中占据绝对优势地位。伴随着社会主义经济基础的建立，我国人民民主专政的国家制度也逐步健全起来。马克思主义在国家政治生活中指导地位的确立，促使社会主义的思想意识和社会主义道德规范在人民中间逐渐树立起来。有了新的社会主义经济基础，又有了依据社会主义原则进行的政治、文化、思想、社会、生活等各方面的建设成果，社会主义的基本制度也就初步建立起了。

（二）社会主义建设的初步探索

1. 党的第八次全国代表大会

中国共产党第八次全国代表大会于1956年9月15日至27日在北京政协礼堂召开。大会完全肯定了党中央七大以来的正确路线，同时科学地分析了社会主义改造基本完成以后，中国阶级关系和国内主要矛盾的变化，确定把党的工作重点转向社会主义建设。大会提出，生产资料私有制的社会主义改造基本完成以后，国内的主要矛盾不再是工人阶级和资产阶级之间的矛盾，而是人民对于建立先进的工业国的要求同落后的农业国的现实之间的矛盾，是人民对于经济文化迅速发展的需要同当前经济文化不能满足人民需要的状况之间的矛盾。这一矛盾的实质，在中国社会主义制度已经建立的情况下，也就是先进的社会主义制度同落后的社会生产力之间的矛盾。解决这个矛盾的办法是发展社会生产力，实行大规模的经济建设。为此，大会作出了党和国家的工作重点必须转移到社会主义建设上来的重大战略决策。大会在总结中国第一个五年计划实施经验的基础上，继续坚持既反保守又反冒进，即在综合平衡中稳步前进的经济建设方针。

八大制定的党的路线是正确的，提出的许多新的方针和设想是富于创造精神的。当然，由于实践的时间还很短，理论上和思想上还不很成熟，许多新的观念和方针还不可能牢固地确立并取得深刻的共识。许多新的设想还没有付诸实施，或者没有充分付诸实施，很快又发生反复。但是，八大对中国自己建设社会主义道路的探索，毕竟取得了初步成果。历史证明，这些成果对于党的事业的发展具有长远的重要意义。

2. 《论十大关系》和《正确处理人民内部矛盾》

1956 年 4 月 25 日，毛泽东在政治局扩大会议上作了《论十大关系》的报告。报告总结了我国社会主义建设的经验，提出了调动一切积极因素为社会主义建设事业服务的基本方针，对适合中国情况的社会主义建设道路进行了初步的探索。十大关系是：在重工业和轻工业、农业的关系问题上，要用多发展一些农业、轻工业的办法来发展重工业。在沿海工业和内地工业的关系问题上，要充分利用和发展沿海的工业基地，以便更有力量来发展和支持内地工业。在经济建设和国防建设的关系问题上，在强调加强国防建设的重要性时，提出把军政费用降到一个适当的比例，增加经济建设费用。只有经济建设发展得更快了，国防建设才能够有更大的进步。在国家、生产单位和生产者个人的关系问题上，三者的利益必须兼顾，不能只顾一头，既要提倡艰苦奋斗，又要关心群众生活。在中央和地方的关系问题上，要在巩固中央统一领导的前提下，扩大地方的权力，让地方办更多的事情，发挥中央和地方两个积极性。在汉族与少数民族的关系问题上，要着重反对大汉族主义，也要反对地方民族主义，要诚心诚意地积极帮助少数民族发展经济建设和文化建设。在党和非党的关系问题上，共产党和民主党派要长期共存，互相监督。在革命和反革命的关系问题上，必须分清敌我，化消极因素为积极因素。在是非关系问题上，对犯错误的同志要实行"惩前毖后，治病救人"的方针，要允许人家犯错误，允许并帮助他们改正错误。在中国和外国的关系问题上，要学习一切民族、一切国家的长处，包括资本主义国家先进的科学技术和科学管理方法，要反对不加分析地一概排斥或一概照搬。

毛泽东《论十大关系》的讲话，初步总结了我国社会主义建设的经验，提出了探索适合我国国情的社会主义建设道路的任务。

1957 年 2 月，毛泽东在最高国务会议上发表题为《关于正确处理人民内部矛盾的问题》的讲话。讲话指出，社会主义社会的基本矛盾仍然是生产关系和生产力之间的矛盾、上层建筑和经济基础之间的矛盾。但同阶级对抗社会的矛盾根本不同，它是一种既相适应又相矛盾的情况，不具有对抗性，可以经过社会主义制度本身，不断地得到解决。毛泽东把社会主义社会的矛盾分为敌我矛盾和人民内部矛盾两类，以赞成、拥护社会主义建设，或反对社会主义革命和敌视、破坏社会主义建设，作为区分两类不同性质矛盾的界限。他指出，这两类矛盾在一定条件下可以相互转化，要求尽可能地促成敌我矛盾转化为人民内部矛盾，以利于调动一切积极因素，为建设社会主义社会服务。毛泽东对社会主义社会基本矛盾的论述，特别是关于两类不同性质矛盾的观点，以及处理人民内部矛盾的原则、方针和方法，为马克思主义政治学说史增添了新的内容，对探索社会主义社会的规律，具有重大的理论价值。

（三）中国共产党在曲折中前进

1. "大跃进"和人民公社化运动

"大跃进"运动是指 1958 年至 1960 年间，中国共产党在全国范围内开展的极"左"路线的运动，是在中共八届三中全会及其以后不断地错误批判 1956 年反冒进的基础上发动起来的，是"左"倾冒进的产物。1958 年 5 月，中共八大二次会议，正式通过了"鼓足干劲、力争上游、多快好省地建设社会主义"的总路线。尽管这条总路线的出发点是要尽快地改变我国经济文化落后的状况，但由于忽视了客观经济规律，所以根本不可能迅速地改变我国经济文化落后的状况。"总路线"提出后，"大跃进"运动开始。

运动中，以"高指标、瞎指挥、浮夸风"和"共产风"为主要标志的"左"倾错误严重泛滥。中共中央从 1958 年 11 月第一次郑州会议到 1959 年 7 月庐山会议前期，曾努力领导全党纠正已经察觉到的错误。但庐山会议后期，由于对彭德怀等人的错误批判，在全党开展了"反右倾"的斗争，使错误延续了更长时间，造成了国民经济的重大损失。

农村人民公社化运动是我们党在 20 世纪 50 年代后期全面开展社会主义建设中，为探索中国社会主义建设道路所作的一项重大决策。它违背了生产关系要与生产力相适应的客观规律。

1958 年 8 月 29 日，北戴河会议正式作出《关于在农村建立人民公社问题的决议》。决议认为"人民公社是形势发展的必然趋势"，"几十户、几百户的单一的农业生产合作社已不能适应形势发展的要求。"

这一决议公布后，全国在几个月内就由 74 万多个合作社合并为 2.6 万多个人民公社，入公社的农民占全国各民族总农户的 99% 以上。在公社范围内，穷队富队拉平，平均分配。公社对生产队的财产无代价地上调，对生产队乃至社员的财产无偿地收归公有，完全破坏了等价交换等原则。在公社内部实行平均主义的供给制，再加上当时大炼钢铁、办公共食堂，许多农民的锅被收去炼钢，极大地损害了农民的利益，挫伤了社员的积极性。起初的口号是"共产主义是天堂，人民公社是桥梁"，后来纠正了急于由集体所有制向全民所有制过渡的问题，确定了"三级所有，队为基础"，但由于没有从根本上纠正"急于过渡"的思想，公社内部的经营管理始终没有搞好，农民的生产积极性始终没有调动起来。[①]

2. 十年"文化大革命"的沉痛教训

1966 年 5 月至 1976 年 10 月的"文化大革命"，使党、国家和人民遭到中华人民共和国成立以来最严重的挫折和损失。其发展过程分为三个阶段。

第一阶段：1966 年 5 月"文化大革命"发动到 1969 年 4 月中共九大召开。这一阶段的中心任务，是摧毁所谓"资产阶级司令部"，向走资本主义道路的当权派"夺权"；目的是所谓变"资产阶级专政为无产阶级专政"；运动表现为"怀疑一切""打倒一切""全面内战"。

第二阶段：从 1969 年 4 月中共九大召开到 1973 年 8 月中共十大召开。这一阶段的主要事件是 1971 年 9 月 13 日林彪反革命集团阴谋夺取最高权力策动的反革命政变被粉碎。"九一三事件"客观上宣告了"文化大革命"理论和实践的破产。此后，周恩来主持中央日常工作，使各项工作有了转机。

第三阶段：从 1973 年 8 月中共十大召开到 1976 年 10 月"四人帮"被粉碎。1981 年 6 月中共十一届六中全会通过的《关于建国以来党的若干历史问题的决议》指出："1966 年 5 月至 1976 年 10 月的'文化大革命'，使党、国家和人民遭到建国以来最严重的挫折和损失。""实践证明，'文化大革命'不是也不可能是任何意义上的革命或社会进步"。它"是一场由领导者错误发动，被反革命集团利用，给党、国家和各族人民带来严重灾难的内乱"。[②]在这场运动中，党的各级领导干部普遍受到批判和斗争，党的各级组织普遍受到冲击并陷入瘫痪、半瘫痪状态，国民经济遭到巨大损失。

面对十年内乱造成的严重局面，面对世界经济迅猛发展的时代大势，中国共产党敢于面对现实，勇于追求真理，善于总结经验，不断提高和自我完

---

① 李荣健：《新编入党培训教程》[M]，北京：北京邮电大学出版社，2012：29。
② 中共中央党史研究室：《中国共产党的九十年：改革开放和社会主义现代化建设新时期》[M]，北京：中共党史出版社，2016：666。

善。在深刻吸取历史教训的基础上，领导全国人民从危难中重新振作起来，开始了社会主义现代化建设的新探索。

四、中国共产党在改革开放和社会主义现代化建设中的成熟发展

（一）十一届三中全会的伟大转折

1978 年 12 月 18 日至 22 日，中国共产党第十一届中央委员会第三次全体会议在北京举行。参加会议的中央委员有 169 人，候补中央委员有 112 人。中共中央主席华国锋，副主席叶剑英、邓小平、李先念、陈云、汪东兴出席了会议。各地方和中央有关部门负责人列席了会议。这次会议突破了华国锋原计划只讨论经济问题的议题，开成了全面拨乱反正和开创新局面的重要会议。会议的主要内容有以下几个方面。

1. 重新确立党的正确思想路线

全会认为，必须进一步继承和发扬毛泽东所倡导的马克思主义学风，坚持实事求是、一切从实际出发、理论联系实际的辩证唯物主义的思想路线。确立了解放思想、开动脑筋、实事求是、团结一致向前看的指导方针。会议高度评价了关于实践是检验真理的唯一标准的讨论，从根本思想上解除了"两个凡是"的束缚，并且为克服"左"倾指导思想，恢复党的优良传统，为中国按正确方向寻求自己的社会主义道路奠定了思想基础。全会在坚持实事求是地解决历史遗留问题的同时，按照历史实际充分肯定毛泽东的伟大功勋。全会郑重指出，党在理论战线上的崇高任务，就是领导教育全党和全国人民历史、科学地认识毛泽东的伟大功绩，完整、准确地掌握毛泽东思想的科学体系，把马列主义、毛泽东思想的普遍原理同社会主义现代化建设的具体实践结合起来，并在新的历史条件下加以发展。

2. 恢复并重新确立党的正确政治路线

全会认真讨论了全党工作重点转移的问题。会议认为，应当及时、果断地把全党工作的重点和全国人民的注意力转移到社会主义现代化建设上来。全会明确指出党在新时期政治路线的基本内容是："全党、全军和全国各族人民同心同德，进一步发展安定团结的政治局面。并且立即行动起来，鼓足干劲，群策群力，为在本世纪内把我国建设成为社会主义的现代化强国而进行

新的长征。"

3. 全会重新确立了党的正确组织路线

根据党的历史经验教训，全会决定健全党的民主集中制，健全党规党纪，严肃党纪。强调党中央和各级党委的集体领导，反对突出个人和宣传个人崇拜。

4. 全会提出健全社会主义民主和加强社会主义法制问题

全会强调必须发扬社会主义民主，根据民主集中制的原则加强国家各级机构的建设，充分保障人民的民主权利。

5. 全会指出要解决好国民经济重大比例失调问题

全会要求在几年内逐步地改变重大的比例失调状况，消除生产、建设、流通、分配中的混乱状况，解决人民生活中多年积累下来的一些问题。全会指出，要在自力更生的基础上积极发展同世界各国平等互利的经济合作，努力采用世界先进技术和先进设备，并大力加强实现现代化所必需的科学和教育工作。

十一届三中全会的历史功绩，在于它在坚持社会主义的前提下，为必要的经济体制改革和与之相适应的政治体制改革跨出了具有决定意义的一步，开辟了改革开放和集中力量进行社会主义现代化建设的历史新时期，揭开了党和国家历史上的新篇章，当之无愧地成为中华人民共和国成立以来中国共产党历史上具有深远意义的伟大转折。

（二）社会主义初级阶段基本路线的提出

党在社会主义初级阶段的基本路线，是在总结过去制定和贯彻基本路线的经验和教训的基础上，在改革开放和社会主义现代化建设实践的过程中逐步形成的。从 1978 年党的十一届三中全会召开前夕到 1982 年党的十二大召开，党对社会主义初级阶段基本路线核心内容"一个中心、两个基本点"的思想逐步形成；党的十二大召开以后到 1987 年党的十三大召开前夕，党对社会主义初级阶段基本路线的主要内容及其相互关系的认识不断深化，提出基本路线的条件已经完全具备；党的十三大在科学阐述社会主义初级阶段理论的同时，正式提出了党在社会主义初级阶段的基本路线。

1987 年 10 月，中国共产党第十三次全国代表大会召开，提出了党在社会主义初级阶段的基本路线，即领导和团结全国各族人民，以经济建设为中心，坚持四项基本原则，坚持改革开放，自力更生，艰苦创业，为把中国建设成为富强、民主、文明的社会主义现代化国家而奋斗（即"一个中心、两个基本点"）。2007年，党的十七大对社会主义初级阶段基本路线做了补充，即把原来的"富强、民主、文明"改为"富强、民主、文明、和谐"。2017年，党的十九大又将其补充为"富强、民主、文明、和谐、美丽"。

党的基本路线高度概括了党在社会主义初级阶段的奋斗目标、基本途径、根本保证、领导力量和依靠力量以及实现这一目标的基本方针，既紧紧抓住了我国现阶段的主要矛盾，又体现了运用社会主义社会基本矛盾运动的规律，全面推动历史进步。

第一，"以经济建设为中心，坚持四项基本原则，坚持改革开放"，即"一个中心、两个基本点"，是基本路线最主要的内容，是实现社会主义现代化奋斗目标的基本途径。

第二，建设"富强、民主、文明、和谐、美丽的社会主义现代化强国"，是基本路线规定的党在社会主义初级阶段的奋斗目标，体现了社会主义社会的经济、政治、文化、社会和生态全面发展的要求。

第三，"领导和团结各族人民"，是实现社会主义现代化奋斗目标的领导力量和依靠力量。

第四，"自力更生，艰苦创业"，是我们党的优良传统，也是实现社会主义初级阶段奋斗目标的根本立足点。

1992年10月18日，党的第十四次全国代表大会通过的新党章，把党的"一个中心、两个基本点"的基本路线正式载入党章。

（三）中国特色社会主义理论体系的创建

党的十一届三中全会以后，以邓小平为核心的中国共产党第二代中央领导集体首先重新确立了解放思想、实事求是的思想路线，科学评价了毛泽东和毛泽东思想，把中国共产党和中国的工作中心转移到经济建设上，实行改革开放，在领导中国共产党和中国人民进行社会主义建设的伟大实践中，创立了邓小平理论，制定了以经济建设为中心、坚持四项基本原则、坚持改革开放的基本路线，开辟了建设有中国特色的社会主义的新道路，赋予中国社会主义和民族复兴的伟大事业以新的起点与动力。邓小平理论包含一系列具有开创性的思想，而首要的基本问题，则是在深刻总结历史经验的基础上，紧紧抓住"什么是社会主义""怎么建设社会主义"等问题，揭示社会主义的本质是解放生产力，发展生产力，消灭剥削，消除两极分化，最终达到共同富裕，从而把对社会主义的认识提高到新的科学水平。邓小平理论开创了中国特色社会主义理论体系，实现了马克思主义同中国实际相结合的第二次飞跃。1992 年 10 月，党的十四大确立了邓小平建设有中国特色社会主义理论在全党的指导地位。1997 年 9 月，党的十五大把邓小平理论确立为党的指导思想。

以江泽民同志为核心的中国共产党第三代中央领导集体，坚持以毛泽东思想、邓小平理论为指导，坚持改革开放，与时俱进，提出"中国共产党必须始终代表中国先进生产力的发展要求，代表先进文化的前进方向，代表最广大人民的根本利益"的"三个代表"重要思想，带领中国共产党和中国人民捍卫和发展了中国特色社会主义事业，并成功地把它推向 21 世纪。2002 年 11 月，党的十六大把"三个代表"重要思想确立为党的指导思想。

在改革开放的新的历史时期，中国的社会主义现代化建设取得了巨大成就，既面临着可以大有作为的战略机遇期，又面对着由于以高投入、高消耗、高排放、低效率、低产出为特征的粗放经济增长方式与能源、资源、环境的矛盾日益尖锐以及在发展过程中贫富差距不断拉大等的严峻挑战的矛盾凸显期。以胡锦涛同志为总书记的党中央从自身和国家事业发展的全局出发，总结中国发展实践，借鉴国外发展经验，适应新的发展要求，提出了科学发展观，进一步回答了什么是发展、为什么发展和怎样发展等中国面临的一系列问题，赋予马克思主义关于发展的理论以新的时代内涵和时代特色，进一步丰富和发展了中国特色社会主义理论体系。2007 年 10 月，党的十七大将科学发展观写入党章。2012 年 11 月，党的十八大明确了科学发展观是党必须长期坚持的指导思想。

党的十八大以来，以习近平同志为主要代表的中国共产党人，顺应时代发展，从理论和实践结合上系统回答了新时代坚持和发展什么样的中国特色社会主义、怎样坚持和发展中国特色社会主义这个重大时代课题，创立了习近平新时代中国特色社会主义思想。习近平新时代中国特色社会主义思想是对马克思列宁主义、毛泽东思想、邓小平理论、"三个代表"重要思想、科学发展观的继承和发展，是马克思主义中国化最新成果，是党和人民实践经验和集体智慧的结晶，是中国特色社会主义理论体系的重要组成部分，是全党全国人民为实现中华民族伟大复兴而奋斗的行动指南，必须长期坚持并不断发展。在习近平新时代中国特色社会主义思想指导下，中国共产党领导全国各族人民，统揽伟大斗争、伟大工程、伟大事业、伟大梦想，推动中国特色社会主义进入了新时代。2017年10月，党的十九大在党章中把习近平新时代中国特色社会主义思想同马克思列宁主义、毛泽东思想、邓小平理论、"三个代表"重要思想、科学发展观一道确立为党的行动指南。

邓小平理论、"三个代表"重要思想、科学发展观、习近平新时代中国特色社会主义思想构成了中国特色社会主义理论体系。这是不断发展的开放的理论体系。这个理论体系，创造性地提出了一系列新的重大理论观点和战略思想，从而实现了马克思主义中国化的第二次历史性飞跃。

（四）从"三步走"发展战略到全面建成小康社会、实现"中国梦"的奋斗目标

"三步走"发展战略是指我国社会主义初级阶段经济社会发展的战略目标和战略步骤。"三步走"发展战略，是我们党在总结国内外现代化发展历史经验的基础上，深刻把握我国社会主义初级阶段国情和时代特征，为实现中国的现代化规划的宏伟蓝图。

1987年4月，邓小平在会见西班牙客人时，第一次使用"第一步""第二步""第三步"的提法，全面阐述了"三步走"战略目标。他指出：我们制定的目标更重要的还是第三步，在21世纪用30年到50年的时间使国民生产总值再翻两番，达到中等发达国家的水平。

在此基础上，同年10月党的十三大确定了我国现代化建设"三步走"发展战略。这就是：第一步，实现国民生产总值比1980年翻一番，解决人民的温饱问题；第二步，从1991年到2000年使国民生产总值再增长一倍，人民生活达到小康水平；第三步，到21世纪中叶，人均国民生产总值达到中等发达国家水平，人民生活比较富裕，基本实现现代化。

20世纪末，在第二步战略目标即将实现的时候，党的十五大对实现第三步战略目标作了进一步规划，提出了新的"三步走"发展目标，即到2010年实现国民生产总值比2000年翻一番，使人民的小康生活更加宽裕，形成比较完善的社会主义市场经济体制；再经过10年的努力，到2020年，使国民经济更加发展，各项制度更加完善；到21世纪中叶，中华人民共和国成立100周年时，基本实现现代化，建成富强、民主、文明的社会主义国家。

2007年10月，党的十七大在十六大确立的全面建设小康社会目标的基础上，对我国发展和继续推进全面建设小康社会，提出了新的更高要求，主要是：增强发展协调性，努力实现经济又好又快发展，转变发展方式取得重大进展，在优化结构、提高效益、降低消耗、保护环境的基础上，实现人均国

内生产总值 2020 年比 2000 年翻两番，以及扩大社会主义民主、加强文化建设、加快发展社会事业和建设生态文明等，把我国建设成为富强、民主、文明、和谐的社会主义现代化国家。

2012 年 11 月，党的十八大确定了全面建成小康社会和全面深化改革开放的目标。为确保到 2020 年实现全面建成小康社会的宏伟目标，根据我国经济社会发展实际，在党的十六大、十七大确立的全面建设小康社会目标的基础上，提出了努力实现的新要求。即经济持续健康发展，在发展平衡性、协调性、可持续性明显增强的基础上，实现国内生产总值和城乡居民人均收入比 2010 年翻一番；人民民主不断扩大，文化软实力显著增强，人民生活水平全面提高，资源节约型、环境友好型社会建设取得重大进展。从十七大的"全面建设小康社会"到十八大的"全面建成小康社会"，一字之差，显示出我党对全面夺取小康社会伟大胜利志在必得的信心。

2012 年 11 月 29 日，党的十八大闭幕不久，习近平总书记率中央政治局常委和中央书记处的同志来到国家博物馆，参观《复兴之路》展览。习近平总书记深情地指出："现在，大家都在讨论中国梦，我以为，实现中华民族伟大复兴，就是中华民族近代以来最伟大的梦想。"此后，他又在国内外很多重要场合，对中国梦进行了深刻阐述。中华民族伟大复兴的中国梦一经提出，就产生强大的号召力和感染力。干部群众畅想中国梦，社会舆论聚焦中国梦，港澳台同胞心系中国梦，海外华人述说中国梦，国际社会关注中国梦，中国梦成为中国走向未来的鲜明指引，成为激励中华儿女团结奋进、开辟未来的一面精神旗帜。这一重要战略思想，是以习近平同志为核心的党中央为进一步凝聚全党智慧和全国各族人民的力量，围绕"两个一百年"目标，对全国人民的庄严承诺，是党和国家面向未来的政治宣言，充分体现了我们党高度的历史担当和使命追求，为坚持和发展中国特色社会主义注入了崭新内涵。

2017 年 10 月，党的十九大明确了决胜全面建成小康社会、开启全面建设社会主义现代化国家新征程的战略目标。从现在到 2020 年，是全面建成小康社会的决胜期，是"两个一百年"奋斗目标的历史交汇期。我们既要全面建成小康社会、实现第一个百年奋斗目标，又要乘势而上开启全面建设社会主义现代化国家新征程，向第二个百年奋斗目标进军。从 2020 年到本世纪中叶分为两个阶段：第一个阶段，从 2020 年到 2035 年，在全面建成小康社会的基础上，再奋斗十五年，基本实现社会主义现代化。第二个阶段，从 2035 年到本世纪中叶，在基本实现现代化的基础上，再奋斗十五年，把我国建成富强、民主、文明、和谐、美丽的社会主义现代化强国。

实现中华民族伟大复兴，是一项光荣而艰巨的事业，需要我们每一个人付出艰苦努力。习近平总书记强调："面向未来，全面建成小康社会要靠实干，基本实现现代化要靠实干，实现中华民族伟大复兴要靠实干。"只要我们胸怀理想、坚定信念，不动摇、不懈怠、不折腾，顽强奋斗、艰苦奋斗、不懈奋斗，就一定能在中国共产党成立一百周年时全面建成小康社会，就一定能在中华人民共和国成立一百周年时建成富强、民主、文明、和谐、美丽的社会主义现代化强国。用我们的实干去成就梦想，用我们的努力去实现伟大的中国梦。

第二节　中国共产党的历史经验

中国共产党在新民主主义革命、社会主义革命和社会主义现代化建设中形成了宝贵的历史经验，概括起来有以下三个方面。

一、必须坚持科学的理论为指导，坚定不移地走自己的道路

必须坚持科学的理论为指导，坚定不移地走自己的道路，这是中国共产党在新民主主义革命、社会主义革命和社会主义建设中形成的一条基本经验。坚持科学的理论为指导就是既要坚持又要创新，也就是说中国共产党是以马列主义为自己的指导思想的，但是马列主义既要坚持又要创新。在新民主主义革命时期，中国共产党把马列主义和中国革命的具体实际相结合，创立了毛泽东思想；在社会主义现代化建设时期，中国共产党把马列主义与中国当代经济社会发展的实际相结合，创立了邓小平理论、"三个代表"重要思想、科学发展观、习近平新时代中国特色社会主义思想，形成了中国特色社会主义理论体系；而且还要用毛泽东思想和中国特色社会主义理论体系指导自己的实践，坚定不移地走中国特色的社会主义道路。无论是革命也好，建设也好，还是改革开放也好，我们都要坚持走自己的道路。别人的道路我们可以借鉴，但是不能复制，照抄照搬带来的结果必然是要出大问题的，必然是要失败的，这是中国共产党的一条基本历史经验。一句话，就是要坚持创立自己的科学理论，要坚定不移地走自己的道路。让我们坚持这样的道路自信、

理论自信、制度自信、文化自信，在中国特色社会主义和实现中华民族伟大复兴的中国梦的道路上继续走下去。

二、一切从实际出发，实事求是

一切从实际出发，实事求是，这也是中国共产党一条非常重要的历史经验。从实际出发就是从中国的国情出发，反复认识国情，绝对不能脱离中国的国情，我们在这方面的教训太深刻了。

1927 年，"四一二"反革命政变后，中国共产党清醒地认识到右倾机会主义的危害，根据中国革命的实际情况，及时调整并确定了以土地革命和以武装反抗国民党反动派的屠杀政策为党在新时期的总方针，确定了党在农村领导武装暴动、开展土地革命的斗争方式，挽救了大革命失败所造成的危局。

1935 年 1 月，在长征途中，面对第五次反"围剿"以来的严重失利，中共中央在遵义召开了政治局扩大会议，全面总结和分析了第五次反"围剿"的经验教训和长征中战略战术及军事指挥上的错误，根据当时中国革命的实际情况，肯定了以毛泽东为代表的正确军事路线，统一了全党的思想，重新要求红军迅速完成从阵地战到运动战的转变，灵活机动地运用战略战术，为创建新的根据地而斗争。遵义会议结束了王明"左"倾教条主义在党中央的统治，确立了以毛泽东为核心的新的党中央的正确领导和毛泽东在红军和党中央的领导地位，在党生死攸关的危急关头挽救了党，挽救了红军，挽救了中国革命，使红军在极端危险的境地得以保存下来，胜利地完成长征，开创了抗日战争的新局面。

1949 年 3 月，中国共产党在西柏坡召开了七届二中全会。根据党即将取得全国胜利的实际情况，全会提出了党的工作重心由乡村转移到城市的重大转变，并规定了革命在全国胜利后，党在政治、经济、外交方面应采取的基本政策，以及使中国由农业国转变为工业国、由新民主主义转变为社会主义社会的总任务和主要途径。

1978 年 12 月，中国共产党第十一届三中全会召开。在经历了十年浩劫后，面对各行各业百废待业，面对"两个凡是"，中国共产党审时度势，重新确立了实事求是、一切从实际出发、理论联系实际的辩证唯物主义的思想路线，确立了解放思想、开动脑筋、实事求是、团结一致向前看的指导方针，开辟了改革开放和进行社会主义现代化建设的历史新时期。

从国情出发我们就能够取得成功，脱离国情就会失败，无论是民主主义革命时期的"左"倾错误，还是社会主义建设时期的"大跃进"、人民公社的错误，都反复说明必须清楚认识国情，一切从国情出发，从实际出发，实事求是。

三、不断加强党的自身建设，永葆党的先进性

在新民主主义革命、社会主义革命、改革开放和社会主义现代化建设的各个历史时期，中国共产党不断加强自身建设，始终保持党的先进性，始终代表中国先进生产力的发展要求，始终代表中国先进文化的前进方向，始终代表中国最广大人民的根本利益。

从"整风运动"到"马克思主义中国化"的提出，从毛泽东思想到中国特色社会主义理论体系，从"三讲"教育到"保持共产党先进性"，从"八项规定"到"群众路线教育"，从"三严三实"到"两学一做"，中国共产党在革命、建设、改革的90多年的历程中，不断加强自身建设，坚持党的先进性，领导全国人民从一个胜利走向另一个胜利。

2009年9月，中国共产党十七届四中全会作出的《关于加强和改进新形势下党的建设若干重大问题的决定》，深刻总结了中国共产党在执政条件下加强自身建设的基本经验，主要有：坚持把思想理论建设放在首位，提高全党马克思主义水平；坚持把推进党的建设伟大工程同推进党领导的伟大事业紧密结合起来，保证党始终成为社会主义事业的坚强领导核心；坚持以执政能力建设和先进性建设为主线，保证党始终走在时代前列；坚持立党为公、执政为民，保持党同人民群众的血肉联系；坚持改革创新，增强党的生机活力；坚持党要管党、从严治党，提高管党治党水平。

2017年10月，党的十九大报告提出了新时代党的建设总要求是：坚持和加强党的全面领导，坚持党要管党、全面从严治党，以加强党的长期执政能力建设、先进性和纯洁性建设为主线，以党的政治建设为统领，以坚定理想信念宗旨为根基，以调动全党积极性、主动性、创造性为着力点，全面推进党的政治建设、思想建设、组织建设、作风建设、纪律建设，把制度建设贯穿其中，深入推进反腐败斗争，不断提高党的建设质量，把党建设成为始终走在时代前列、人民衷心拥护、勇于自我革命、经得起各种风浪考验、朝气蓬勃的马克思主义执政党。

今天，我们党还要不断加强自身建设，提高党的领导能力和执政能力，

建设马克思主义学习型政党，推进马克思主义的中国化、时代化和大众化，推进党的建设新的伟大工程，永葆党的先进性，这是中国共产党的又一历史经验。

【知识链接】

"井冈山"何时被党的文献首次提及

井冈山号称"中国革命的摇篮"，是享誉天下的革命名山。近年来有人认为，1928年之前，没有"井冈山"这个名称，是红军来了以后才有了"井冈山"。也有人认为，在1928年11月毛泽东经中共中央的报告《井冈山的斗争》中，"井冈山"三个字才首次在党的文献中提及。还有人说，毛泽东是语言高手，对地名特别注意，所以是毛泽东选择了"井冈山"这个地名。

事实真是如此吗？让我们先从井冈山名称的来源说起。

井冈山坐落于江西省的西南部，是湘赣边界罗霄山脉中段万洋山的一个支脉。井冈山来源于"井冈"，而"井冈"又来源于"井"。所谓"井"，是古人见高山耸峙下散布着的山间小盆地，看起来像一口口水井，因而以井给盆地中的村庄命名，大小五井因此而得名。井冈山的主峰五指峰下原有个山村，坐落在从大小五井流下来的"井江"边，被称为"井江山"。依客家语音，"井江山"后来演变成"井冈山"，成为当地老百姓对以五指峰为主峰的周边群山的习惯叫法，这个山村也被称为"井冈山村"。1928年之前，没有"井冈山"之个名称，似乎不合情理。但由于明末清初以来的地方文献太多，对于"井冈山"何时被首次提及无从查考。

通过查阅党的历史文献发现，1927年10月，中共江西省委向长江局汇报赣西方面的情况时提到，"井冈、蜈蚣两山的武装接洽未妥，莲花、永新农民曾数次自动暴动起来，井冈、蜈蚣两山的武装达千支左右"。从这篇文献两次提到"井冈、蜈蚣"两山推断，民间早有"井冈山"的说法了，只是这个时候党的文献中尚未完整地提及。在1927年11月的《中共江西省委通告（第十号）——目前的形势与江西工农运动的发展情势》中，首次完整提及了"井冈山"。通告中说："只要看最近赣西井冈山、蜈蚣山的农军及该县的农民已占领宁冈、莲花县城，吉安的农军亦已发动，会合万安农军，进攻永新、安福，形成一大的割据局面。"这段文献完整地出现了"井冈山"三个字，且语意明确。这应该是党的文献中首次出现"井冈山"。

思考题

1. 如何理解中国共产党的成立是开天辟地的大事件？
2. 如何正确理解没有共产党就没有新中国？
3. 中国共产党长期以来形成的历史经验有哪些？

第二章　中国共产党的性质和宗旨

第一节　中国共产党的性质

党的性质是指一个政党本身所固有的质的规定性，是一个政党区别于其他政党的最本质特征。中国共产党是什么性质的党，她与其他政党和社会团体有哪些区别，这是每个要求入党的同志都必须弄清楚的问题。中国共产党从 1921 年诞生起，就是按照马克思列宁主义建党原则并结合中国国情建立的完全新型的政党。党的十八大修改后的《中国共产党章程》把党的性质表述为："中国共产党是中国工人阶级的先锋队，同时又是中国人民和中华民族的先锋队，是中国特色社会主义事业的领导核心，代表中国先进生产力的发展要求，代表中国先进文化的前进方向，代表中国最广大人民的根本利益。党的最高理想和最终目标是实现共产主义。"

对中国共产党性质的描述，符合我党历史发展和现实状况，符合时代的要求，有利于指导党始终坚持工人阶级先锋队的性质，增强党的阶级基础；有利于拓展党的工作覆盖面，扩大党的群众基础；有利于全党同志更加深刻地认识和落实党所肩负的历史责任，广泛地调动广大党员的积极性、主动性和创造性，团结一致，带领全国各族人民万众一心地建设中国特色社会主义，向着最终实现共产主义的目标不懈奋斗。

一、中国共产党是中国工人阶级的先锋队

党的工人阶级先锋队性质，是党的本质和生命。中国共产党是中国工人阶级的先锋队，这是从党的阶级性和先进性两方面来阐述党的性质。党的阶级性，是指中国共产党以中国工人阶级为基础，代表工人阶级和广大人民群众的利益。党的先进性，是指党是由工人阶级中具有共产主义觉悟的先进分子组成，以马克思列宁主义、毛泽东思想、邓小平理论、"三个代表"重要思想、科学发展观为指导，按照民主集中制原则组织起来的统一整体。它关系

到党的指导思想、宗旨的确立和贯彻，关系到党的纲领、路线的制定和坚持，也是一个共产党员应具备的基本条件。

（一）中国工人阶级是中国共产党的阶级基础

马克思主义认为，政党是某一阶级、阶层或集团为实现其根本利益，以取得政权和巩固政权为主要目标而建立起来的政治组织。任何政党都有其阶级基础，同一定阶级紧密联系，是一定阶级意志和利益的代表者，是这个阶级的组织者和领导者。马克思指出："工人阶级在反对有产阶级联合权力的斗争中，只有组织成为与有产阶级建立的一切旧政党对立的独立政党，才能成为一个阶级来行动。"工人阶级政党产生于资产阶级政党之后，是在资本主义进入社会化大生产、工人阶级反对资产阶级的斗争发展到自觉阶段、马克思主义同工人运动相结合的产物。1847年6月，马克思、恩格斯创立了世界上第一个工人阶级政党——共产主义者同盟，次年制定了第一个周详的党的纲领《共产党宣言》，确立了工人阶级是共产党的基础。

中国共产党是马克思列宁主义同中国工人运动相结合的产物。党在1921年成立之初明确指出：它是按照马克思主义原则建立起来的中国工人阶级政党。在旧中国，我国工人阶级和世界上其他国家的工人阶级一样，没有任何生产资料，在半殖民地半封建社会的特定历史条件和社会环境中，同资产阶级作斗争。在长期的斗争中锤炼了高度团结互助的精神和严格的组织纪律性，成为历史上最先进、最革命和具有远大前途的阶级。在建党初期，中国工人阶级同其他劳动者相比，主要具有以下的先进性：一是工人阶级是同大工业生产相联系的，是先进生产力的代表者。其他劳动者（小资产阶级和农民）随着大工业的发展不断分化和破产，而唯有工人阶级随着大工业生产的发展日益壮大，因此是最先进、最有前途的阶级。二是中国工人阶级在旧社会受剥削最重，只有革命能够帮助他们摆脱枷锁，因此相对于其他阶级最富于革命的彻底性。三是中国工人阶级的分布比较集中，同时与农民有着天然的联系，便于组织起来，同广大农民结成亲密联盟，形成一支重要的社会力量，因而决定了它是中国革命的领导力量，是现代中国最进步的阶级。因此，建党初期，把工人阶级先锋队作为党的阶级性质，从根本上确保了中国共产党的先进性。

中国共产党从成立发展至今，始终鲜明地体现了中国工人阶级的阶级性质，坚定不移地代表着她的意志。建党90多年来，我们的党为实现中国工人阶级的伟大历史使命，前赴后继，顽强斗争，始终站在斗争的最前列，领导中国革命和社会主义建设事业不断取得一个又一个的胜利。

（二）中国共产党由工人阶级先进分子组成

我们党长期的历史经验表明，党之所以能够在同各种政治力量的较量和竞争中从小到大、由弱变强，从挫折中奋起、在战胜困难中不断成熟，成为执政党，并取得了革命、改革、建设的伟大成就，最根本的原因在于中国共产党是由工人阶级中具有共产主义觉悟的先进分子组成，以先进理论为指导，按先进组织制度建立，是工人阶级的先锋队。

第一，中国共产党是由工人阶级中具有共产主义觉悟的先进分子组成，党的先进性来源于工人阶级的先进性。列宁指出："党是阶级的先进觉悟阶层，是阶级的先锋队。这个先锋队的力量比它的人数大 10 倍，100 倍，甚至更多。"①这表明，党同工人阶级之间是既有联系又有区别的，党是工人阶级的先进组织，而不是工人阶级的一般阶级组织。如果把党降低到工人阶级的一般阶级组织，把共产党员降低到普通工人群众的水平，实际上就否定了党的先进性。所以，我们党从建党开始就十分重视党员的先进性，集合了一大批工人阶级中具有共产主义觉悟的先进分子，成为中国工人阶级的先锋队。

中国共产党由工人阶级中的先进分子所组成，这并不是说其他阶级出身的具备党员条件的人不能入党，也不是说吸收这些人入党就改变了党的工人阶级先锋队性质。党员的社会出身，并不是党的性质的决定因素。列宁指出："确定一个党是不是真正工人的政党，不仅要看它是不是由工人组成的，而且要看它是由什么人领导以及它的行动和政治策略的内容如何。只有根据后者，才能确定这个党是不是真正无产阶级的政党。"②历史经验证明，列宁的论断是完全正确的。只要以马克思主义为指导思想，坚持工人阶级的立场，一切从工人阶级和最广大人民群众的根本利益出发，坚持符合工人阶级和最广大人民群众根本利益的纲领和路线，即使党内的工人成分不占多数，也可以建设成为工人阶级的先锋队。我们党正是这样，尽管发展了许多非工人阶级的党员，但党的指导思想、纲领和路线，都是忠实地代表了工人阶级和全国各族人民利益的，所以党始终保持了工人阶级先锋队的性质。

第二，中国共产党是以工人阶级的先进理论武装起来的。这个先进理论，包括马克思列宁主义、毛泽东思想、邓小平理论、"三个代表"重要思想、科学发展观、习近平新时代中国特色社会主义思想等。中国共产党是以马克思列宁主义、毛泽东思想、邓小平理论、"三个代表"重要思想、科学发展观、武装起来的工人阶级政党。马克思列宁主义是无产阶级解放运动的理论，是

---

① 《列宁全集》第 24 卷[M]，北京：人民出版社，1998：38。
② 《列宁全集》第 39 卷[M]，北京：人民出版社，1986：246。

无产阶级根本利益的集中表现，是无产阶级及其政党十分严整和科学的世界观。毛泽东思想是马克思列宁主义在中国的运用和发展，是被实践证明了的关于中国革命的正确理论原则和经验总结，是中国共产党集体智慧的结晶。邓小平理论是马克思列宁主义基本原理与当代中国实际和时代特征相结合的产物，是对毛泽东思想的坚持、继承和发展，是当代中国的马克思主义。"三个代表"重要思想同马克思列宁主义、毛泽东思想和邓小平理论是一脉相承而又与时俱进的科学体系，是马克思主义在中国发展的最新成果，反映了当代世界和中国的发展变化对党和国家工作的新要求。科学发展观，是对党的三代中央领导集体关于发展的重要思想的继承和发展，是马克思主义关于发展的世界观和方法论的集中体现，是同马克思列宁主义、毛泽东思想、邓小平理论和"三个代表"重要思想既一脉相承又与时俱进的科学理论，是我国经济社会发展的重要指导方针，是发展中国特色社会主义必须坚持和贯彻的重大战略思想。习近平新时代中国特色社会主义思想是对马克思列宁主义、毛泽东思想、邓小平理论、"三个代表"重要思想、科学发展观的继承和发展，是马克思主义中国化最新成果，是党和人民实践经验和集体智慧的结晶，是中国特色社会主义理论体系的重要组成部分，是全党全国人民为实现中华民族伟大复兴而奋斗的行动指南，必须长期坚持并不断发展。这些理论是我们党的先进性的重要体现。

第三，中国共产党是按照先进的组织制度——民主集中制建立起来的。中国共产党是根据自己的纲领和章程，按照民主集中制原则组织起来的统一整体。也就是说，我党一开始就是按照民主集中制原则建立起来并开展活动的。

民主集中制是无产阶级政党在创建和发展过程中逐步形成和确立起来的。它是党的根本组织原则和组织制度，也是党的根本领导制度和工作制度。民主集中制的民主，就是党员和党组织的意愿、主张得到充分表达，其积极性和创造性得到充分发挥；民主集中制的集中，就是凝聚全党意志、智慧，行动一致。《中国共产党章程》指出："民主集中制是民主基础上的集中和集中指导下的民主相结合。"这就是说，民主集中制原则包括民主和集中两个方面，这两个方面是辩证统一的关系，它们相互依存、相辅相成，结合成一个有机统一的整体。讲民主不能离开集中，讲集中不能离开民主。党内必须以民主为基础，离开民主的集中，就会成为个人专断。只有充分发扬民主，才能做到正确的集中。党内民主又是在集中指导下进行的，是受党章和党的纪律制约的、有领导的民主。离开集中的指导，就会成为极端民主化，成为无政府状态。我党正是把民主原则和集中原则有机结合起来，既充分发挥广大党员和各级党组织的积极性与创造性，又能有效地维护党的团结统一，保证全党行动的一致，保证党的决定得到迅速有效的贯彻执行，为社会主义建设事业保驾护航。

二、中国共产党是中国人民和中华民族的先锋队

中国共产党同时是中国人民和中华民族的先锋队，是对党的性质的概括，深刻揭示了我党的先进性与人民性、民族性相统一的本质，对于不断增强党的阶级基础和扩大党的群众基础，不断提高党的社会影响力，有着重要的理论意义和实践意义。

（一）中国工人阶级的根本利益同中国人民和中华民族的根本利益紧密联系

马克思主义认为，工人阶级只有解放全人类，才能最后解放自己。中国工人阶级的利益，同中国人民和中华民族的根本利益始终紧密地联系在一起，它的历史命运也是同全体人民和整个民族的历史命运紧密联系的。在历史上，为了挽救民族危亡和实现人民解放，中国共产党起到了"两个先锋队"的作用。这说明我们党一开始就同时肩负着阶级解放和民族解放的双重使命，不仅代表中国工人阶级的利益，而且代表中国人民和整个中华民族的利益；不仅要为实现工人阶级的利益而奋斗，也要为中国人民和中华民族利益而奋斗。进入 21 世纪，中国共产党担负着中华民族伟大复兴和建设中国特色社会主义的双重使命。党保持旺盛的生命力，永远站在时代前列，带领全国各族人民建设中国特色社会主义，就不仅要始终代表工人阶级的利益，同时也要始终代表中国人民和中华民族的利益。也只有代表全体人民和中华民族的利益，我党才真正有资格成为中国工人阶级的先锋队。从这个意义上说，中国共产党是中国工人阶级的先锋队，同时也是中国人民和中华民族的先锋队。中国工人阶级的根本利益同中华民族的根本利益是一个不可分的统一整体。因此，中国共产党的建设必须同党所处的时代和面临的形势、任务环境相联系。

（二）成为中国人民和中华民族的先锋队，中国共产党必须遵循马克思主义执政原则

中国共产党执政的实质在于把人民赋予的权力用来为人民服务，其执政使命归结到一点，就是要把中国最广大人民的根本利益以及集中体现这种根本利益的国家利益维护好、实现好、发展好。中国共产党如果不作为中国人民和中华民族的先锋队去自觉实现这个要求，就会面临丧失执政资格的危险。同时，中国共产党是作为全国人民和整个中华民族的忠实代表长期执政的，除了国家宪法所指的敌对势力和犯罪分子以外，所有属于人民范畴的社会成

员都是中国共产党执政的社会群众基础，都是中国共产党保持密切联系的对象。历史证明，中国共产党始终和最广大的人民群众保持最密切的联系，相信人民，依靠人民，一刻也不脱离人民群众，紧紧地和全国人民团结在一起，一切从人民的利益出发。

中国共产党必须成为中国人民和中华民族的先锋队，坚持党的工人阶级先锋队性质，强调党的阶级基础是工人阶级，但这绝不是意味着排斥其他阶级和阶层。在新的形势下，随着改革开放的深入和经济文化的发展，在社会变革中涌现出一大批民营科技企业的创业人员和技术人员、受聘于外资企业的管理技术人员、个体户、私营企业主、中介组织的从业人员、自由职业人员等社会阶层，他们都是中国特色社会主义事业的建设者。对为祖国富强贡献力量的社会各阶层人民都要团结，对他们中的优秀分子都要给予表彰。要把承认中国共产党的纲领和章程、自觉为党的路线和纲领而奋斗、经过长期考验、符合党员条件的新的社会阶层中的先进分子吸收到党内来，旨在扩大党的群众基础，为党营造一个良好的执政环境。

（三）成为中国人民和中华民族先锋队，是中国共产党全面建成小康社会、实现中华民族伟大复兴中国梦的必然选择

中国共产党人是中华民族历史上最自觉、最坚定、最彻底的爱国主义者，始终把实现中华民族伟大复兴作为崇高历史责任。在新的历史时期，中国共产党人要担负起带领全国人民全面进入小康、实现民族复兴和中国梦的崇高责任，必须使自己真正成为中国人民和中华民族的先锋队。

第一，中国共产党必须以中国人民和中华民族先锋队的姿态，始终坚持马克思主义基本原理同中国具体实际相结合，不断开拓民族振兴的新思路和新境界。建党 90 多年来，中国共产党在面对国际国内环境的深刻变化中，始终坚持从中国人民和中华民族先锋队的立场出发，把马克思主义同中国实际紧密结合起来，不断用理论创新指导和促进实践创新，先后成功地走出了有中国特色的新民主主义革命道路、有中国特色的社会主义改造道路和有中国特色的社会主义建设道路，目前正朝着全面建成小康社会的中国梦的目标而奋进。

第二，中国共产党必须以中国人民和中华民族先锋队的姿态，大力继承和发扬中华民族优秀传统文化，同时又积极主动地利用和借鉴当今世界一切先进文明成果。中华民族的优秀文化传统是新的历史条件下实现民族振兴的重要思想资源，必须珍惜并结合时代精神发扬光大；当今世界的一切先进文明成果，是人类共同的精神财富，必须以远大目光和宽广胸襟学习其他民族

一切先进文明成果，并结合中国国情加以消化吸收。

第三，中国共产党必须以中国人民和中华民族先锋队的姿态，把整个民族的力量空前凝聚起来，最大限度地调动和发挥一切积极因素。中国共产党始终注意向中华民族优秀分子敞开组织大门，锻造出了一大批作为中华民族精英的政治家、思想家、经济家、外交家、军事家、艺术家以及各个方面各个层次的杰出人才，为振兴中华建立了令世人瞩目的历史功勋。在新的发展时期，中国共产党党必须以更加明智的态度去积极吸收全民族各个阶层的优秀分子入党，不断从组织上优化和强化党的队伍，使党在组织上真正成为中华民族振兴、实现中国梦的"脊梁"。

三、中国共产党是中国特色社会主义事业的领导核心

（一）党的领导地位是在长期的革命和建设中确立的，是历史的必然、人民的选择

自 1840 年鸦片战争以来，广大的中国人民为了摆脱被压迫、被奴役的地位，进行了种种尝试，从太平天国运动、戊戌维新、义和团运动到辛亥革命等，但都失败了。这表明，无论是农民阶级还是民族资产阶级，都不能改变中国贫穷落后的社会面貌，不能找到拯救中国和振兴中华的正确出路。历史把机遇留给了中国工人阶级和中国共产党人。在中国共产党的领导下，中国人民经过艰苦卓绝的斗争，实现了民族独立和人民民主，使中华民族自立于世界民族之林。1949 年中华人民共和国成立后，党领导全国各族人民顺利地实现了从新民主主义革命到社会主义革命的转变，巩固了人民政权，完成了生产资料所有制的社会主义改造，建立了社会主义制度；党的八大以后，党又领导人民转入大规模的社会主义建设；十一届三中全会以后，我们党又领导全国各族人民在各个领域取得了令世人瞩目的伟大成就；十八大以后，我们党正加速带领全国人民全面建成小康社会，为实现"两个一百年"的奋斗目标、实现中华民族伟大复兴的中国梦奠定更加坚实的基础。由此可见，中国人民的选择是完全正确的，中国共产党成为中国人民和中国社会主义事业的领导核心，是人心所向。

（二）党的领导地位是建设中国特色社会主义事业的根本保证

坚持党的领导地位和作用，是中国社会主义事业胜利的根本保证。只有坚持党的领导，才能始终保证中国特色社会主义事业的方向，才能为中国特

色社会主义事业创造长期安定团结的政治局面和稳定的社会环境，才能更有效地动员和组织广大群众投身到中国特色社会主义伟大事业中来，为实现祖国的富强、人民的富裕和民族的伟大复兴而奋斗。

中国共产党在解决了"什么是社会主义，怎样建设社会主义"这个根本问题之后，对于社会主义社会的认识进一步深化，对于社会主义社会建设规律有了进一步的把握，对于社会主义事业的领导更趋于成熟。党的十九大明确提出坚持党对一切工作的领导。党政军民学，东西南北中，党是领导一切的。必须增强政治意识、大局意识、核心意识、看齐意识，自觉维护党中央权威和集中统一领导，自觉在思想上政治上行动上同党中央保持高度一致，完善坚持党的领导的体制机制，坚持稳中求进工作总基调，统筹推进"五位一体"总体布局，协调推进"四个全面"战略布局，提高党把方向、谋大局、定政策、促改革的能力和定力，确保党始终总揽全局、协调各方。以马克思列宁主义、毛泽东思想、邓小平理论、"三个代表"重要思想、科学发展观、习近平新时代中国特色社会主义思想为指导，坚持全面建成小康社会、全面深化改革、全面依法治国、全面从严治党的战略布局，坚持发展是第一要务，以提高发展质量和效益为中心，加快形成引领经济发展新常态的体制机制和发展方式，保持战略定力，坚持稳中求进，统筹推进经济建设、政治建设、文化建设、社会建设、生态文明建设和党的建设，确保决胜全面建成小康社会，为实现"两个一百年"的奋斗目标、实现中华民族伟大复兴的中国梦奠定更加坚实的基础。从指导思想上就可以看出我们党对于社会主义事业领导的成熟性、全局性，党对中国社会主义现代化建设的领导作用，是任何其他组织都不能代替的。因此，我们必须坚持中国共产党的领导地位不动摇。

（三）新的历史条件下必须加强和改善党的领导

当今世界各种政治斗争错综复杂，以经济和高科技为基础的综合国力的较量日趋激烈。在这种情况下，我国要稳步、快速发展，增强综合国力，就必须要加强和改善党的领导。我们要坚持从新的实际出发，以改革的精神推进党的建设，不断为党的肌体注入新活力。加强和改善党的建设，一定要高举中国特色社会主义伟大旗帜，以习近平新时代中国特色社会主义思想为指导，全面贯彻落实党的十九大精神，保证党的路线、方针、政策全面反映人民的根本利益和时代发展要求；一定要坚持党要管党、从严治党的方针，进一步解决提高党的领导水平与执政水平、提高拒腐防变和抵御风险能力这两大历史性课题；一定要准确把握当代中国社会前进的脉搏，改革和完善党的领导方式和执政方式、领导体制和工作制度，使党的工作充满活力；一定要把政治建设、思想建设、组织建设、作风建设、纪律建设有机结合起来，把制度建设贯穿其中，深入推进反腐败斗争，不断提高党的建设质量，把党建设成为走在时代前列、人民衷心拥护、勇于自我革命、经得起各种风浪考验、朝气蓬勃的马克思主义执政党。

四、中国共产党必须始终践行"三个代表"重要思想

"三个代表"重要思想是对马克思主义唯物论的新贡献，是对马克思主义建党学说的新发展，是对科学社会主义的新概括，标志着关于社会主义本质和社会主义发展道路理论的统一与创新。它揭示了党的性质的重要内容，表明了"党是中国工人阶级先锋队，同时是中国人民和中华民族先锋队，是中国特色社会主义事业的领导核心"，不是空洞的大话、套话，而是有十分具体的内容和要求的，即要在经济上建设高度的社会主义物质文明，中国共产党要始终代表中国先进生产力的发展要求；在文化上建设高度的社会主义精神文明，中国共产党要始终代表中国先进文化的前进方向；在政治上建设高度的社会主义政治文明，中国共产党要始终代表最广大人民的根本利益。做到了这"三个代表"，中国共产党就有了立党之本、执政之基、力量之源；做到了这"三个代表"，中国共产党就能引领时代潮流，推进社会发展。

（一）中国共产党要始终代表中国先进生产力的发展要求

中国共产党要始终代表中国先进生产力的发展要求，就是党的理论、路线、纲领、方针、政策和各项工作，必须努力符合生产力发展的规律，体现不断推动社会生产力的解放和发展的要求，尤其要体现推动先进生产力发展的要求，通过发展生产力不断提高人民群众的生活水平。

（二）中国共产党要始终代表中国先进文化的前进方向

中国共产党要始终代表中国先进文化的前进方向，就是党的理论、路线、纲领、方针、政策和各项工作，必须努力体现发展面向现代化、面向世界、面向未来的民族的科学的大众的社会主义文化的要求，促进全民族思想道德素质和科学文化素质不断提高，为我国经济发展和社会进步提供精神动力和智力支持。

（三）中国共产党要始终代表中国最广大人民的根本利益

中国共产党要始终代表中国最广大人民的根本利益，就是党的理论、路

线、纲领、方针、政策和各项工作，必须坚持把人民的根本利益作为出发点和归宿，充分发挥人民群众的积极性、主动性、创造性，在社会不断发展进步的基础上，使人民群众不断获得切实的经济、政治、文化利益。

"三个代表"重要思想是相互联系、相互促进的统一的整体。代表先进生产力的发展要求是基础和前提，代表先进文化的前进方向是灵魂，代表中国最广大人民的根本利益是核心和根本，是其他两个代表的出发点和归宿。

我们党在新时期面对纷繁复杂的国际形势，要能够承担起中国人民和中华民族的历史重托，在剧烈变动的国际国内环境中立于不败之地；带领中国人民实现全面建成小康社会宏伟目标，就必须吸取苏共解体的教训，必须始终不渝地加强党的建设。加强党的建设就要坚持党的领导，保持党的先进性，不断提高党的执政水平和领导水平，准确把握世界发展的新潮流、新趋势，抓住机遇，迎接挑战，化解风险，因势利导。

党章对党的性质的这一科学界定，我们可以概括为"两个先锋队，一个领导核心，三个代表"，即中国共产党是中国工人阶级的先锋队，同时是中国人民和中华民族的先锋队，是中国特色社会主义事业的领导核心，代表中国先进生产力的发展要求，代表中国先进文化的前进方向，代表中国最广大人民的根本利益。入党积极分子必须认真学习，从三者的含义和联系中准确把握党的性质。

第二节　中国共产党的宗旨

党的宗旨，即一个政党存在的根本目的和意图。马克思、恩格斯在1848年2月发表的《共产党宣言》中指出："过去的一切运动都是少数人的或者为少数人谋利益的运动。无产阶级的运动是大多数人的、为绝大多数人谋利益的独立的运动。"中国共产党的性质决定了中国共产党作为工人阶级先锋队，除了忠实地代表工人阶级和人民群众的根本利益以外，没有其他任何特殊利益。这就决定了中国共产党的根本宗旨是全心全意为人民服务。坚持全心全意为人民服务的宗旨，是中国共产党的最高价值取向。中国共产党90多年奋斗历程的基本经验之一，就是始终牢记全心全意为人民服务的宗旨，紧紧依靠人民群众，诚心诚意为人民谋利益，从人民群众中汲取前进的不竭力量。

全心全意为人民服务是中国共产党的根本宗旨，是党在长期的革命历程中形成的。自中国共产党成立以来，我们党始终将广大人民群众的福祉同自己的责任紧密联系在一起，一贯强调任何时候人民群众的利益都是第一位的。90多年过去了，我们党从小到大，从弱到强，发展为今天拥有8900多万党员的执政大党，其根本原因就是坚持了全心全意为人民服务的宗旨，得到了广大人民群众的拥护和支持。

一、正确理解全心全意为人民服务宗旨的科学内涵

全心全意为人民服务是中国共产党的唯一宗旨，它表明中国共产党除了工人阶级和最广大人民的利益，没有自己的特殊利益，中国共产党任何时候都必须把人民的利益放在第一位，同广大人民群众同甘共苦，保持最密切的联系，不允许任何党员脱离群众，凌驾于群众之上。全心全意为人民服务这一根本宗旨所包含的思想包括四个方面：

第一，指出了中国共产党服务的范围。服务范围是"人民"，强调是为"最广大人民群众的根本利益"服务而不是为少数人服务，这是党的宗旨内涵中"量"的界限，更是"质"的规定，它鲜明地体现了中国共产党的价值取向和执政理念。

第二，指出了中国共产党服务人民的基本要求。服务人民要做到"完全""彻底""全心全意"而不是半心半意或三心二意，这就保持了党同人民的血肉联系，永远同人民心连心，真正体现出立党为公、执政为民的本色。

第三，指出了中国共产党服务人民的目的，即为人民谋利益。一切言行都从人民的利益出发，而不是从个人或小集团的利益出发，任何时候都把人民利益放在第一位，时时心系人民，处处为人民谋利益。

第四，提出了中国共产党服务人民的要求。要坚持走密切联系人民群众、相信人民群众、尊重人民群众、依靠人民群众的群众路线。

在任何时候、任何情况下，我们都必须从中国共产党的根本性质、历史使命来全面认识"全心全意为人民服务"的内涵和要求。

二、全心全意为人民服务宗旨的具体体现

第一，体现了中国共产党的本质特征。党的性质决定它必须把全心全意为人民服务作为自己的唯一宗旨。全心全意为人民服务，密切联系群众，是党的工人阶级先锋队性质的本质特征和工人阶级大公无私特性的升华，是我们党区别于其他任何政党的一个显著标志。我们党是在与人民群众密切联系，共同战斗中诞生、发展、壮大、成熟起来的。党同人民群众的关系如何，是关系

到党的生死存亡和党的事业兴衰成败的一个根本政治问题。始终代表人民利益、全心全意为人民服务的宗旨像一条红线，贯穿于我们党的全部实践之中。

第二，总括了中国共产党90多年发展的基本实践。一部中国共产党史，就是一部党的各级组织和广大党员忠实地为全国各族人民利益而斗争的历史。中国共产党从成立之日起，就把全心全意为人民谋利益作为自己的根本宗旨和行为准则。党章规定："中国共产党党员必须全心全意为人民服务，不惜牺牲个人的一切，为实现共产主义奋斗终身"；"中国共产党党员永远是劳动人民的普通一员。除了法律和政策规定范围内的个人利益和工作职权以外，所有共产党员都不得谋求任何私利和特权"。几十年来，尽管党在每个不同的历史时期的工作任务有所不同，为人民服务的内容和形式也有所不同，但党的宗旨是没有变的，始终贯穿于党的一切活动之中。新民主主义革命时期，中国共产党代表中国人民的根本利益，推翻了"三座大山"，结束了反动阶级统治中国广大劳动人民的历史；中华人民共和国成立后，中国共产党代表人民要求改变旧中国经济文化落后状况的愿望，开始了社会主义革命和建设的伟大实践；党的十一届三中全会，拨乱反正，把党和国家的工作重点转移到社会主义现代化建设上来。改革开放近40年来，中国共产党不断建设和完善社会主义市场经济体制，加强社会主义民主和法制建设，加强党风廉政建设，深入开展反腐败斗争，都是在实现、维护、发展最广大人民的根本利益。

第三，反映了中国共产党执政能力的根本指南。中国共产党执政以来常抓不懈的一个根本性任务是提高党的执政能力。提高党的执政能力必须坚持全心全意为人民服务的宗旨，认识到执政的目的就是为了人民生活更加美好。

中国共产党的历代领导集体都十分重视党的执政能力建设，创造和总结了提高执政能力的成功经验。邓小平同志明确地把这一点作为衡量我们一切工作的根本标准，他指出：判断改革和各方面工作的是非得失，归根到底，要看是否有利于发展社会主义的生产力，是否有利于增强社会主义国家的综合国力，是否有利于提高人民的生活水平。同时，他还强调，要把最广大人民"拥护不拥护""赞成不赞成""高兴不高兴""答应不答应"，作为我们一切工作的出发点和落脚点。江泽民在世纪之交的关键时期，明确提出要始终代表最广大人民的根本利益。党的十八大以来，以习近平为核心的新一代中央领导集体，高举中国特色社会主义伟大旗帜，团结带领全党全军全国各族人民，坚持"四个全面"战略布局，坚持统筹国内国际两个大局，坚持稳中求进工作总基调，积极引领经济发展新常态，着力推进改革开放，加强和创新宏观调控，有效化解各种风险和挑战，保持经济平稳较快发展和社会和谐稳定，开展"三严三实""两学一做"专题教育，按照"十三五"规划，全面建成小康社会。这一目标的实现就要求我们党要不断提高执政能力，从人民的利益出发，真心实意，毫无保留地为广大人民群众服务，不断提高党的凝聚力和战斗力。

三、贯彻全心全意为人民服务宗旨的基本要求

第一，切实增强和践行全心全意为人民服务的宗旨意识。切实增强和践行全心全意为人民服务的宗旨意识，是由中国共产党的性质决定的，是否认真坚持，关系到党的兴衰存亡。确立和践行全心全意为人民服务的理念，作为实践党的群众路线的内在要求和重要载体，体现了党的性质，也体现了主权在人民的人民共和国的性质。每个党员必须坚持和践行宗旨意识，不仅体现了党一以贯之的政治立场和价值追求，而且体现了党对于执政规律和历史发展规律的深刻认识。它是新时期党保持先进性、纯洁性，密切联系群众，克服脱离群众这一最大执政危险，巩固党的执政基础和执政地位的必然要求和根本保证。

第二，做到"三个始终坚持"，解决"为了谁、依靠谁、我是谁"问题。得人民者得天下，赢民心者赢天下。如何才能赢得人民、赢得民心，唯一和根本答案就是每个党员领导干部在心中要牢固树立起人民权力至上、人民利益至上、人民地位至高、人民作用至强的思想观念，从而真正从内心深处弄清和摆正"为了谁、依靠谁、我是谁"的大是大非问题，真正厘清解决谁是主人、谁是仆人、谁为谁服务、谁依靠谁的原则思想，要切切实实做到"三个始终坚持"。

（1）坚持践行宗旨就是要求我们始终以最广大人民群众的民心民意为一切工作立足点，一切决策部署必须顺应民心、尊重民意、反映民声、密切联系群众，真正做到"民之所欲聚之，民之所恶勿施"，真正体现乐民之所乐、忧民之所忧。我们想事情、做工作，想得对不对、做得好不好，一个根本的衡量尺度，就是"人民拥护不拥护""人民赞成不赞成""人民高兴不高兴""人民答应不答应"。

（2）坚持践行宗旨就是要求我们在任何时候都始终把人民的生产生活放在一切工作的中心位置。"人民对美好生活的向往，就是我们的奋斗目标。"要把发展民生，促进民富，使人民群众过上美好幸福生活作为最大的执政追求，多谋民生之利，多解民生之忧，实现好、维护好、发展好最广大人民群众最关心、最直接、最现实的利益问题，使人民群众学有所教、劳有所得、病有所医、老有所养、住有所居。

（3）坚持践行宗旨就必须始终坚持人民群众的主体地位。在一切工作中紧紧依靠人民，坚持从群众中来，到群众中去，切实做到问政于民、问需于民、问计于民，积极动员千千万万的人民群众成为推动我们各项现代化建设的主力军，只有充分动员和发挥广大人民群众的主动性、积极性和创造性，我们的事业才能走向成功。

第三，坚持拒腐防变，始终保持清正廉洁。党的性质和宗旨，决定了共产党人必须保持清正廉洁的本色。近些年来，腐败问题已经成为一个损害党的形象、疏远党群关系、危害改革开放和现代化建设的严重问题。如果任其发展，就会危及党的生命，葬送人民政权，葬送社会主义现代化建设事业。因此，党和国家领导人非常重视拒腐防变，大力加强反腐倡廉斗争。党的十八大提出建设廉洁政治的重大任务，要求做到干部清正、政府清廉、政治清明。这"三清"对党风廉政建设和反腐败斗争提出了更高的要求。习近平总书记在十八届中央政治局第五次集体学习时讲到大力加强反腐倡廉教育和廉政文化建设，强调推进反腐倡廉建设必须坚持依法治国和以德治国相结合。规范人们的行为，规范社会秩序，不仅要确立与之相适应的法律体系，而且要形成与之相适应的思想道德体系。因此，中国共产党在反腐倡廉的斗争中，一方面要把思想道德建设放在突出位置，坚持从教育抓起，教育引导广大党员、干部坚定理想信念、坚守共产党人精神家园，不断夯实党员干部廉洁从政的思想道德基础，筑牢拒腐防变的思想道德防线；另一方面要坚持全面从严治党、依规治党，深入推进党风廉政建设和反腐败斗争，巩固反腐败斗争成果，健全改进作风长效机制，着力构建不敢腐、不能腐、不想腐的体制机制，着力解决一些干部不作为、乱作为等问题，积极营造风清气正的政治生态，形成敢于担当、奋发有为的精神状态，努力实现干部清正、政府清廉、政治清明，为经济社会发展提供坚强的政治保证。

【知识链接】

一辈子做群众需要的人

马善祥，男，回族，1955年11月生，四川省隆昌县人，1979年1月加入中国共产党，现任重庆市江北区观音桥街道办事处调研员、"老马工作室"主要负责人。他从事基层调解工作和群众思想政治工作近30年，撰写了155本、530多万字的工作笔记，总结形成的"老马工作法"被推广到全国。先后获得"全国时代楷模""全国先进工作者""全国敬业奉献模范""全国道德模范""全国十大法治人物""重庆市社会治安综合治理先进工作者""感动重庆年度人物""重庆富民兴渝贡献特别奖"等光荣称号和荣誉。

老马的情感：为党欢喜为党分忧，把群众当亲人为群众解难题

谈起党性，老马说最重要的有两条：一是对党有信心，二是要做到"为党欢喜为党分忧"。有了第一条，工作上无论有什么难题都敢冲上去；有了第二条，才能随时随地不忘记自己的党员身份。他常说，今天的中国就没有共产党解决不了的问题，个人解决不了还有组织在，下级解决不了还有上级在！对于维护党的形象，老马绝不打半点马虎眼，只要听到群众称赞党，他就由衷地高兴；只要知道群众对党有误会，他就要耐心地做好解释工作；只要遇到有人说党的坏话，他就要站出来义正词严地指出来。他说："党的形象好了，我们基层干部在群众面前脸上才有光。"

人民调解工作就是跟老百姓打交道，问题多，很具体，老马一干就是27年，成功调解各类矛盾纠纷2000余起。从干这一行开始，老马就给自己立下了接待群众的24字规矩："起立迎接，请坐倒水，倾听记录，交流引导，解决问题，出门相送。"不仅如此，在老马的办公室，经常会遇到这样的场景：冻得发抖的群众穿走了他的衣服，戴走了他的围巾；病了的、饿了的、迷路了的群众从他这里"借"走了钱，拿走了他桌上的常备药，吃光了他刚从食堂打来的午餐。

"父亲对外人比对家人好。"老马的儿子曾经一度对父亲不理解，每当这时，老马总是纠正他："那不是外人，是亲人！"的确，老马从来不把群众当外人，来找老马的群众都说："老马是发自内心地尊重我们，让我们感受到尊严和温暖。"辖区内有吸毒史的老赵从戒毒所出来后，工作没了，婚也离了，儿子还不认他，他带着汽油和打火机来到街道，威胁说："我没有活路了，街道不给我指条路，我就死在这里！"从那开始，老马就和老赵打上了交道，一打就是八年，帮老赵落实安置房，四处找工作。现在的老赵不吸毒、不赌博了，还在街道当志愿者。老赵说："是老马让我过上了正常人的生活。"

老马的规矩："不"字当头

老马说，生活上降低一个标准就永远生活在幸福之中，工作上提高一个标准就永远具有前进动力。他认为作为党员干部，宁愿为难自己多一点，绝不放纵自己多一点。他给自己定下了一系列"不"字头规矩，在家中有个"四不谈"的家规：不谈钱、不谈车、不谈房、不谈社会不良现象；在修身自律上定下了"三个不"：不对群众说伤感情的话、不搞吃吃喝喝、不结交不良社会朋友。老马认为，这些"不"字头规矩让他远离各种诱惑，洁身自好、心情宁静。

　　和老马打过交道的群众都知道，老马从不收礼，也不接受宴请，有些调解对象想"意思意思"，都被他谢绝，实在推脱不了的也被他上交给了单位。老马说：只要群众口中念一句"共产党好"，就是对他最大的肯定。随着"老马工作法"的推广，老马也成了"红人"，不仅市内，全国多地都想请老马去"传经送宝"，有些媒体也想请他去当嘉宾，并开出了不菲的"劳务费"。但除了组织上安排的宣讲外，老马对商业媒体邀请都一一回绝。两年来，拒绝社会单位高薪邀请参加宣传活动 12 起，拒收各种礼品价值上万元。他说：我不是明星，多帮群众解决问题，才是我的本分。

　　理想信念不动摇，工作激情不消退，道德品行不变质，物质生活不多求，这是老马坚持的原则；为群众服务，为群众解决问题，把党的路线方针政策传播到群众的心坎上，让群众高兴、满意，这是老马最大的人生价值所在。就像老马所说："我干群众工作近 30 年，还想干到 80 岁、90 岁，直到干不动为止。不管什么时候，只要群众遇到困难，问谁是老马的时候，我一定会毫不犹豫地站出来告诉他：我，就是老马！"

思考题

1. 中国共产党的性质、指导思想、最终目标是什么？
2. 为什么说中国共产党是工人阶级的先锋队？
3. 共产党员在新时期应该如何去践行"全心全意为人民服务"的宗旨？

第三章　中国共产党的指导思想

第一节　马克思列宁主义是科学的理论体系

一、马克思列宁主义

马克思列宁主义是工人阶级及其政党的科学世界观和行动指南，是一个完备和不断发展的理论体系，为无产阶级革命提供了强大的思想武器。

（一）马克思主义的产生是人类思想史上的伟大革命

马克思主义是 19 世纪 40 年代无产阶级革命导师马克思、恩格斯在总结无产阶级斗争的历史经验、继承前人科学成果的基础上创立的。马克思主义主要包括马克思主义哲学、马克思主义政治经济学和科学社会主义三个组成部分。马克思主义哲学是无产阶级的科学世界观和方法论，是关于自然界、人类社会和思维的一般规律的科学，是无产阶级及其政党认识世界和改造世界的锐利思想武器，是马克思主义全部学说的基础。马克思主义政治经济学揭示了人类社会各个发展阶段上的生产关系随着生产力发展而变化的历史规律，阐述了剩余价值的来源及本质，揭开了资本主义剥削的秘密和无产阶级同资产阶级根本对立的经济根源，阐述了无产阶级在资本主义社会中的地位和历史使命，为无产阶级革命提供了理论依据。科学社会主义阐明了无产阶级解放运动的条件和发展规律，论证了资本主义灭亡和共产主义胜利的历史必然性，指出了无产阶级通过阶级斗争和无产阶级革命消灭资产阶级、建立无产阶级专政、最终实现共产主义的正确道路。

马克思主义的这三个组成部分，在马克思主义学说中是统一的、相互联系和密不可分的。马克思主义哲学是马克思主义全部学说的理论基础；马克思主义政治经济学是马克思主义哲学的运用与证明；科学社会主义既是马克思主义哲学和政治经济学的运用，又是马克思主义哲学和政治经济学的落脚点和归宿。这三个组成部分共同构成了马克思主义完整的科学体系，是无产阶级及其政党的科学世界观。

（二）列宁主义是帝国主义和无产阶级革命时代的马克思主义

19世纪末20世纪初，无产阶级革命导师列宁把马克思主义的普遍真理与新时代条件和俄国实际相结合，创立了列宁主义。列宁主义科学地分析了帝国主义的本质特征及其发展规律，揭示了帝国主义时代资本主义各国政治经济发展不平衡的规律，创造性地提出了社会主义革命可以首先在一国或少数国家内取得胜利的理论，解决了帝国主义时代无产阶级革命的一系列重大问题，并领导伟大的十月革命取得胜利，创立了世界上第一个无产阶级专政的社会主义国家，开辟了人类历史的新纪元。列宁主义是20世纪初人类思想史上的重大成就。

二、马克思列宁主义是科学的理论体系

马克思列宁主义揭示了人类社会历史发展的规律，它的基本原理是正确的，具有强大的生命力。坚持马克思列宁主义的基本原理，走中国人民自己选择的适合中国国情的道路，中国特色社会主义事业必将取得最终的胜利。

马克思主义是一个彻底而严整的科学理论体系，包含极为丰富的内容，几乎涵盖了全部社会科学的研究领域。但是，从总体上看，马克思主义哲学、政治经济学和科学社会主义则是马克思主义理论体系中的主体部分，是相互依存、不可分割的三个组成部分。

马克思主义产生以来，人类社会发生了巨大的变化，但马克思对资本主义制度的科学剖析，对未来社会制度的科学预测，至今仍鼓舞和指导共产党人为社会进步和人类幸福而不懈奋斗。马克思主义发展到列宁主义阶段，列宁主义就是帝国主义和无产阶级革命时代的马克思主义。20世纪80~90年代苏联解体、东欧剧变，并不表明马克思列宁主义的失败，在某种程度上可以说，这恰恰是他们没有正确运用马克思列宁主义的结果。进入21世纪，我们仍然要以马克思列宁主义作为党的指导思想。

当然，坚持马克思列宁主义的指导地位，也要有一个正确对待马克思列宁主义的态度问题。我们要学会运用马克思列宁主义的立场、观点和方法来观察和处理社会现实矛盾问题，不应该拘泥于马克思列宁主义的个别结论，更不能用马克思列宁主义的个别结论去否定社会现实中已被实践证明了的正确的东西。与时俱进是马克思列宁主义的理论品质，把马克思列宁主义作为

党的行动指南，就要在实践中发展马克思列宁主义。马克思列宁主义随着实践的发展而发展，否则便失去了生命力。运用马克思列宁主义的立场、观点和方法，探索解决现实问题的答案，并加以总结和概括，这一过程也就是发展马克思列宁主义的过程。只有发展马克思列宁主义，赋予马克思列宁主义以新的内容，用事实表明马克思列宁主义解决现实问题的能力，马克思列宁主义的指导地位才能不断得到加强。

三、马克思列宁主义始终是中国共产党的指导思想

中国共产党从诞生之日起，就把马克思列宁主义确定为自己的指导思想。这是工人阶级政党为工人阶级先锋队的基本条件和思想基础，也是工人阶级政党区别于其他政党的根本标志。

为什么说马克思列宁主义始终是中国共产党的指导思想呢？

马克思列宁主义是决定党的先进性质的理论基础。马克思列宁主义是在吸收人类优秀思想成果、总结世界工人运动实践经验的基础上产生出来的人类历史上最科学的思想武器。

马克思列宁主义是中国共产党团结统一的思想基础。要保持党的先进性和战斗力，就必须保持组织上团结统一和行动上步调一致。思想上的统一是组织上团结统一的基础，只有以马克思列宁主义为指导思想团结统一，我们党才能立于不败之地。

马克思列宁主义是中国共产党制定纲领、路线、方针、政策的理论依据。中国共产党自建党以来始终坚持以马克思列宁主义为指导，坚持把马克思列宁主义与中国具体实际相结合，运用马列主义的立场、观点和方法，正确认识社会发展规律，准确判断社会发展的形势和趋向，从实际出发，制定正确的纲领、路线和政策，引导中国革命和建设事业不断走向胜利。

第二节　毛泽东思想是中国化的马克思列宁主义

一、毛泽东思想

毛泽东思想是马克思列宁主义在中国的运用和发展，毛泽东思想以其独创性的理论丰富和发展了马克思列宁主义，解决了中国工人阶级及其政党在

中国这样一个半殖民地半封建的、以农民为主要群众的经济上文化上落后的国家里如何运用马克思列宁主义一般原理，开展共产主义运动的问题。毛泽东思想具有多方面的内容，主要包括：关于新民主主义革命的理论，关于社会主义革命和社会主义建设的理论，关于革命军队的建设和军事战略的理论，关于政策和策略的理论，关于思想政治工作和文化工作的理论，关于党的建设的理论，等等。

毛泽东思想活的灵魂是贯穿于上述各个组成部分的立场、观点和方法，它有三个基本方面，即实事求是、群众路线、独立自主。实事求是，就是一切从实际出发，理论联系实际，把马克思主义普遍原理同中国革命具体实践相结合，在实践中检验和发展真理。实事求是是毛泽东思想的根本点，是党的思想路线的核心。群众路线，就是一切为了群众，一切依靠群众，从群众中来，到群众中去的路线。群众路线是以毛泽东为代表的中国共产党人创造的、具有中国特色的科学领导方法和工作方法，是对马克思主义的重大发展。独立自主，是从中国实际出发，主要依靠自己的力量发展革命和建设事业，是我们立国、建国的一个根本方针。

二、毛泽东思想是中国化的马克思列宁主义

以毛泽东为代表的中国共产党人，根据马克思列宁主义的基本原理，对中国长期革命和建设实践中的一系列经验进行理论概括，形成了适合中国国情的科学指导思想，这就是毛泽东思想。毛泽东把马克思列宁主义基本原理同中国具体实际结合起来，使马克思列宁主义在中国深深地扎下了根。毛泽东思想就是用马列主义的立场、观点和方法观察和分析中国实际，阐明了中国革命和建设的发展规律；毛泽东思想就是用中国人民大众喜闻乐见的民族形式和语言，说明中国革命和建设的理论和政策。毛泽东思想完全符合马克思列宁主义的一般原理，又具有鲜明的中国特色，是具有中国独特内容和民族表现形式的中国化的马克思列宁主义。

三、毛泽东思想是中国共产党的宝贵财富

毛泽东思想被确定为中国共产党的指导思想，是历史发展的必然，是由它在中国革命和建设中的历史地位和伟大作用决定的。

首先，毛泽东思想指导中国革命和建设取得了伟大成就。在新民主主义革命时期，中国共产党坚持用毛泽东思想指导革命，克服了党内的右倾机会

主义和"左"倾冒险主义，取得了打败日本侵略者、推翻蒋介石反动统治、建立中华人民共和国的伟大胜利。中华人民共和国成立后，中国共产党在毛泽东思想的指引下，领导全国各族人民有步骤地实现从新民主主义到社会主义的转变，取得了社会主义革命的伟大胜利，社会主义经济建设也取得了巨大的成就。

其次，毛泽东思想丰富和发展了马克思列宁主义。在中国共产党的历史上，以毛泽东为代表的中国共产党人，运用马克思列宁主义的基本原理，认真地考察中国的历史状况和社会状况，把中国长期革命实践中的一系列独创性经验作了理论概括，从而实现了马克思列宁主义与中国实际相结合的第一次历史性飞跃。毛泽东思想不是马克思列宁主义的简单运用，而是对马克思列宁主义的重大发展，为马克思列宁主义的理论宝库增添了许多新的内容。在成为执政党以后，以毛泽东为代表的中国共产党人，根据马克思列宁主义关于建设社会主义的基本原理和苏联建设社会主义的经验和教训，结合中国的实际情况，提出了一系列关于社会主义建设的思想。

最后，毛泽东思想是我们党的宝贵精神财富。毛泽东思想过去是我们事业取得巨大胜利的指导思想，今后仍然是指导我们社会主义现代化建设事业的宝贵财富。毛泽东的许多重要著作，仍然是我们必须经常学习的，因为这些著作中包含许多基本原理、原则和科学方法，具有普遍的指导意义。

总之，毛泽东思想具有重要的历史和现实意义，是我们党的宝贵精神财富，将长期指导我们的行动。我们必须在实践中坚持和发展毛泽东思想。

第三节　中国特色社会主义理论体系：邓小平理论、"三个代表"重要思想、科学发展观、习近平新时代中国特色社会主义思想

一、坚持以邓小平理论为指导

以邓小平为核心的党的第二代领导集体，在领导全国人民进行改革开放的社会主义现代化进程中，运用马克思列宁主义、毛泽东思想的立场、观点和方法，在总结历史经验的基础上，第一次系统地回答了中国这样一个经济文化落后的国家如何建设社会主义、如何巩固和发展社会主义的一系列基本

问题，形成了建设有中国特色的社会主义理论，实现了马克思与中国实际相结合的第二次历史性飞跃。

首先，邓小平理论是在和平与发展成为当代世界两大主题的历史条件下形成和发展起来的。在第二次世界大战之后，资本主义社会出现了相对稳定、经济发展增快的态势，这表明资本主义的灭亡并不是短时间内就能够发生的，而需要一个历史过程。社会主义与资本主义作为两种不同的社会制度，将长期并存。和平与发展成为当今世界的主题，世界各国都在谋求更快地发展，增强综合国力。在我国这样一个经济文化都比较落后的大国，如果不抓住时机把经济搞上去，就会在发展和竞争中败下阵来。新的时代特征，是邓小平理论产生的广阔国际背景。

其次，改革开放和社会主义现代化建设的实践为邓小平理论提供了深厚的实践基础。从中华人民共和国成立到党的十一届三中全会，整整 29 年间，以毛泽东为代表的中国共产党人，在取得新民主主义革命后，为寻找一条适合中国国情的社会主义建设道路进行了艰辛的探索。但正如邓小平 1984 年 6 月 30 日会见日本代表团时所说的那样，什么叫社会主义，什么叫马克思主义，我们过去对这个问题的认识不是完全清醒的。在很长的一段时间内，我们在经济建设上急于求成，提出"以阶级斗争为纲"，视阶级斗争为社会主义社会发展的主要动力。这种状况一直到党的十一大都没有得到根本的改变。经过真理标准的大讨论，1978 年 12 月召开的党的十一届三中全会，重申解放思想、实际求是的思想路线，把工作重点转移到现代化建设上来。从此，我国改革开放和现代化建设创造出许多新经验，涌现出许多新事物，整个社会发生了革命性的变革。新的伟大实践促进了共产党人和广大群众的思想解放，党和人民对以往社会主义建设的历史经验和教训有了新的认识，并逐渐突破了以往一些不切实际的社会主义观念，我们党逐渐找到了建设中国特色社会主义的正确道路，开始了波澜壮阔的改革开放和现代化建设实践并取得了丰硕的成果。

最后，邓小平理论是在研究、吸取当代国际共产主义运动兴衰成败的经验教训基础上形成发展起来的。马克思、恩格斯创立了科学社会主义理论，列宁在 1917 年使社会主义在俄国成为现实。到第二次世界大战后，在全球范围内出现了同资本主义世界对立的一系列社会主义国家，几十年来，社会主义各国经历了一个兴衰成败的曲折历程。这为中国共产党人提供了极其丰富的经验教训和深刻的历史启示。社会主义代替资本主义需要一个长期发展的历史过程，但社会主义要发展，必须把经济搞上去，必须坚持改革开放，必须坚持社会主义方向。不改革开放，不发展经济，不改善人民的生活，不坚持社会主义，只有死路一条。

二、坚持以"三个代表"重要思想为指导

"三个代表"重要思想，是在科学判断党的历史方位的基础上提出来的。我们党历经革命、建设和改革，已经从领导人民为夺取全国政权而奋斗的党，成为领导人民掌握全国政权并长期执政的党；已经从受到外部封锁和实行计划经济条件下领导国家建设的党，成为对外开放和发展社会主义市场经济条件下领导国家建设的党。"三个代表"重要思想集中体现了党的性质，体现了社会主义本质，它把实践标准、生产力标准、社会进步标准、人民利益标准有机地统一起来，是科学运用马克思主义观察当今世界和当代中国发展趋势的产物，也是对马克思列宁主义、毛泽东思想、邓小平理论的重大发展与理论创新。

把"三个代表"重要思想确立为党必须长期坚持的指导思想，是历史的必然、时代所需。"三个代表"重要思想，着眼于改革开放和社会主义现代化建设大局，具有鲜明的时代特征和很强的针对性、前瞻性，是对党的性质、宗旨和历史任务的新概括，是对马克思主义党的学说的新发展，是对各级党组织和党员干部提出的新要求。只有坚决地按照"三个代表"的要求去做，全心全意为人民服务的根本宗旨才能得到体现，党的思想、组织、作风建设才有坚实的基础，党所领导的中国特色社会主义事业才能实现。"三个代表"重要思想是我们党领导人民进行中国特色社会主义的伟大结晶，又为我们进一步开创中国特色社会主义事业新局面提供了理论武器，指明了前进方向。

贯彻"三个代表"的要求，关键在坚持与时俱进，核心在坚持党的先进性，本质在坚持执政为民。全党同志要不断增强贯彻"三个代表"重要思想的自觉性和坚定性。贯彻"三个代表"重要思想，必须使全党始终保持与时俱进的精神状态，不断开拓马克思主义理论发展的新境界。贯彻"三个代表"重要思想，必须把发展作为党执政兴国的第一要务，不断开创社会主义现代化建设的新局面。贯彻"三个代表"重要思想，必须最广泛、最充分地调动一切积极因素，不断为中华民族的伟大复兴增添新力量。贯彻"三个代表"重要思想，必须以改革的精神推进党的建设，不断为党的肌体注入新活力。

三、坚持以科学发展观为指导

实践没有止境，理论创新也没有止境。随着我们党对中国特色社会主义事业领导实践的不断发展，随着党对人类社会发展规律、社会主义建设规律

和执政党建设规律认识的不断深化，我们必然在新的实践中创造出新的理论，并使之成为我们党建设中国特色社会主义必须长期坚持的指导方针。

十八大报告指出，总结奋斗历程，最重要的就是我们坚持以马克思列宁主义、毛泽东思想、邓小平理论、"三个代表"重要思想为指导，在勇于推进实践基础上进行理论创新，围绕坚持和发展中国特色社会主义提出一系列紧密相连、相互贯通的新思想、新观点、新论断，形成了科学发展观。科学发展观是马克思主义同当代中国实际和时代特征相结合的产物，是马克思主义关于发展的世界观和方法论的集中体现，对新形势下实现什么样的发展、怎样发展等重大问题作出了新的科学回答，把我们对中国特色社会主义规律的认识提高到新的水平，开辟了当代中国马克思主义发展的新境界。科学发展观是中国特色社会主义理论体系的最新成果，是中国共产党集体智慧的结晶，是指导党和国家全部工作的强大思想武器。科学发展观同马克思列宁主义、毛泽东思想、邓小平理论、"三个代表"重要思想一道，是中国共产党必须长期坚持的指导思想。

深入贯彻落实科学发展观，对坚持和发展中国特色社会主义具有重大的现实意义和深远的历史意义，必须把科学发展观贯彻到我国现代化建设全过程，体现到党的建设各方面。党的十八大要求，全党必须更加自觉地把推动经济社会发展作为深入贯彻落实科学发展观的第一要义，牢牢扭住经济建设这个中心，坚持聚精会神搞建设、一心一意谋发展，着力把握发展规律、创新发展理念、破解发展难题，深入实施科教兴国战略、人才强国战略、可持续发展战略，加快形成符合科学发展观要求的发展方式和发展机制，不断解放和发展社会生产力，不断实现科学发展、和谐发展、和平发展，为坚持和发展中国特色社会主义打下牢固基础。必须更加自觉地把以人为本作为深入贯彻落实科学发展观的核心立场，始终把实现好、维护好最广大人民根本利益作为党和国家一切工作的出发点和落脚点，尊重人民的首创精神，保障人民的各项权益，不断在实现发展成果由人民共享、促进人的全面发展上取得新成效。必须更加自觉地把全面协调可持续作为深入贯彻落实科学发展观的基本要求，全面落实经济建设、政治建设、文化建设、社会建设、生态文明建设五位一体总体布局，促进现代化建设各方面相协调，促进生产关系与生产力、上层建筑与经济基础相协调，不断开拓生产发展、生活富裕、生态良好的文明发展道路。必须更加自觉地把统筹兼顾作为深入贯彻落实科学发展观的根本方法，坚持一切从实际出发，正确认识和妥善处理中国特色社会主义事业中的重大关系，统筹改革发展稳定、内政外交国防、治党治国治军各方面工作，统筹城乡发展、区域发展、经济社会发展、人与自然和谐发展、国内外发展和对外开放，统筹各方面利益关系，充分调动各方面积极性，努力形成全体人民各尽所能、各得其所而又和谐相处的局面。

每一位入党积极分子，都要全面把握科学发展观的科学内涵和精神实质，增强贯彻落实科学发展观的自觉性和坚定性，着力转变不适应不符合科学发展观的思想观念，着力解决影响和制约科学发展的突出问题，把科学发展观贯彻落实到经济社会发展各方面。

四、坚持以习近平新时代中国特色社会主义思想为指导

党的十八大以来，国内外形势变化和我国各项事业发展都给我们提出了一个重大时代课题，这就是必须从理论和实践结合上系统回答新时代坚持和发展什么样的中国特色社会主义、怎样坚持和发展中国特色社会主义，包括新时代坚持和发展中国特色社会主义的总目标、总任务、总体布局、战略布局和发展方向、发展方式、发展动力、战略步骤、外部条件、政治保证等基本问题，并且要根据新的实践对经济、政治、法治、科技、文化、教育、民生、民族、宗教、社会、生态文明、国家安全、国防和军队、"一国两制"和祖国统一、统一战线、外交、党的建设等各方面作出理论分析和政策指导，以利于更好地坚持和发展中国特色社会主义。

围绕这个重大时代课题，以习近平同志为核心的党中央坚持以马克思列宁主义、毛泽东思想、邓小平理论、"三个代表"重要思想、科学发展观为指导，坚持解放思想、实事求是、与时俱进、求真务实，坚持辩证唯物主义和历史唯物主义，紧密结合新的时代条件和实践要求，以全新的视野深化对共产党执政规律、社会主义建设规律、人类社会发展规律的认识，进行艰辛理论探索，取得了重大理论创新成果，创立了习近平新时代中国特色社会主义思想。

习近平新时代中国特色社会主义思想内容十分丰富，涵盖改革发展稳定、内政外交国防、治党治国治军等各个领域、各个方面，构成了系统完整的科学体系。其中，最重要、最核心、最具独创性的内容，就是党的十九大报告概括的"八个明确"。这"八个明确"，分别指明了新时代坚持和发展中国特色社会主义的总任务和战略安排，社会主要矛盾和解决这一矛盾的基本途径，总体布局、战略布局和"四个自信"，全面深化改革总目标，全面推进依法治国总目标，党在新时代的强军目标，中国特色大国外交，坚持党的领导与新时代党的建设总要求，高度凝练、提纲挈领地阐明了习近平新时代中国特色社会主义思想的主要创新观点。为贯彻落实习近平新时代中国特色社会主义思想，党的十九大报告提出新时代坚持和发展中国特色社会主义的基本方略，

并概括为"十四个坚持"。其内容包括：坚持党对一切工作的领导；坚持以人民为中心；坚持全面深化改革；坚持新发展理念；坚持人民当家作主；坚持全面依法治国；坚持社会主义核心价值体系；坚持在发展中保障和改善民生；坚持人与自然和谐共生；坚持总体国家安全观；坚持党对人民军队的绝对领导；坚持"一国两制"和推进祖国统一；坚持推动构建人类命运共同体；坚持全面从严治党。习近平总书记强调："全党同志必须全面贯彻党的基本理论、基本路线、基本方略，更好引领党和人民事业发展。"总之，习近平新时代中国特色社会主义思想紧紧抓住中国特色社会主义进入新时代后世情国情党情的新变化，从理论和实践结合上系统回答了新时代坚持和发展什么样的中国特色社会主义、怎样坚持和发展中国特色社会主义这个重大时代课题，回答了新时代坚持和发展中国特色社会主义的总目标、总任务、总体布局、战略布局和发展方向、发展方式、发展动力、战略步骤、外部条件、政治保证等基本问题，并且根据新的实践对经济、政治、法治、科技、文化、教育、民生、民族、宗教、社会、生态文明、国家安全、国防和军队、"一国两制"和祖国统一、统一战线、外交、党的建设等各方面作出理论分析和政策指导，为更好地坚持和发展中国特色社会主义提供了思想武器和行动指南。①

习近平新时代中国特色社会主义思想是 21 世纪中国的马克思主义，是新时代坚持和发展中国特色社会主义的强大思想武器，是对马克思列宁主义、毛泽东思想、邓小平理论、"三个代表"重要思想、科学发展观的继承和发展，是马克思主义中国化最新成果，是党和人民实践经验和集体智慧的结晶，是中国特色社会主义理论体系的重要组成部分，实现了马克思主义基本原理同中国具体实际相结合的又一次历史性飞跃，具有继承性、创新性、时代性、科学性、人民性的鲜明特征，开辟了马克思主义新境界，开辟了中国特色社会主义新境界，开辟了治国理政新境界，开辟了管党治党新境界，是全党全国人民为实现中华民族伟大复兴而奋斗的行动指南。习近平新时代中国特色社会主义思想虽然是在十九大命名的，但这一重大思想的科学内涵是在十八大以来这五年的创造性实践中孕育、产生、升华、形成的，这一重大思想的丰富内容、精神实质早已写在广袤的祖国大地上，镌刻在广大党员、干部和人民群众心坎里，成为引领和指导这五年来创新实践的熊熊燃烧的思想火炬。党的十八大以来这五年，党和国家各项事业之所以能开新局、谱新篇，最根本的就在于习近平总书记作为党中央核心、全党核心的掌舵领航，在于习近

---

① 本刊评论员：《用新时代中国特色社会主义思想武装全党指导实践》[N/OL]．求是网，2017-11-15 [2017-11-19]．http://www.qstheory.cn/dukan/qs/2017/11/15/c_1121947964.htm．

平新时代中国特色社会主义思想的科学指引。在决胜全面建成小康社会、开启全面建设社会主义现代化国家新征程上，我们必须长期坚持并不断发展习近平新时代中国特色社会主义思想，让当代中国马克思主义放射出更加灿烂的真理光芒。

【知识链接】

"三个代表"是何时提出的

2000 年 2 月 25 日，江泽民在广东省考察工作时指出："总结我们党七十多年的历史，可以得出一个重要结论，这就是：我们党之所以赢得人民的拥护，是因为我们党在革命、建设、改革的各个时期，总是代表着中国先进生产力的发展要求，代表着中国先进文化的前进方向，代表着中国最广大人民的根本利益，并通过制定正确的路线方针政策，为实现国家和人民的根本利益而不懈奋斗。"这是江泽民首次提出"三个代表"的重要思想。5 月 14 日，他在江苏、浙江、上海党建工作座谈会上讲话时就"三个代表"的重要意义作了精辟的阐述："始终做到'三个代表'，是我们党的立党之本、执政之基、力量之源"，并指出："按照'三个代表'的要求抓党的建设，同新时期党的建设新的伟大工程的总目标要求是一致的。"

2001 年 7 月 1 日，在庆祝中国共产党成立八十周年大会上，江泽民发表重要讲话，全面阐述了"三个代表"重要思想。他指出："我们党要始终代表中国先进生产力的发展要求，就是党的理论、路线、纲领、方针、政策和各项工作，必须努力符合生产力发展的规律，体现不断推动社会生产力的解放和发展的要求，尤其要体现推动先进生产力发展的要求，通过发展生产力不断提高人民群众的生活水平。""我们党要始终代表中国先进文化的前进方向，就是党的理论、路线、纲领、方针、政策和各项工作，必须努力体现发展面向现代化、面向世界、面向未来的，民族的科学的大众的社会主义文化的要求，促进全民族思想道德素质和科学文化素质的不断提高，为我国经济发展和社会进步提供精神动力和智力支持。""我们党要始终代表中国最广大人民的根本利益，就是党的理论、路线、纲领、方针、政策和各项工作，必须坚持把人民的根本利益作为出发点和归宿，充分发挥人民群众的积极性、主动性和创造性。

思考题

1. 毛泽东思想活的灵魂有哪些？
2. 如何学习贯彻习近平新时代中国特色社会主义思想？

第四章　中国共产党的纲领

第一节　实现共产主义是中国共产党的最高纲领

中国共产党之所以叫共产党，就是因为中国共产党把实现共产主义的社会制度作为自己奋斗的最终目标。共产主义社会是人类历史上最理想的社会制度，实现共产主义社会是中国共产党的最高理想。1922 年 7 月，中国共产党第二次全国代表大会在上海召开，大会宣言指出：党的目的是"组织无产阶级，用阶级斗争的手段，建立劳农专政的政治，铲除私有财产制度，渐次达到一个共产主义的社会"。党的二大宣言指明了党的最高纲领是实现共产主义。

一、共产主义社会是人类最美好最理想的社会

对于如何实现最美好最理想的社会，在人类历史上有许多人进行过孜孜不倦的追求。例如，19 世纪法国的圣西门、傅立叶，英国的欧文等人，就曾提出过种种社会主义方案。但是，由于他们不理解资本主义的发展规律和无产阶级的伟大历史作用，他们的方案都因不符规律而成为难以实现的空想。对于他们的学说，人们称之为空想社会主义。马克思、恩格斯吸收了他们学说中的合理成分，摒弃了其中不切实际的空想，根据对人类社会特别是资本主义社会发展规律的研究，对人类的理想社会共产主义作出了科学的预测，从而使社会主义学说由空想变为科学。

马克思、恩格斯认为，共产主义社会形态按其成熟程度可分为低级阶段和高级阶段，通常分别称之为社会主义社会和共产主义社会。关于共产主义社会，马克思在《哥达纲领批判》中作了这样的概述："在共产主义社会高级阶段，在迫使个人奴隶般地服从分工的情形已经消失，从而脑力劳动和体力劳动的对立也随之消失之后；在劳动已经不仅仅是谋生的手段，而且本身成

了生活的第一需要之后；在随着个人的全面发展，他们的生产力也增长起来，而集体财富的一切源泉都充分涌流之后，只有在那个时候，才能完全超出资产阶级权利的狭隘眼界，社会才能在自己的旗帜上写上：各尽所能，按需分配！"①马克思和恩格斯在其他著作中也曾对共产主义社会进行过论述。综合他们的观点，共产主义社会有以下基本特征：

第一，社会生产力高度发展，物质财富极大丰富。在共产主义社会，由于生产力的极大发展和劳动生产率的提高，物质财富不断涌流，社会产品极大丰富，达到可以满足整个社会及其成员需要的程度。

第二，社会成员共同占有全部生产资料。在共产主义社会，生产资料的占有关系彻底摆脱了私有制的束缚。生产资料和劳动产品归全社会公共所有，劳动者本身既是劳动者，又是生产资料的共同占有者。

第三，实行各尽所能、按需分配的原则。社会成员将尽自己的能力，最大限度地参与社会劳动和工作，社会将根据每个成员的实际生活需要，分配个人消费品。消除了社会主义时期实行"按劳分配"存在着的某些事实上的不平等现象。

第四，彻底消灭了阶级差别和重大社会差别。在共产主义社会，由于生产力的高度发展，产生剥削阶级的社会条件不复存在，阶级和阶级差别都将消灭，城乡之间、工农之间、脑力劳动与体力劳动之间的差别也将消失。

第五，全体社会成员具有高度的共产主义觉悟和道德品质。在共产主义社会，劳动已经不是谋生的手段，而是人们生活的第一需要。劳动者都具有高深的科学知识、广泛的专业知识和高尚的道德品质，在体力、智力等方面得到自由而全面的发展，成为共产主义新人。

第六，国家消亡。随着阶级和阶级差别的彻底消灭，作为阶级统治工具的国家将完全消亡。那时，管理公共事物的机构虽然存在，但它的社会职能已经失去其阶级性质。

以上这些特征，尽管只是共产主义社会的大致轮廓，但它已经向我们表明：共产主义是人类历史上最美好、最进步、最合理的社会制度。中国共产党把实现这样的社会制度作为自己的奋斗目标，不仅代表了我国工人阶级和广大劳动人民的最高利益，而且表明了共产党人所从事的事业是人类历史上最伟大、最壮丽的事业，说明共产党人的理想是最崇高的理想，是最值得为之奋斗和引以为自豪的理想。

---

① 《马克思恩格斯选集》第 3 卷[M]，北京：人民出版社，1995：305-306。

二、实现共产主义社会是人类社会历史发展的客观规律和必然趋势

中国共产党把实现共产主义的社会制度作为自己的最终奋斗目标，不仅仅因为它是人类有史以来最美好的理想社会，还在于它反映了社会发展的客观规律和必然趋势。

马克思主义认为，人类社会的发展，是社会内部生产力和生产关系矛盾运动的结果。生产关系一定要适合生产力的发展状况，是一切社会发展的普遍规律。正是在这个规律的作用下，人类社会从原始社会、奴隶社会、封建社会发展到资本主义社会。资本主义社会是以资本主义生产资料私有制为基础、由资本家剥削雇佣劳动者并由资产阶级掌握国家政权的社会，是人类历史上最后一个人剥削人的社会。资本主义社会把封建社会的小生产和自然经济变为社会化的大生产，使生产力得到了前所未有的巨大发展，这是历史的一大进步。但是，资本主义社会自始至终存在着一个不可克服的矛盾，即生产社会化和生产资料私人占有之间的矛盾。所谓生产社会化，主要包括三个方面：生产资料从个人使用变为许多人共同使用；生产过程从分散的个人行动变为许多人相互联系、相互协作的社会行动；产品也从个人劳动成果变成大家共同创造的社会成果。社会化生产的这种性质，不能容忍生产资料和产品私人占有，它要求生产资料由社会占有和社会支配；对生产实行统一的社会管理，并由社会全体成员共同享有社会化劳动成果。但是，在资本主义制度下，资本家依靠对生产资料的占有，不劳而获地占有他人的劳动产品，这样就产生了生产的社会化与生产资料的资本主义私人占有之间的矛盾。由于生产资料被资本家私人占有，生产目的又是为了最大限度地追求利润，因此，资本家总是在自己的企业中尽量加强管理，以打败竞争对手，攫取更多的利润。这就造成了个别企业生产的有组织性和整个社会生产无政府状态竞争之间的矛盾。这一矛盾发展到一定程度，就会使社会生产的正常比例遭到破坏，导致周期性的经济危机。与这个过程相适应，资产阶级对无产阶级的剥削日益加重，社会财富日益集中到极少数大资本家手里，加剧了各种社会矛盾。这些矛盾，依靠资本主义制度根本无法解决，只有通过无产阶级的革命斗争来推翻资本主义制度，建立社会主义制度，用社会主义公有制代替资本主义私有制，才能使社会更好地组织生产，更加有效地发挥计划和市场的作用，以推动生产力的进一步发展。社会主义社会经过经济、政治、思想、文化的巨大进步，最终将过渡到"各尽所能、按需

分配"的共产主义社会。

实现共产主义的历史必然性，不仅有科学的理论依据，而且为无产阶级革命斗争的历史进程所证明。自 1848 年《共产党宣言》诞生以来，在马克思主义的指导下，国际共产主义运动从无到有，从小到大，从理论到实践，获得了巨大的发展。从一个被反动派称为游荡在欧洲的"幽灵"，发展成为遍及全世界、对人类命运起决定作用而为资本主义所惧怕的一支伟大的力量。当前，虽然世界范围的社会主义事业遭受严重挫折，但这丝毫没有改变人类社会发展的客观规律。社会主义制度仍然在 13 亿人口的东方大国巍然屹立，并且以前所未有的速度向前发展，这本身就是社会主义的一个伟大胜利，给世界广大的无产阶级和劳动人民以巨大的鼓舞。在今后的历史进程中，不管国际共产主义运动还会遇到什么错综复杂的情况，共产主义社会制度在全世界最终实现的趋势都是不可阻挡的。

正如列宁所说，神奇的预言是神话，科学的预言却是事实。共产党人的理想并不是无根据的幻想，而是有科学根据的、一定能够实现的理想。共产党员和要求入党的同志，都要牢固地树立共产主义远大理想，并且自觉运用马克思主义的科学社会主义理论，来澄清对共产主义和社会主义的各种模糊认识。

有些同志认为，共产主义好是好，只是离我们太遥远了，把它作为理想来奋斗没有现实意义。

我们认为，对共产主义的含义要有科学的理解。共产主义不仅是一种理想的社会制度，是一种科学的理论体系，而且还是一种运动。实际上，共产主义的实践活动就在我们身边。实现共产主义的过程，是一个由低级阶段到高级阶段发展的过程。每一阶段都有自己特定的任务和目的。共产主义运动至今已有 150 多年的历史。就我们中国来说，我们已经用了几十年的时间进行革命斗争，推翻了反动统治，消灭了剥削制度，建立了社会主义制度，无数革命先烈为此献出了宝贵的生命。现在，我国进入新的历史时期，党正领导全国人民建设中国特色的社会主义伟大事业。在当前，为建设中国特色的社会主义而努力工作，也就是为共产主义大厦添砖加瓦。也可以说，我们每天都在为实现共产主义的远大理想而奋斗。

有的同志提出：第二次世界大战以后，一些主要资本主义国家经济发展较快，如何理解资本主义必然灭亡的客观规律呢？

第二次世界大战以后，一些主要资本主义国家的经济的确得到了迅速发展，社会福利水平有所提高，劳资矛盾也趋于缓和。出现这种现象，原因是多方面的。从生产力方面来看，20 世纪 50 年代，世界范围内出现了以微电子技术、新型材料、光导、核能、航天技术、生物、海洋工程为内容的第三次科技革命，这是迄今为止人类历史上规模空前、影响最大的一次科技革命，其范围和促进生产力发展的程度，都超过前两次科技革命。由于种种原因，这次科技革命首先发生在以美国为代表的几个主要资本主义国家。科技革命的结果使这些国家生产力的各种要素发生了重大变化，促进了经济的迅速发展。从生产关系方面看，由于新科技革命的发展及其成果的广泛应用，带来生产力更高程度的社会化，要求生产资料在全社会范围内更加集中，要求建立更大规模的企业和从总体上调整国民经济结构，要求社会从各方面提供现代经济发展所必需的各种基础设施。因此，战后各资本主义国家相继调整了生产关系，由私人垄断向国家垄断转变。资产阶级政府同私人垄断资本结合在一起，担负起干预调节经济运行的职能，国家干预调节下的市场机制成为普遍形式。例如，美国称为现代市场经济，法国称为有计划调节的市场经济，德国称为社会市场经济，日本称为政府主导型的市场经济等，但实质都是国家垄断资本主义的市场经济。由于国家干预调节的加强，资本主义生产的无政府状态有所缓和，这为资本主义经济发展注入了活力。

但是必须看到，这种新的运行机制仍然存在着资本主义制度本身无法克服的矛盾，即在以私有制为基础的资本主义经济中，从总体上看，经济决策是分散进行的，不存在全社会范围内有计划调节的经济基础和条件。国家干预调节的范围、程度、效应都局限于生产资料由私人资本占有这一不可逾越的范围，因而其功能是很有限的。因为资本主义的国家机器不可能是全社会利益的代表，当国家干预调节措施与私人垄断资本利益发生冲突时，国家最终还是屈从和服务于垄断资本。这种运行机制的矛盾，实质是资本主义生产社会化同私人占有生产资料这个基本矛盾的反映。

由于资本主义依然存在这些固有矛盾，资本主义社会并没有摆脱危机，战后依然发生了四次世界性经济危机，即 1957—1958 年、1973—1975 年、1979—1982 年和 1990—1993 年经济危机。特别是战后的几次危机，持续时间越来越长，生产波动频繁，工人失业和企业破产数量均创战后最高纪录。20 世纪 40 年代，美国失业人数平均每年为 270 万人，到 1983 年失业人数超过了 1000 万人。1996 年，仍然有近 700 万人失业。1994 年以来，欧洲共同体 15 国平均失业率一直徘徊在 11% 左右，社会上存在着 1800 万人的失业大军。20 世纪 50 年代，企业开工率最高达到 95.5%，80 年代最高只达到 79%。战后经济危机还表现为"滞胀"的新现象，即生产停滞和通货膨胀同时发生，长期存在。在"滞胀"环境下，国家运用干预手段面临两难的选择。因为要刺激经济增长，就要扩大国家支出；而要抑制通货膨胀，又必须紧缩银根，这就使经济增长和稳定价格水平两种目标不可能同时实现。1983 年以后，西方国家经济大体是低速增长，年平均增长率为 3%左右。进入 20 世纪 90 年代，西方国家经济发展势头普遍放慢，甚至出现负增长。上述情况表明，资本主义经济从初期的自由竞争到现在的国家垄断和由政府干预调节市场，直至国际调节的尝试，都不可能从根本上克服其固有的矛盾。只有打破制度界限，才能根本解决。正如马克思所指出的："生产资料的集中和劳动的社会化，达到了同它们的资本主义外壳不能相容的地步。这个外壳就要炸毁了。资本主义私有制的丧钟就要响了。剥夺者就要被剥夺了。"①尽管资本主义灭亡是一个长期的过程，但是资本主义基本矛盾的存在和发展，决定了社会主义制度迟早必然代替资本主义制度。

还有的同志提出，我国搞市场经济，也有计划，资本主义搞市场经济，也有计划，这不是一样吗？这种看法是一种误解。过去，由于种种原因，人们把经济调节手段或资源配置方式同一定的社会经济制度直接等同起来，认为运用市场机制就是发展资本主义，要坚持社会主义就只能搞计划经济。这种片面的错误认识长期束缚了人们的思想，阻碍了经济体制改革的发展。邓小平指出："计划多一点还是市场多一点，不是社会主义与资本主义的本质区别。计划经济不等于社会主义，资本主义也有计划；市场经济不等于资本主义，社会主义也有市场。计划和市场都是经济手段。"②这个精辟论断从根本上解除了长期以来的思想束缚，使我们在计划与市场关系问题上的认识有了新的重大突破，为社会主义市场经济体制目标的确立奠定了理论基础。但是也必须看到，任何一种经济体制总是在一定的经济制度框架内建立和运行的，它们必然要受该经济制度性质的制约。计划和市场虽然可以存在于不同的社会制度，但它们的地位和作用以及存在的环境是大不相同的。

三、社会主义具有强大的生命力

在 20 世纪 80 年代末 90 年代初，世界上出现了东欧剧变、苏联解体，国际共产主义运动遭到了前所未有的挫折。有些同志由此质疑社会主义到底还有没有生命力，社会主义的旗帜究竟还能打多久。对于这个问题，我们必须历史地、本质地加以分析。只有不被眼前的表面现象所迷惑，才能看清问题的实质，从而坚定社会主义和共产主义的信念。

---

① 《马克思恩格斯选集》第 2 卷[M]，北京：人民出版社，1995：269。
② 《邓小平文选》第 3 卷[M]，北京：人民出版社，1993：373。

历史已经证明并将继续证明，社会主义是具有强大生命力的。

共产主义运动的历史就是社会主义发展和壮大的历史。自《共产党宣言》发表 160 多年来，社会主义无论是作为一种理论还是作为一种运动，或作为一种制度，虽然经历了多次跌宕起伏，但从总的趋势看，仍然是由弱到强、由较小范围到更广范围地发展着。在马克思、恩格斯创立科学社会主义理论时，它只是诸多社会主义理论中的一个流派。在社会实践中，科学社会主义同工人运动结合起来，发展成为浩荡的社会主义运动。1847 年，世界上第一个无产阶级政党的雏形共产主义者同盟创立时，只有 400 余人；到 1864 年第一国际时，已经拥有 40 万会员；到 20 世纪初，全世界的无产阶级政党已有 28 个，拥有 300 多万党员。在法国还一度建立了人类历史上第一个无产阶级政权巴黎公社。虽然巴黎公社只存在了 72 天，但证明了建立社会主义社会的现实可能。

19 世纪末 20 世纪初，资本主义开始向帝国主义阶段过渡，出现了一些新情况和新问题。在这种情况下，修正主义思潮泛滥，给科学社会主义带来了第一次危机。以列宁为代表的马克思主义者正确运用科学社会主义原理，对帝国主义这个资本主义的特殊阶段进行了科学的分析，提出了帝国主义是资本主义的特殊历史阶段的著名论断。这一理论，不但证明马克思主义没有过时，而且阐明了在帝国主义阶段无产阶级斗争的特殊规律，大大丰富和发展了马克思主义。在列宁的领导下，俄国无产阶级政党把科学社会主义理论运用于俄国具体实践，进行了伟大的十月社会主义革命，在世界上建立了第一个社会主义国家，把社会主义运动推向了一个新的阶段。

此后，在十月革命的激励下，无产阶级革命斗争和民族解放运动在世界各地蓬勃开展，无产阶级政党如雨后春笋般地建立和发展起来。在科学社会主义理论的指导下，各国共产党领导本国无产阶级和广大劳动群众积极进行革命斗争。到 20 世纪 40 年代中后期，先后有十几个国家夺取了政权，走上了社会主义道路。在无产阶级没有取得政权的国家，共产党领导的革命斗争也蓬勃发展，反映了无产阶级和广大劳动人民对社会主义的热烈追求。到 20 世纪 80 年代，由共产党、工人党执政的社会主义国家有 15 个。在第三世界新独立的近 100 个国家中，也有许多国家自称奉行社会主义或宣布以社会主义为目标。这些都说明社会主义是很有号召力的。

进入 20 世纪 80 年代末 90 年代初，社会主义经历了前所未有的困难。苏联、东欧社会主义国家的无产阶级政党，由于种种原因，面对社会主义建设中遇到的困难和问题，对社会主义前途失去了信心，走上了背弃社会主义的道路。这些国家出现的种种问题，并不是社会主义制度本身的问题，而是没有真正坚持科学社会主义。他们在经济上搞私有化，动摇了社会主义的基础；在政治上搞多党制，实行资产阶级政治；在意识形态上搞自由化，否定了马克思主义的指导地位。共产党自身也改变了性质，自动或被迫退出政治舞台，丧失了执政地位。从这些国家的沉痛教训中可以看出，如果放弃了科学社会主义这面旗帜，就必然会丧失已经取得的革命政权和其他成果，失去社会主义国家发展的机会，甚至连国家的主权和统一也保不住。

第二节　中国共产党在新民主主义革命时期的最低纲领

一、党的最低纲领

中国共产党在始终坚持最高纲领的同时，根据中国的国情和不同时期的具体特点，与时俱进，不断制定出符合时代发展要求的最低纲领。

中国共产党的最高纲领与最低纲领是辩证统一的整体，互为条件，相辅相成，缺一不可。共产主义是制度，是运动，是思想。共产主义制度为共产主义运动指明了前进的方向，共产主义思想体系为共产主义运动提供了精神动力，共产主义运动是不断接近共产主义社会制度的历史过程。

中国共产党的最高纲领与最低纲领在理论上相互联系。最高纲领为最低纲领的制定指明了前进的方向，最低纲领为最高纲领的实现准备了必要的条件。最高纲领要通过若干个最低纲领的实施得以实现。没有最高纲领，最低纲领将失去灵魂，偏离正确的方向；没有最低纲领，最高纲领就只能是美好的空想。总之，任何时候都不能把最高纲领与最低纲领对立起来、割裂开来。

二、党在新民主主义革命时期的最低纲领

中国共产党在新民主主义革命时期的最低纲领就是中国反帝反封建的民主革命纲领。

1922 年 7 月，中国共产党在上海召开了第二次全国代表大会，大会通过并发表了具有重大意义的《中国共产党第二次全国代表大会宣言》。《宣言》分析了当时中国所处的经济政治状况和国际环境，揭示出中国半殖民地半封

建社会的性质。《宣言》指出：一方面"帝国主义列强在这八十年侵略中国时期之内，中国已事实上变成他们的殖民地了，中国人民是倒悬于他们欲壑无底的巨吻中间"①，"中国的一切重要的政治经济"无不受帝国主义列强的操纵和支配，实际上已经成为"国际资本帝国主义势力所支配的半独立国家"。另一方面，中国"在政治方面还处于军阀官僚的封建制度把持之下"，这也"使中国方兴的资产阶级的发达遭着非常的阻碍"②。《宣言》着重指出："各种事实证明，加给中国人民（无论是资产阶级、工人或农民）最大的痛苦的是资本帝国主义和军阀官僚的封建势力，因此反对那两种势力的民主主义的革命运动是极有意义的，即因民主主义革命成功，便可得到独立和比较的自由。"③

《宣言》在分析了国际国内形势和中国社会性质的基础上，提出在目前的历史条件下，党的奋斗目标是：消除内乱，打倒军阀，建设国内和平；推翻国际帝国主义的压迫，达到中华民族完全独立；统一中国为真正的民主共和国。这就制定出了党在当前阶段的反帝反封建的民主革命纲领，即党的最低纲领。

党的二大第一次提出了明确的反帝反封建的民主革命纲领，也是中国共产党成立后提出的第一个最低纲领，这对中国革命具有重大的历史意义。在此之前，中国人民已经进行了80多年的民主革命斗争，但长时间里没有弄清革命的对象和动力，没有认清中国革命的基本任务，没有正面提出过完整的反帝反封建的民主革命纲领，中国共产党才刚刚成立一年就把这个问题基本解决了。这说明，只有用马克思主义武装起来的中国共产党才能科学地分析中国社会的现状，反映中国人民的愿望和要求，指明中国革命的正确方向，肩负起领导中国革命的历史重任。

党的二大制定的民主革命纲领在党的历史上具有重要的地位，但是由于缺乏革命的经验，也存在一些缺点。主要表现在：认为中国的民主革命是资产阶级的民主革命，没有明确提出无产阶级在民主革命中的领导权问题，只是把无产阶级和农民摆在助手的地位，还不懂得新旧民主主义革命的界限，还不懂得处在新的历史条件下的中国民主主义革命应当是由无产阶级领导的新民主主义革命。

① 李世举：《中国现代史（1919—1949）》[M]，重庆：西南师范大学出版社，1988：67。
② 中共中央党史研究室：《中国共产党的九十年：新民主主义革命时期》[M]，北京：中共党史出版社、党建读物出版社，2016：43。
③ 中共中央党史研究室：《中国共产党历史：第一卷（1921—1949）》[M]，北京：中国党史出版社，2011：79。

第三节　中国共产党在社会主义初级阶段
的基本路线和基本纲领

一、中国共产党的基本路线

（一）什么是党的基本路线

所谓党的基本路线，是指中国共产党在一定的历史时期指导全局的总任务、总方针、总政策的集中概括，是党的指导思想和基本理论的集中体现，是党在一定历史时期全部实践的指南和依据。不同的历史时期有不同内容的基本路线。但中国共产党能否制定和贯彻一条正确的基本路线，直接关系到党的事业的兴衰成败。

中华人民共和国成立后，中国共产党经历了成功与挫折的几次反复，经过几十年的认识和实践的检验，才逐步确立了一条符合中国社会实际状况和中国特色社会主义发展规律的基本路线。

从 1949 年 10 月中华人民共和国成立到 1978 年 12 月召开党的十一届三中全会的 30 年间，中国共产党在不同时期，根据当时的历史条件，对党的基本路线进行了曲折的探索。

一是在 1952 年，中国共产党把马克思列宁主义关于过渡时期的理论同中国实际相结合，概括出过渡时期的总路线：要在一个相当长的时期内，逐步实现国家的社会主义工业化，并逐步实现国家对农业、手工业和资本主义工商业的社会主义改造，简称"一化三改"的总路线。这条总路线促进了中国由新民主主义向社会主义过渡，到 1956 年全国绝大部分地区基本上完成了社会主义改造的历史任务，使我国进入社会主义初级阶段。

二是在 1958 年，党的八届二中全会上概括提出了"鼓足干劲，力争上游，多快好省地建设社会主义"的总路线。这条总路线的确鼓舞中国各族人民的斗志，极大地调动了人民群众的积极性，但由于忽视了客观规律，夸大了主观意志的作用，引发了全国范围内的 "大跃进""人民公社化"运动，没有反映出应有的成效。

三是在 1962 年，由于以"左"倾思想为指导，党的八届十中全会重提"以阶级斗争为纲"，强调"社会主义社会是一个相当长的历史阶段，在这个历史阶段中，始终存在着阶级、阶级矛盾和阶级斗争，存在着社会主义同资本主义两条道路的斗争，存在着资本主义复辟的危险性"。到 1969 年党的九大上被正式确定为党在整个社会主义历史阶段的基本路线。这条脱离实际的基本路线给党和人民及社会主义事业带来了极大的损失。

四是在 1978 年 12 月召开的党的十一届三中全会毅然抛弃"以阶级斗争为纲"这个不适用于社会主义社会的"左"的错误方针，把党和国家的工作中心转移到经济建设上来，实现了政治路线上的拨乱反正。同时，针对拨乱反正过程中出现的错误思潮，旗帜鲜明地强调必须坚持社会主义道路，坚持人民民主专政，坚持中国共产党的领导，坚持马克思列宁主义、毛泽东思想。"一个中心、两个基本点"的思想开始形成，奠定了党在社会主义初级阶段的基本路线的基础。党的十三大作出了我国仍处于并将长期处于社会主义初级阶段的科学论断，并明确概括和全面阐发了党在社会主义初级阶段的基本路线。邓小平指出："基本路线要管一百年，动摇不得。"党的十四大将党的基本路线首次写入党章。党的十五大强调："全党要毫不动摇地坚持党在社会主义初级阶段的基本路线，把以经济建设为中心同四项基本原则、改革开放这两个基本点统一于建设有中国特色社会主义的伟大实践。"党的十六大强调："无论遇到什么困难和风险，都必须坚持党的基本理论、基本路线和基本纲领不动摇。"党的十七大提出了科学发展观和构建社会主义和谐社会的重大战略思想，将中国特色社会主义事业总体布局由经济建设、政治建设、文化建设三位一体进一步发展为经济建设、政治建设、文化建设、社会建设四位一体。党的十八大将党的基本路线进一步丰富发展，将中国特色社会主义事业的总布局发展为经济建设、政治建设、文化建设、社会建设、生态文明建设五位一体，标志着我们党对中国特色社会主义的科学内涵和现代化建设目标的认识达到了一个新高度。

改革开放近 40 年的经验集中起来，就是毫不动摇地坚持中国特色社会主义理论和党的基本路线。

（二）党的基本路线的内容及含义

中国共产党第十九次全国代表大会通过的《中国共产党章程》规定，中国共产党在社会主义初级阶段的基本路线是：领导和团结全国各族人民，以经济建设为中心，坚持四项基本原则，坚持改革开放，自力更生，艰苦创业，为把我国建设成为富强民主文明和谐美丽的社会主义现代化强国而奋斗。概括起来就是"一个中心、两个基本点"。

"一个中心"是以经济建设为中心。这是由于我国社会主义初级阶段的主要矛盾——人民群众日益增长的物质文化需要同落后的社会生产之间的矛盾决定的。"两个基本点"即坚持四项基本原则，坚持改革开放。四项基本原则，是我们的立国之本。坚持改革开放，是我们的强国之路。党的基本路线就是党在社会主义初级阶段的政治路线。我国建设中国特色社会主义的伟大实践，集中到一点，就是毫不动摇地坚持了党在社会主义初级阶段的基本路线。

党的基本路线是党和国家的生命线，是实现科学发展的政治保证。以经济建设为中心是兴国之要，是我们党和国家兴旺发达和长治久安的根本要求。马克思主义认为，生产力的发展是人类社会发展的最终决定力量。社会主义现代化必须建立在发达的生产力基础之上。我国正处于并将长期处于社会主义初级阶段。党的十九大报告提出，现阶段，我国社会的主要矛盾是人民日益增长的美好生活需要与不平衡不充分发展之间的矛盾，进一步解放和发展生产力始终是我国社会主义建设的根本任务。发展，首先是发展经济。国家的昌盛、人民的富裕，说到底是经济实力问题。国际竞争，说到底也是经济实力的竞争。只有经济发展了，经济实力和综合国力增强了，人民的生活才能不断改善，国家才能长治久安，促进人的全面发展才有坚实的物质基础，我们也才能在国际格局中占据更加有利的地位。把发展作为党执政兴国的第一要务，首先要坚持以经济建设为中心，其他各项工作都要服从和服务于这个中心。坚持四项基本原则是我们党和国家生存发展的政治基石。在社会主义现代化建设的整个过程中，必须坚持四项基本原则。坚持四项基本原则是我国几十年社会主义建设基本经验的总结，是中国人民的历史选择。离开了四项基本原则，社会主义国家的根本性质和政治基础就会动摇。如果动摇了四项基本原则，我们就会在政治上迷失方向。四项基本原则是发展中国特色社会主义的政治保证，是我们的立国之本，必须始终如一、坚定不移地坚持。改革开放是强国之路，是我们党和国家发展进步的活力源泉。新时期的鲜明特点，就世界而言是经济全球化，而对中国而言则是经济全球化背景下的改革开放。改革开放的目的，就是要解放和发展社会生产力，实现国家现代化，让中国人民富裕起来；推动我国社会主义制度自我完善和发展，赋予社会主义新的生机活力，建设和发展中国特色社会主义；在引领当代中国发展进步中加强和改进党的建设，确保党始终走在时代前列。通过改革开放，我们实现了工作重点的转移，极大地解放和发展了社会生产力，冲破了束缚生产力发展的体制障碍，推动了社会主义市场经济体制的建立和完善，形成了对外开放的全新格局，开辟了中国特色社会主义的崭新道路。在未来的发展中，要进一步解决制约我国经济社会发展的深层次矛盾和问题，实现科学发展，就必须坚定不移地把改革开放继续推向前进。中国特色社会主义之所以具有蓬勃的生命力，就在于它是实行改革开放的社会主义；我国的改革开放之所以能够顺利推进，就在于它是有利于发展中国特色社会主义的改革开放。

总之，"一个中心、两个基本点"是相互贯通、相互依存、不可分割的统一整体，须臾不可偏离、丝毫不可偏废，必须全面坚持、一以贯之。我们的经济建设，以四项基本原则为政治保证，以改革开放为强大动力。离开经济建设这个中心任务，中国特色社会主义的发展就失去了物质基础；离开四项基本原则和改革开放，经济建设就会迷失方向、丧失动力。只有坚持把以经济建设为中心同四项基本原则、改革开放这两个基本点统一于发展中国特色社会主义的伟大实践，才能使中国特色社会主义在当今世界的深刻变动和当代中国的深刻变革中牢牢站稳脚跟，使之成为充满生机活力的社会主义。

坚持基本路线一百年不动摇，这是基于历史的经验教训和现实的复杂情况做出的科学论断，也是根据基本路线的特殊性和初级阶段的长期性得出的必然结论。邓小平1992年春的南方谈话，强调"基本路线要管一百年，动摇不得"。2001年4月，江泽民在全国治安工作会议上的讲话，把党的基本路线称为"在任何时候都不能偏离"的"建设有中国特色社会主义的总纲"。既然基本路线是关系全局、指导全局、决定全局的路线，就必须长期保持稳定。我国社会主义初级阶段，从大体上说，从20世纪50年代"三大改造"基本完成到社会主义现代化基本实现，至少需要经历上百年时间。基本路线既然要贯穿整个社会主义初级阶段，那么"一个中心、两个基本点"也至少要坚持一百年不变。这绝非主观设想，而是由社会主义初级阶段的长期性决定的一种客观必然性。

二、中国共产党在社会主义初级阶段的基本纲领

（一）党在社会主义初级阶段的基本纲领的提出

（1）党的十一届四中全会提出了包括经济、政治、文化三个方面目标的全面建设社会主义现代化的思想。

（2）党的十二届六中全会提出了社会主义现代化建设的总体布局思想。报告指出："我国社会主义现代化建设的总体布局是：以经济建设为中心，坚定不移地进行经济体制改革，坚定不移地进行政治体制改革，坚定不移地加强精神文明建设，并且使这几个方面互相配合，互相促进。"

（3）党的十四大在确定市场经济的目标后，又对我国经济社会发展提出了一些新的思路。

（4）党的十五大报告根据邓小平理论和党的基本路线，围绕建设富强、

民主、文明的社会主义现代化国家的目标，第一次系统完整地提出了中国共产党在社会主义初级阶段的基本纲领。

（二）党在社会主义初级阶段的基本纲领的主要内容

党的十五大在全面论述社会主义初级阶段理论的基本点以后，明确提出了党在社会主义初级阶段的基本纲领，即建设有中国特色社会主义的经济、政治、文化的基本目标和基本政策。党的十八大对党的基本纲领增加了新的内涵，它是社会主义初级阶段党的基本路线在经济、政治、文化、社会、生态等方面的展开，是党的基本路线的具体化。这个基本纲领，围绕建设富强、民主、文明的社会主义现代化国家的目标，进一步明确什么是社会主义初级阶段有中国特色社会主义的经济、政治、文化、社会和生态，怎样建设这样的经济、政治、文化、社会和生态以及各自所要达到的基本目标。党的十九大进一步明确了"五位一体"的总体布局。

（1）发展社会主义市场经济。毫不动摇地巩固和发展公有制经济，毫不动摇地鼓励、支持、引导非公有制经济发展。发挥市场在资源配置中的基础性作用，建立完善的宏观调控体系。统筹城乡发展、区域发展、经济社会发展、人与自然和谐发展、国内发展和对外开放，调整经济结构，转变经济发展方式。促进工业化、信息化、城镇化、农业现代化同步发展，建设社会主义新农村，走中国特色新型工业化道路，建设创新型国家。

（2）发展社会主义民主政治。坚持党的领导、人民当家作主、依法治国有机统一，走中国特色社会主义政治发展道路，扩大社会主义民主，健全社会主义法制，建设社会主义法治国家，巩固人民民主专政，建设社会主义政治文明。坚持和完善人民代表大会制度、中国共产党领导的多党合作和政治协商制度、民族区域自治制度以及基层群众自治制度。发展更加广泛、更加充分、更加健全的人民民主，切实保障人民管理国家事务和社会事务、管理经济和文化事业的权利。尊重和保障人权，广开言路，建立健全民主选举、民主决策、民主管理、民主监督的制度和程序。完善中国特色社会主义法律体系，加强法律实施工作，实现国家各项工作法治化。

（3）发展社会主义先进文化。建设社会主义精神文明，实行依法治国和以德治国相结合，提高全民族的思想道德素质和科学文化素质，为改革开放和社会主义现代化建设提供强大的思想保证、精神动力和智力支持，建设社会主义文化强国。加强社会主义核心价值体系建设，坚持马克思主义指导思想，树立中国特色社会主义共同理想，弘扬以爱国主义为核心的民族精神和以改革创新为核心的时代精神，倡导社会主义荣辱观，增强民族自尊、自信和自强精神，抵御资本主义和封建主义腐朽思想的侵蚀，扫除各种社会丑恶现象，努力使我国人民成为有理想、有道德、有文化、有纪律的人民。对党员还要进行共产主义远大理想教育。大力发展教育、科学、文化事业，弘扬民族优秀传统文化，繁荣和发展社会主义文化。

（4）构建社会主义和谐社会。按照民主法治、公平正义、诚信友爱、充满活力、安定有序、人与自然和谐相处的总要求和共同建设、共同享有的原则，以保障和改善民生为重点，解决好人民最关心、最直接、最现实的利益问题，使发展成果更多更公平地惠及全体人民，努力形成全体人民各尽其能、各得其所而又和谐相处的局面。加强和创新社会管理，严格区分和正确处理敌我矛盾和人民内部矛盾这两类不同性质的矛盾。加强社会治安综合治理，依法坚决打击各种危害国家安全和利益、危害社会稳定和经济发展的犯罪活动和犯罪分子，保持社会长期稳定。

（5）建设社会主义生态文明。树立尊重自然、顺应自然、保护自然的生态文明理念，坚持节约资源和保护环境的基本国策，坚持节约优先、保护优先、自然恢复为主的方针，坚持生产发展、生活富裕、生态良好的文明发展道路。着力建设资源节约型、环境友好型社会，形成节约资源和保护环境的空间格局、产业结构、生产方式、生活方式，为人民创造良好生产生活环境，实现中华民族永续发展。

（三）正确理解和全面执行党的基本纲领

党在社会主义初级阶段的基本纲领是全党智慧的结晶，是30多年来社会主义现代化建设的经验总结，是党领导全国人民把中国特色社会主义事业不断推向前进的行动纲领。正确理解和全面执行这个纲领，对于我们深刻理解和执行党在社会主义初级阶段的基本理论、基本路线和方针政策，实现社会主义现代化建设的宏伟目标，具有十分重要的现实意义和历史意义。

党在社会主义初级阶段的基本纲领，是党的基本理论的重要内容，是党的基本路线在经济、政治、文化、社会、生态等方面的展开。这个基本纲领，既体现了社会主义的普遍本质，又具有鲜明的中国特色；既坚持了我国已进入社会主义社会，必须坚持而不能离开社会主义的原则，又符合我国还处于并将长期处于的社会主义初级阶段、生产力还很不发达的实际状况，充分反映了社会主义初级阶段的发展要求，进一步回答了什么是社会主义初级阶段有中国特色社会主义的经济、政治、文化、社会和生态文明，怎么建设这样的经济、政治、文化、社会和生态文明的问题，是一个继往开来、推进中国特色社会主义全面发展的纲领，是指引我们不断前进的行动指南，必须全面执行、全面贯彻。

建设中国特色社会主义，总布局是经济建设、政治建设、文化建设、社会建设、生态文明建设五位一体。把握五位一体总布局，必须深刻理解五大建设的丰富内涵。五位一体总布局是一个相互依存、相互制约和相互促进的有机整体，其中经济建设是根本，政治建设是保证，文化建设是灵魂，社会建设是条件，生态文明建设是基础。只有坚持五位一体建设全面推进、协调发展，才能形成经济富裕、政治民主、文化繁荣、社会公平、生态良好的发展格局，把我国建设成为富强、民主、文明、和谐、美丽的社会主义现代化强国。

全面执行党在社会主义初级阶段的基本纲领，实现党在新世纪新阶段经济和社会发展的战略目标，为最终实现党的最高纲领奠定坚实的基础。十一届三中全会以来，经过近40年的不懈奋斗，我国现代化建设前两步目标已经实现，第三步战略目标也已经开始实施。全面执行党在社会主义初级阶段的基本纲领，始终把发展社会生产力放在首位，树立和落实科学发展观，坚持经济、社会的全面进步和协调发展，我们才有可能巩固和发展已经初步达到的小康水平，到中国共产党成立100周年时，建成惠及十几亿人口的更高水平的小康社会；到中华人民共和国成立100周年时，人均国内生产总值达到中等发达国家水平，基本实现现代化。我们党是最高纲领和最低纲领的统一论者。党的最高纲领是实现共产主义，是始终不能变的。党的最低纲领是党在社会主义初级阶段的基本纲领。忘记共产主义远大理想，就会失去前进的方向；离开现实工作而空谈理想，就会脱离实际。因此，我们必须全面执行党在社会主义初级阶段的基本纲领，脚踏实地为实现这个纲领而不懈努力，才能为最终实现共产主义这个最高纲领奠定坚实的基础。

第四节　为决胜全面建成小康社会而奋斗

决胜全面建成小康社会，开启全国建设社会主义现代化国家的新征程，实现中华民族伟大复兴中国梦，是我们党在新世纪新阶段的重要任务。

一、决胜全面建成小康社会是党在新世纪新阶段的重要任务

全面建设小康社会，实现社会主义现代化，是中国共产党三代领导集体带领全党和全国人民长期奋斗的宏伟目标。以毛泽东为核心的第一代领导集

体最早提出了"四个现代化"的科学构想。以邓小平为核心的第二代领导集体将这一构想真正付诸实践，明确制定了实现现代化分三步走的发展战略和发展步骤，并首次提出了"小康社会"概念。以江泽民为核心的第三代领导集体进一步细化了第三步的战略目标。经过全党和全国人民近40年的艰苦努力，我们胜利实现了现代化建设"三步走"战略目标的前两步，我国总体上达到了小康水平。这是改革开放和现代化建设的丰硕成果，是中华民族发展史上一个新的里程碑。但是，我们现在的小康还是低水平的、不全面的、发展很不平衡的小康。

现在达到的小康还是低水平的。小康社会是从温饱到现代化之间长达几十年的发展阶段，小康水平有一个从低到高的发展过程。现在刚刚迈入小康社会的门槛，同全面建成小康社会的目标相比，现在所达到的小康还是低水平的。从世界范围内的横向比较看，我国虽然经济总量已经居于世界第六位，但"人均还不到1000美元，刚刚进入中等偏下收入国家的行列，经济文化落后的状况还没有根本改变"。

现在达到的小康还是不全面的。不全面，是指以往总体达到的小康主要是从经济方面看，侧重于物质文明方面，对精神文明、政治文明、生态环境和可持续发展方面关注不够。而且经济方面也主要是指解决了衣食无虞的问题，侧重于解决生存问题，即强调在温饱的基础上，提高生活质量，达到丰衣足食，温饱有余。对于享受需要、发展需要还没有得到应有的关注。所以，还是"人民生活总体上达到小康水平"。

现在达到的小康还是很不平衡的。发展不平衡，首先是指进入小康的人口在全国分布是不平衡的。在城市与农村之间、东部与西部之间、不同收入群体之间发展水平存在差距。从总体上说，从地区看，东部地区进入小康的比重大，中西部地区则比重小；从城乡看，城市进入小康的比重大，农村进入小康的比重小。从收入差距看，高中低不同收入群体之间收入很不平衡。特别是农村还有3000万左右贫困人口的温饱问题没有完全解决，城镇有将近2000万人收入在最低生活保障线以下，相当多的人口虽然温饱问题得到解决，但尚未达到小康。其次是指人民物质生活和精神生活的诸多方面，以及小康社会建设的各个领域进展的状况和达到的水平也不平衡。

低水平、不全面、发展不平衡的小康阶段应当说是中国人民奔小康过程中不可避免的一个阶段，也是从允许一部分地区、一部分人先富起来到最终实现共同富裕的历史进程中不可逾越的阶段。因此，党在新世纪新阶段的重要任务就是领导和带领全国人民建设惠及十几亿人口的更高水平的、比较全面的、比较平衡的小康社会。

二、决胜全面建成小康社会的具体目标和要求

党的十九大根据我国经济社会发展实际，在十八大确立的全面建成小康社会目标的基础上又提出了新的具体目标和要求。

一是贯彻新发展理念，建设现代化经济体系。实现"两个一百年"奋斗目标、实现中华民族伟大复兴中国梦，不断提高人民生活水平，必须坚定不移把发展作为党执政兴国的第一要务，坚持解放和发展社会生产力，坚持社会主义市场经济改革方向，推动经济持续健康发展。我国经济已由高速增长阶段转向高质量发展阶段，正处在转变发展方式、优化经济结构、转换增长动力的攻关期，建设现代化经济体系是跨越关口的迫切要求和我国发展的战略目标。必须坚持质量第一、效益优先，以供给侧结构性改革为主线，推动经济发展质量变革、效率变革、动力变革，提高全要素生产率，着力加快建设实体经济、科技创新、现代金融、人力资源协同发展的产业体系，着力构建市场机制有效、微观主体有活力、宏观调控有度的经济体制，不断增强我国经济创新力和竞争力。

二是健全人民当家作主制度体系，发展社会主义民主政治。我国是工人阶级领导的、以工农联盟为基础的人民民主专政的社会主义国家，国家一切权力属于人民。我国社会主义民主是维护人民根本利益的最广泛、最真实、最管用的民主。发展社会主义民主政治就是要体现人民意志、保障人民权益、激发人民创造活力，用制度体系保证人民当家作主。中国特色社会主义政治发展道路，是近代以来中国人民长期奋斗历史逻辑、理论逻辑、实践逻辑的必然结果，是坚持党的本质属性、践行党的根本宗旨的必然要求。要长期坚持、不断发展我国社会主义民主政治，积极稳妥推进政治体制改革，推进社会主义民主政治制度化、规范化、程序化，保证人民依法通过各种途径和形式管理国家事务，管理经济文化事业，管理社会事务，巩固和发展生动活泼、安定团结的政治局面。

三是坚定文化自信，推动社会主义文化繁荣兴盛。没有高度的文化自信，没有文化的繁荣兴盛，就没有中华民族伟大复兴。要坚持中国特色社会主义文化发展道路，激发全民族文化创新创造活力，建设社会主义文化强国。中国特色社会主义文化，源自中华民族五千多年文明历史所孕育的中华优秀传统文化，熔铸于党领导人民在革命、建设、改革中创造的革命文化和社会主

义先进文化，植根于中国特色社会主义伟大实践。发展中国特色社会主义文化，就是以马克思主义为指导，坚守中华文化立场，立足当代中国现实，结合当今时代条件，发展面向现代化、面向世界、面向未来的，民族的科学的大众的社会主义文化，推动社会主义精神文明和物质文明协调发展。要坚持为人民服务、为社会主义服务，坚持百花齐放、百家争鸣，坚持创造性转化、创新性发展，不断铸就中华文化新辉煌。

四是提高保障和改善民生水平，加强和创新社会治理。带领人民创造美好生活，是我们党始终不渝的奋斗目标。必须始终把人民利益摆在至高无上的地位，让改革发展成果更多更公平惠及全体人民，朝着实现全体人民共同富裕目标不断迈进。保障和改善民生要抓住人民最关心最直接最现实的利益问题，既尽力而为，又量力而行，一件事情接着一件事情办，一年接着一年干。坚持人人尽责、人人享有，坚守底线、突出重点、完善制度、引导预期，完善公共服务体系，保障群众基本生活，不断满足人民日益增长的美好生活需要，不断促进社会公平正义，形成有效的社会治理、良好的社会秩序，使人民获得感、幸福感、安全感更加充实、更有保障、更可持续。

五是加快生态文明体制改革，建设美丽中国。人与自然是生命共同体，人类必须尊重自然、顺应自然、保护自然。人类只有遵循自然规律才能有效防止在开发利用自然上走弯路，人类对大自然的伤害最终会伤及人类自身，这是无法抗拒的规律。我们要建设的现代化是人与自然和谐共生的现代化，既要创造更多物质财富和精神财富以满足人民日益增长的美好生活需要，也要提供更多优质生态产品以满足人民日益增长的优美生态环境需要。必须坚持节约优先、保护优先、自然恢复为主的方针，形成节约资源和保护环境的空间格局、产业结构、生产方式、生活方式，还自然以宁静、和谐、美丽。①

决胜全面建成小康社会，必须不失时机深化重要领域改革，使各方面制度更加成熟、更加定型。要加快完善社会主义市场经济体制，更大程度地发挥市场在资源配置中的作用，完善宏观调控体系，完善开放型经济体系，推动经济高效、公平、可持续发展。加快推进社会主义民主政治制度化，实现国家工作法治化。加快完善文化管理体制和文化生产经营机制，形成有利于

---

① 习近平：《决胜全面建成小康社会 夺取新时代中国特色社会主义伟大胜利——在中国共产党第十九次全国代表大会上的报告》[M]．北京：人民出版社，2017：29-50。

创新的文化发展环境。加快形成科学有效的社会管理体制，建立确保社会充满活力、和谐有序的体制机制。加快建立生态文明制度，推动形成人与自然和谐发展的现代化建设新格局。

决胜全面建成的小康社会，是惠及 13 亿中国人民的小康社会，是经济更加发展、民主更加健全、科教更加进步、文化更加繁荣、社会更加和谐、人民生活更加殷实的小康社会，是中国特色社会主义经济、政治、文化、社会、生态全面发展的小康社会。这是一个鼓舞人心、催人奋进的宏伟蓝图。每一个共产党员和争取入党的积极分子都要为把这一宏伟蓝图变为现实而努力奋斗。

【知识链接】

中国共产党历史上出台的第一个反腐肃贪文件

1921 年 7 月，中国共产党第一次全国代表大会在浙江嘉兴南湖的游船上通过的第一个中国共产党纲领，明确地把党的纪律和党内监督作为建立党组织的必要条件，要求新党员在入党前，必须同反对共产党纲领的任何党派断绝关系，党员要保守党的秘密，要受党的地方执行委员会的严格监督，党的地方执行委员会的财务活动和政策应受中央执行委员会的监督等。1922 年 7 月召开的中国共产党第二次全国代表大会通过了第一个中国共产党章程，对党的纲领、党的组织、党员的纪律、党的经费等都作了明确严格的规定。

伴随着第一次工人运动的高潮，党的组织得到了迅速壮大，在错综复杂的形势和残酷激烈的斗争中，更需要有统一的指挥和严密的纪律。第一次国共合作开始后，形势变得更为复杂。面对反动派的收买和金钱的诱惑，中国共产党面临着新的挑战。

中国共产党第三次全国代表大会之后，刘少奇在任安源路矿工人俱乐部主任时，发现俱乐部存在账目混乱、挪用公款等经济问题，因此开展了一次经济整顿和账务清理工作。经过调查核实，发现消费合作社的一个叫陈梅生的部门经理贪污挪用了一千多块大洋，在撤职查办陈梅生的同时，安源路矿工人俱乐部建立了大量的制度、规定，制定了《消费合作社办事公约》，这也成为中国共产党历史上出台的第一个反腐肃贪文件。

思考题

1. 为什么中国共产党的最终目标是实现共产主义？

2. 如何深刻理解党在社会主义初级阶段的基本路线？

3. 如何正确理解党的最高纲领与社会主义初级阶段的基本纲领的内涵及二者之间的关系？

4. 作为一名大学生入党积极分子，你如何积极投身到为全面建成小康社会的伟大实践中去？

第五章　中国共产党的组织制度

第一节　民主集中制是中国共产党的根本组织制度

民主集中制是中国共产党的根本组织原则和领导制度，是马克思主义认识论和群众路线在党的组织生活中的运用和体现，是党内生活必须遵循的基本原则和实现科学决策必不可少的制度保证。《中国共产党章程》规定："民主集中制是民主基础上的集中和集中指导下的民主相结合。它既是党的根本组织原则，也是群众路线在党的生活中的运用。必须充分发扬党内民主，保障党员民主权利，发挥各级党组织和广大党员的积极性创造性。必须实行正确的集中，保证全党的团结统一和行动一致，保证党的决定得到迅速有效的贯彻执行。"概括起来，民主集中制就是民主基础上的集中和集中指导下的民主相结合的制度。

中国共产党从一开始就把民主集中制作为党的根本组织原则，灵活地运用民主集中制原则，规范党内政治生活、处理党内关系，形成了党在组织建设上的鲜明特征。党在全国执政以后，把这种制度运用于政权建设，在国家机构中实行民主集中制原则。

一、民主集中制原则的创立及其发展

民主集中制是各国无产阶级政党的根本组织原则，是随着马克思主义政党的产生而产生、随着实践的发展而发展的。它有一个形成、发展和逐步成熟的过程。

（一）马克思、恩格斯为民主集中制的创立指明了方向

1847年，马克思、恩格斯在创建"共产主义者同盟"时，就在同盟章程中对如何实行民主、如何实行集中作了若干具体规定。例如，章程规定："同盟的组织机构是支部、区部、总区部、中央委员会和代表大会"，"代表大会

是全盟的立法机关"，"中央委员会是全盟的权力执行机关"，"所有盟员一律平等"，盟员要"服从同盟的决议"，等等。这些规定虽然还没有使用"民主集中制"这个科学概念，但已经体现出了与前人不同的民主和集中相联系的思想，为马克思主义政党民主集中制的创立指明了方向。

（二）列宁明确提出了"民主集中制"的科学概念

列宁从 19 世纪 80 年代起开始革命活动，他在精心钻研马克思主义的基础上，于 1899 年，第一次把马克思主义政党的组织原则概括为"集中制"。1904 年，列宁在《进一步，退两步》一文中，进一步强调"集中制思想，是从原则上确定了解决所有局部的和细节的组织问题的方法"。列宁在强调集中制的同时，也十分重视民主。他指出："俄国社会民主党是根据民主原则组织起来的。这就是说，党内的一切事务由一律平等的全体党员直接或者通过代表来处理，党的所有负责人员、所有领导人员、所有机构都是选举出来的，是必须向党员作工作报告的，是可以撤换的。"由此可见，列宁在无产阶级革命的实践中，既强调了集中制，也强调了民主，逐步发展成一个统一的概念，即民主集中制。1905 年，俄国共产党根据列宁的思想在一个决议中第一次完整地提出了"民主集中制"这个科学概念，在 1906 年 4 月召开的俄国社会民主党第四次（统一）代表大会上，民主集中制第一次作为党的组织原则载入党章。后来，列宁又把这一原则推广到共产国际各国党的建设当中，把坚持民主集中制作为加入共产国际的党的条件，提出"加入共产国际的党，应该按照民主集中制的原则建立起来"。

（三）中国共产党继承并发展了民主集中制这一根本组织原则

中国共产党从建党开始就自觉地把民主集中制作为自己的组织原则。党的一大通过的党纲从党的名称、基本任务、奋斗目标等都同共产国际保持一致。党纲中虽然没有明确使用"民主集中制"这一概念，但贯穿了民主集中制的思想。1927 年 6 月 1 日，中央政治局通过的《中国共产党第三次修正章程决议案》中，第一次明确提到"党部的指导原则为民主集中制"。这是中国共产党章程中第一次出现"民主集中制"的提法。从党的六大开始，民主集中制原则正式作为党的根本组织原则载入党章。此后，党的历次代表大会都重申了民主集中制的原则。在中国革命和社会主义建设的实践中，我们党将马列主义普遍真理同中国革命的具体实践相结合，把民主集中制组织原则提高到党的组织规律的高度来认识，使之不断丰富和发展，并创造性地运用民主集中制原则，正确规范党内政治生活，将之作为处理党内关系的基本准则和具体制度，形成了党在组织建设上的鲜明特征。

在坚持民主集中制问题上，我们党既有成功的经验，也有失败的教训。在新民主主义初期，陈独秀、王明在推行错误路线的同时，违反民主集中制原则搞家长制、个人专制那一套，给中国革命带来了严重的损失。从遵义会议到社会主义改造时期，党中央和毛泽东同志认真总结经验教训，坚持了民主集中制，保证了新民主主义和社会主义革命的胜利。但是从 20 世纪 50 年代末期开始，党和国家的政治生活不正常，特别是在"文化大革命"期间，党的民主集中制遭到极为严重的破坏，使党和国家遭受了巨大的灾难。党的十一届三中全会以后，我们党痛定思痛，在恢复和健全民主集中制方面做了大量的工作。党的十八大报告郑重提出"党内民主是党的生命"这一科学论断，并对积极发展党内民主作出新的部署。报告强调"要坚持民主集中制，健全党内民主制度体系，以党内民主带动人民民主"。民主集中制原则为不断开创社会主义现代化建设的新局面提供了坚强的组织保证，为夺取全面建设小康社会新胜利提供了强大的制度支持。

二、民主集中制的科学内涵和基本原则

（一）民主集中制的科学内涵

《中国共产党章程》规定："党是根据自己的纲领和章程，按照民主集中制组织起来的统一整体"，"民主集中制是民主基础上的集中和集中指导下的民主相结合。它既是党的根本组织原则，也是群众路线在党的生活中的运用。必须充分发扬党内民主，保障党员民主权利，发挥各级党组织和广大党员的积极性、创造性。必须实行正确的集中，保证全党的团结统一和行动一致，保证党的决定得到迅速有效的贯彻执行"。这一规定，科学、准确地表达了民主集中制的实质与内涵。

第一，民主集中制原则包括民主和集中两个方面，这两个方面是辩证统一的关系，它们相互依存，相辅相成，结合成一个有机统一的整体。民主集中制的民主，就是党员和党组织的意愿、主张的充分表达和积极性、创造性的充分发挥；民主集中制的集中，就是全党意志、智慧的凝聚和行动的一致。讲民主不能离开集中，讲集中不能离开民主。党内必须以民主为基础，离开民主的集中，就会成为个人专断；只有充分发扬民主，才能做到正确的集中。党内民主又是在集中指导下进行的，是受党章和党的纪律制约的、有领导的民主。离开集中的指导，就会成为极端民主化，成为无政府状态。只有把民

主原则和集中原则有机结合起来，才能既充分发挥广大党员和各级党组织的积极性与创造性，又能有效地维护党的团结统一，保证全党行动的一致，保证党的决定得到迅速有效的贯彻执行。如果把民主与集中割裂开来或对立起来，就会使党的组织涣散、分裂，使革命和建设事业遭受损失。

第二，民主集中制既是党的根本组织原则，也是群众路线在党的生活中的运用。必须充分发扬党内民主，保障党员民主权利，发挥各级党组织和广大党员的积极性创造性；必须实行正确的集中，保证全党团结统一和行动一致，保证党的决定得到迅速有效的贯彻执行。加强组织性、纪律性，在党的纪律面前人人平等。加强对党的领导机关和党员领导干部的监督，不断完善党内监督制度。党在自己的政治生活中正确地开展批评和自我批评，在原则问题上进行思想斗争，坚持真理，修正错误。努力造成又有集中又有民主，又有纪律又有自由，又有统一意志又有个人心情舒畅、生动活泼的政治局面。

总括起来，民主集中制是党的建设和发展的最基本的制度保证，是党内政治生活和组织制度的根本依据，是党的群众路线在党的组织原则上的体现，它最能从组织制度上保证党实行正确的领导。所以说，民主集中制是我们党的根本组织制度和领导制度。

（二）民主集中制的基本原则

《中国共产党章程》第十条规定的党的民主集中制的基本原则为：

（1）四个服从的原则：党员个人服从党的组织，少数服从多数，下级组织服从上级组织，全党各个组织和全体党员服从党的全国代表大会和中央委员会。这"四个服从"从总体上规定了党内生活的基本原则，构建了党内关系的良好秩序，是党的民主集中制的最基本原则。它对于建设一个集中统一的马克思主义政党具有决定性的作用。以下的各条原则均是这个基本原则的具体体现和展开。

（2）民主选举的原则：党的各级领导机关，除它们派出的代表机关和在非党组织中的党组外，都由选举产生。这项规定表明，实行党内选举制度，是党内民主的重要标志，充分体现了进行党内民主建设的基本要求。选举是一种个人表达自由意志的重要形式，对于中国共产党来说，实行民主选举，是党内民主的重要标志和基本要求之一，它对于保障党员的民主权利，加强党内民主监督，搞好党的组织建设，坚持和改善党的领导，具有十分重要的意义。

（3）定期报告的原则：党的最高领导机关，是党的全国代表大会和它所产生的中央委员会。党的地方各级领导机关，是党的地方各级代表大会和它们所产生的委员会。党的各级委员会向同级的代表大会负责并报告工作。这是党内民主制度化的重要规范。这项规定明确了党的代表大会在党内的重要地位，指出了党的委员会在党内的重要作用和地位。

（4）相互沟通的原则：党的上级组织要经常听取下级组织和党员群众的意见，及时解决他们提出的问题。党的下级组织既要向上级组织请示和报告工作，又要独立负责地解决自己职责范围内的问题。上下级组织之间要互通情报、互相支持和互相监督。党的各级组织要按规定实行党务公开，使党员对党内事务有更多的了解和参与。这一原则反映的是党的上下级组织之间的关系原则，必须把党的自上而下的统一领导与发挥下级组织积极性、主动性二者有机结合。

（5）集体领导和个人分工负责相结合的原则：党的各级委员会实行集体领导和个人分工负责相结合的制度。凡属重大问题都要按照集体领导、民主集中、个别酝酿、会议决定的原则，由党的委员会集体讨论，作出决定；委员会成员要根据集体的决定和分工，切实履行自己的职责。这一原则有利于从领导制度、组织制度上防止个人专断，有利于保证领导机关内部发扬民主、集思广益，有利于提高决策的民主性和科学性。

（6）禁止个人崇拜的原则：党禁止任何形式的个人崇拜。要保证党的领导人的活动处于党和人民的监督之下，同时维护一切代表党和人民利益的领导人的威信。这一原则表明要正确处理领导人同党和人民的关系，不能把个人凌驾于群众、阶级、政党之上，加以神化，盲目崇拜。

以上六条基本原则是中国共产党长期以来实行民主集中制原则方面的丰富经验的结晶。它既体现了党内民主的广泛性，又体现了党内高度的集中性，是党内民主和党内集中的统一，是我们每个党组织和共产党员必须严格遵守的准则。

三、民主集中制在党的组织制度中的作用

《中国共产党章程》规定，民主集中制是党的根本组织原则。中国共产党作为中国工人阶级的先锋队，作为中国人民和中华民族的先锋队，其先进性在组织方面的重要体现，就是把民主集中制作为党的根本组织制度。同时，它也是党的领导制度。

中国共产党是由全体党员和党的各级组织组成的统一体。它不仅要有自己的统一纲领、章程，还必须有统一的中央领导机关，建立从中央组织到地

方组织、基层组织的完整巩固的组织系统。要做到这一点，就必须依靠民主集中制，处理矛盾，正确领导。同时，党又是一个矛盾的统一体。在党内关系中，存在着党的领导者同被领导者的矛盾、党的上级组织同下级组织的矛盾等。对于这几个关系中所发生的矛盾，需要正确地加以协调和处理，以建立党内正常的政治生活。更重要的是，党的建立和建设，目的在于对革命和建设事业实施卓有成效的领导。为了充分发挥这种领导作用，必须建立科学的领导制度和工作制度。只有这样，党才能够制定出正确的路线、方针和政策，并充分调动全党的积极性，使党坚强有力，从而实现自己的主张。而这种科学的领导制度和工作制度，只有按照民主集中制原则才能建立起来。民主集中制之所以是根本的制度，就在于它根据工人阶级政党性质和工人阶级历史使命的要求，规范了党内生活的基本准则，是党赖以建立和发展的最基本的制度保证。

总的来讲，党内民主是党内根本的政治原则和政治制度，它所反映的是党内权利主体和权利授权的关系，从根本上决定着一个政党是民主政党还是专制的政党。民主集中制是党内根本的组织原则和领导原则，是把分散的党员集合为一个整体，把分散的意见变为党的统一意志，形成党的凝聚力和战斗力的根本组织制度和领导制度。

第二节　中国共产党的组织机构

中国共产党的组织机构就是党的各级组织架构设置和权力划分的具体化，是党的民主集中制原则在实际工作中能够得以认真落实和贯彻执行的基本组织保证。从层次上进行划分，中国共产党的组织机构主要包括党的中央、地方和基层组织。

一、中国共产党的中央领导组织

按照《中国共产党章程》的规定，党的中央领导组织是指党的全国代表大会和它所产生的中央委员会、中央纪律检查委员会；由中央委员会全体会议选举产生的中央政治局、中央政治局常务委员会，以及中央政治局和它的常务委员会的办事机构——中央书记处。中央委员会向党的全国代表大会负责并报告工作。

二、中国共产党的全国代表大会

中国共产党的全国代表大会是党的最高领导机关。党的全国代表大会每五年举行一次，由中央委员会召集。中央委员会认为有必要，或者有三分之一以上的省一级组织提出要求，全国代表大会可以提前举行；如无非常情况，不得延期举行。全国代表大会的代表名额和选举办法，由中央委员会决定。党的全国代表大会的职权是：审查中央委员会的报告；审查中央纪律检查委员会的报告；讨论并决定党的重大问题；修改党的章程；选举中央委员会；选举中央纪律检查委员会。

党的全国代表会议是在两次全国代表大会之间，根据工作的需要，由党的中央委员会召集的会议。它的任务主要是讨论和决定重大问题；调整和增选中央委员会、中央纪律检查委员会的部分成员；调整和增选中央委员及候补中央委员各自总数的五分之一。党的全国代表会议的代表名额和产生办法，由中央委员会决定。

三、中国共产党中央委员会

中国共产党中央委员会是党在全国代表大会闭会期间的最高领导机关。它执行党的全国代表大会的决议，领导党的全部工作，对外代表中国共产党。一般情况下，党的中央委员会每届任期五年。中央委员会产生的领导机构和领导人的职权，一直行使到选出下届新的领导机构和领导人为止。中央委员会委员和候补委员必须有五年以上的党龄。中央委员会委员和候补委员的名额，由全国代表大会决定。中央委员会委员出缺，由中央委员会候补委员按照得票多少依次递补。中央委员会全体会议由中央政治局召集，每年至少举行一次。中央委员会选举产生政治局、政治局常委、中央委员会总书记。

中国共产党中央委员会设有办公厅、组织部、宣传部、统一战线工作部、对外联络部、政法委员会等，是中共中央的重要办事机构和职能部门。除此之外，还设有政策研究室、党史研究室、中央党校等研究机构。

中共中央办公厅（简称中央办公厅），是为党中央、中央直属机关各部门和地方各级党组织服务的综合性办事机构，在党中央的直接领导下工作。

中共中央组织部（简称中组部），是中共中央主管党的组织建设、干部队伍建设和人才队伍建设等方面工作的重要职能部门，是党中央在党的组织工作方面的助手和参谋。

中共中央宣传部（简称中宣部），是中共中央主管意识形态、新闻出版等方面工作的重要职能部门。

中共中央统一战线工作部（简称中央统战部），是中国共产党建立的专门负责统一战线工作的机构，最早是从抗日民族统一战线形成后开始的。进入新的历史时期，爱国统一战线得到了进一步巩固和发展，统战部门的职能内涵得到加深，内容更加丰富了。

中共中央对外联络部（简称中联部），是中共中央负责对外工作的职能部门。负责贯彻落实党中央对外工作的方针、政策，跟踪研究国际形势和重大国际问题的发展变化，向党中央提供有关情况和对策性建议；受党中央委托，负责同外国政党、政治组织的交往和联络工作。

中共中央政法委员会（简称中央政法委）是中共中央领导和管理政法工作的职能部门，从宏观上组织领导中央政法各部门的工作，指导各省、自治区、直辖市党委政法委的工作。

四、中国共产党中央军事委员会

中国共产党中央军事委员会是中国共产党领导下的最高军事领导机构，简称（中共）中央军委。其主要职能是直接领导全国武装力量。其组成人员由中国共产党中央委员会决定。党的中央军委由主席、副主席、委员组成，实行主席负责制。

五、中国共产党中央纪律检查委员会

中国共产党中央纪律检查委员会（简称中央纪委或中纪委），是中国共产党中央委员会的检查监督机关，担负维护党的章程和其他党内法规，检查党的路线、方针、政策和决议的执行情况，协助党的委员会加强党风建设和组织协调反腐败工作的主要任务，实行书记负责制。1993 年 2 月，根据中共中央、国务院的决定，监察部与中共中央纪律检查委员会机关合署办公，机构列入国务院序列，编制列入中共中央直属机构。国家预防腐败局列入国务院直属机构序列，在监察部加挂牌子。1993 年起，地方各级监察机关与党的纪委合署办公。

六、中国共产党的地方组织

中国共产党的地方组织是指党的省、自治区、直辖市，设区的市和自治州以及县（旗）、自治县、不设区的市和市辖区的代表大会和它们所产生的委员会，还包括经党的代表大会选举产生的纪律检查委员会。《中国共产党章程》对党的地方组织的机构、职权、委员任职条件等作了具体的规定。

党的省、自治区、直辖市、设区的市和自治州的代表大会，每五年举行一次。党的县（旗）、自治县、不设区的市和市辖区的代表大会，每五年举行一次。党的地方各级代表大会由同级党的委员会召集。在特殊情况下，经上一级委员会批准，可以提前或延期举行。党的地方各级代表大会代表的名额和选举办法，由同级党的委员会决定，并报上一级党的委员会批准。

党的地方各级代表大会的职权是：① 听取和审查同级委员会的报告；② 审查同级纪律检查委员会的报告；③ 讨论本地区范围内的重大问题并作出决议；④ 选举同级党的委员会，选举同级党的纪律检查委员会。

党的省、自治区、直辖市、设区的市和自治州的委员会，每届任期五年。这些委员会的委员和候补委员必须有五年以上的党龄。党的县（旗）、自治县、不设区的市和市辖区的委员会，每届任期五年。这些委员会的委员和候补委员必须有三年以上的党龄。党的地方各级代表大会如提前或延期举行，由它选举的委员会的任期相应地改变。党的地方各级委员会的委员和候补委员的名额，分别由上一级委员会决定。党的地方各级委员会委员出缺，由候补委员按照得票多少依次递补。党的地方各级委员会全体会议，每年至少召开两次。党的地方各级委员会在代表大会闭会期间，执行上级党组织的指示和同级党代表大会的决议，领导本地方的工作，定期向上级党的委员会报告工作。

党的地方各级委员会全体会议，选举常务委员会和书记、副书记，并报上级党的委员会批准。党的地方各级委员会的常务委员会，在委员会全体会议闭会期间，行使委员会职权；在下届代表大会开会期间，继续主持经常性工作，直到新的常务委员会产生为止。党的地区委员会和相当于地区委员会的组织，是党的省、自治区委员会在几个县、自治县、市范围内派出的代表机关。它根据省、自治区委员会的授权，领导本地区的工作。

七、中国共产党的基层组织

中国共产党的基层组织是党在社会基层组织中的战斗堡垒，是党的全部工作和战斗力的基础。《中国共产党章程》规定，企业、农村、机关、学校、科研院所、街道社区、社会组织、人民解放军连队和其他基层单位，凡是有正式党员三人以上的，都应当成立党的基层组织。党的基层组织，根据工作需要和党员人数，经上级党组织批准，分别设立党的基层委员会、总支部委员会、支部委员会。

党的基层委员会、总支部委员会、支部委员会每届任期三年至五年。基层委员会、总支部委员会、支部委员会的书记、副书记选举产生后，应报上级党组织批准。

不同的基层党组织在基层单位职能有所不同。街道、乡、镇党的基层委员会和村、社区党组织，领导本地区的工作，支持和保证行政组织、经济组织和群众自治组织充分行使职权；国有企业和集体企业中党的基层组织，发挥政治核心作用，围绕企业生产经营开展工作；非公有制经济组织中的党的基层组织，贯彻党的方针政策，引导和监督企业遵守国家的法律法规，领导工会、共青团等群众组织，团结凝聚职工群众，维护各方的合法权益，促进企业健康发展；实行行政领导人负责制的事业单位中党的基层组织，发挥政治核心作用；各级党和国家机关中党的基层组织，协助行政负责人完成任务，改进工作，对包括行政负责人在内的每个党员进行监督，不领导本单位的业务工作。

中国共产党的基层组织是党执政的组织基础，《中国共产党章程》明确规定它主要承担八项基本任务：

第一，宣传和执行党的路线、方针、政策，宣传和执行党中央、上级组织和本组织的决议，充分发挥党员的先锋模范作用，积极创先争优，团结、组织党内外的干部和群众，努力完成本单位所担负的任务。

第二，组织党员认真学习马克思列宁主义、毛泽东思想、邓小平理论、"三个代表"重要思想、科学发展观、习近平新时代中国特色社会主义思想，推进"两学一做"学习教育常态化制度化，学习党的路线、方针、政策和决议，学习党的基本知识，学习科学、文化、法律和业务知识。

第三，对党员进行教育、管理、监督和服务，提高党员素质，坚定理想信念，增强党性，严格党的组织生活，开展批评和自我批评，维护和执行党的纪律，监督党员切实履行义务，保障党员的权利不受侵犯。加强和改进流动党员管理。

第四，密切联系群众，经常了解群众对党员、党的工作的批评和意见，维护群众的正当权益，做好群众的思想政治工作。

第五，充分发挥党员和群众的积极性、创造性，发现、培养和推荐他们中间的优秀人才，鼓励和支持他们在改革开放和社会主义现代化建设中贡献自己的聪明才智。

第六，对要求入党的积极分子进行教育培养，做好经常性的发展党员工作，重视在生产、工作第一线和青年中发展党员。

第七，监督党员干部和其他任何工作人员严格遵守国家法律法规，严格遵守国家的财政经济法规和人事制度，不得侵占国家、集体和群众的利益。

第八，教育党员和群众自觉抵制不良倾向，坚决同各种违纪违法行为作斗争。

【知识链接】

党的五大产生了党的历史上第一个中央纪检机构

党的五大一个鲜为人知却又意义非凡的"第一"，就是在党的历史上第一次选举产生了中央监察委员会，标志着党的纪律检查制度的创立。

党从成立之初，就非常重视党的纪律和党内监督机制的建设。一大通过的纲领明确规定："地方委员会的财务、活动和政策，应受中央执行委员会的监督。"二大通过的《关于议会行动的决议》，明确了共产党员参加议会活动的监督制度。在二大通过的第一个党章、三大通过的《中国共产党第一次修正章程》和四大通过的《中国共产党第二次修正章程》中，均专设"纪律"一章。

如此重视党的纪律监督的中国共产党，为什么没有在建党初期成立专门的纪律检查机构，而是建党六年后，才在党的五大上成立中央监察委员会呢？

从党的发展历程看，党的第一个中央监察机构产生于五大，是党组织和革命形势发展到一定历史阶段的客观需要和必然产物。

处于幼年时期的中国共产党，从五十几人，到不足千人，一无政权二无经费，连党的主要创始人陈独秀和李大钊都要靠教书、当编辑和写作维持生活，东奔西走为党筹集经费。由于党员人数少、质量高，党组织长期处于秘密状态，机构精干且纪律严明，违纪现象较少发生，因此没有成立专门的纪律检查机构，而由党的各级委员会直接维护和执行党纪。陈公博和周佛海两人在建立党的早期组织过程中曾做过一些工作，并被选为代表出席了党的一大，但不久就严重违反党的纪律。党毫不留情地将这样的人清理出去，保持了党组织的纯洁性。

虽然没有专门的监察机构，却严格维护和执行党的纪律，这便是中国共产党从一开始就能保持清正廉洁作风的重要原因。

随着第一次国共合作的深入和轰轰烈烈大革命的到来，党的影响迅速扩大，党的力量也随之迅猛发展。大批工人、农民、知识分子、进步青年和革命军人纷纷加入党的组织。新党员的急剧增加，党员教育的滞后，加上少数投机分子的混入，党的先进性和纯洁性面临严峻形势。

然而，更大的考验是，国共合作后，大量共产党员以个人身份加入国民党，在国民党各级党部、军队和政府内任职。这些跨党任职的党员时刻面临着权力地位、金钱美色、灯红酒绿等各种诱惑，加上革命阵营内部分化日益严重，少数意志薄弱的党员出现了追求享受、贪污腐化、思想动摇甚至叛党变节的现象。尤其在蒋介石发动"四一二"反革命政变、新老军阀不约而同地制造白色恐怖镇压革命的危急情况下，脱党、"自首"甚至叛党投敌等现象屡见不鲜。在这种形势下，在党内设立专门的监察机构，就成为一件刻不容缓的事情。

1927年5月9日，五大选举产生党的历史上第一个中央监察机构——中央监察委员会。王荷波、张佐臣、许白昊、杨匏安、刘峻山、周振声、蔡以忱当选为中央监察委员，杨培森、萧石月、阮啸仙当选为候补中央监察委员。10位同志都是工农运动和革命斗争中久经考验、在群众中拥有崇高威望的党的领导干部，其中6人出身工人。

当选为中央监察委员会主席的王荷波是山西太原人。曾出席党的三大和四大，历任中共中央执委会委员、中央局委员、中央工农部主任、上海地方执委会委员长、中共北方局委员、全国铁路总工会执委会委员长。五大闭幕后三个月，王荷波在八七会议上当选临时中央政治局委员，随即又被任命为中共中央北方局书记。王荷波来到天津，调查处理顺直省委组织纠纷，撤销了坚持右倾错误、拒不执行八七会议方针的彭述之的省委书记职务。接着来到河北玉田，传达八七会议精神，部署武装暴动。有的同志出于对陈独秀右倾错误的痛恨，要求开除陈独秀党籍并把他枪毙。王荷波反问："你们要求枪毙陈独秀，是根据党章上哪一条？党章上有枪毙党员的规定吗？"接下来，他耐心解释，平息了大家的怨气。几天后，玉田暴动取得成功，王荷波却因叛徒告密在北京被捕。在狱中，他受尽酷刑，却始终严守党的机密，留下的唯一遗嘱是请求党组织教育他的子女，不要让他们走上和自己相反的道路。1927年11月11日深夜，王荷波在北京安定门外箭楼西边英勇就义，终年45岁。

除王荷波外，党的五大选出的10名监察委员中，先后有7人牺牲在刑场或战场上，却无一人叛党投敌。这些党的监察先驱，用鲜血和生命诠释了对共产主义的信仰和对革命事业的忠诚，为鲜红的党旗了增添了绚丽的色彩。

思考题

1. 民主集中制的科学内涵是什么？
2. 民主集中制在党的组织中的作用是什么？
3. 中国共产党的基层组织承担了哪些基本任务？

第六章　中国共产党的作风与纪律

第一节　中国共产党优良作风的形成和发展

1942 年 2 月，毛泽东在《整顿党的作风》一文中第一次明确提出"党风"的科学概念。他指出："反对主观主义以整顿学风，反对宗派主义以整顿党风，反对党八股以整顿文风"，认为"学风和文风也都是党的作风，都是党风"。这是毛泽东对马克思主义建党理论的重要贡献。

一、中国共产党优良作风的科学内涵

党风是指一个政党和她的成员在思想、政治、工作、生活等方面表现出来的一贯态度和行为。它既作为党的组织和党员共同的思想存在着，也作为党员个人的思想行为表现着。党风是党的世界观和党性的外在表现，它体现了党的精神风貌，是党的性质、宗旨在党的活动中的表现。

党风的实质是世界观问题，是党性问题，是一个政党的世界观和党性在实践中的表现。不同的政党，有不同的作风。中国共产党的作风，是辩证唯物主义与历史唯物主义世界观和中国工人阶级的先锋队，同时是中国人民和中华民族的先锋队性质，全心全意为人民服务的根本宗旨在党的实践活动中的表现。

毛泽东在《论联合政府》的报告中指出："以马克思列宁主义的理论思想武装起来的中国共产党，在中国人民中产生了新的工作作风，这主要的就是理论和实践相结合的作风，和人民群众紧密联系在一起的作风以及自我批评的作风。"第一次对中国共产党的作风的科学内涵作出了高度的理论概括。党的三大作风反映了党对待马克思主义理论、对待人民群众和对待自己的科学态度，体现了党的"两个先锋队"性质和全心全意为人民服务的宗旨，是辩证唯物主义与历史唯物主义世界观和党性的外在表现，是中国共产党区别于其他任何政党的显著标志，是中国共产党的优良作风。

理论联系实际的作风，是中国共产党的解放思想、实事求是、与时俱进

的思想路线在学风、思想作风和工作作风上的反映。理论联系实际的核心，就是一切从实际出发，实事求是，不唯上，不唯书，只唯实。发扬理论联系实际的作风，必须坚持解放思想、实事求是、与时俱进的思想路线，坚持从社会主义初级阶段的实际出发，立足于改革开放和现代化建设的实践，自觉地把思想认识从那些不合时宜的观念、做法和体制的束缚中解放出来，从对马克思主义的错误和教条式的理解中解放出来，善于在解放思想中统一思想，用发展着的马克思主义指导新的实践。

密切联系群众的作风，是中国共产党最大的政治优势。推进党风建设，核心是保持党同人民群众的血肉联系。中国共产党在执政后的最大危险是脱离群众。在任何时候任何情况下，必须坚持党的群众路线，坚持全心全意为人民服务的宗旨，把实现人民群众的利益作为一切工作的出发点和归宿。回顾 90 多年来，中国共产党所进行的一切奋斗，归根到底都是为了最广大人民的利益。在革命战争年代，党号召全党同志发动群众、组织群众，不怕牺牲，前仆后继地为革命的胜利而英勇斗争。中华人民共和国成立后，党告诫全党同志党执政后的最大危险是脱离群众，要发扬密切联系群众的优良作风，谦虚谨慎，戒骄戒躁，永远保持艰苦奋斗的革命精神。在新的历史时期，党要求全党同志必须经得起改革开放和执政的考验，要以立党为公、执政为民为根本目的，带领人民群众为实现社会主义现代化而勤奋工作。所有这些，都是为了不断实现好、维护好和发展好最广大人民的利益，始终保持党同人民群众的血肉联系。

批评与自我批评的作风，反映了中国共产党对待自己的缺点、错误采取严肃的科学态度和共产党员对党的事业认真负责的精神，这是解决党内矛盾，纠正党内错误，使党永葆青春和活力的有力武器。批评与自我批评的基本方针是"惩前毖后，治病救人"，既要弄清思想，又要团结同志，充分发扬党内民主。党的组织和党员都生活在现实的社会之中，各种非无产阶级的思想意识随时影响着我们，出现错误的思想、行为在所难免。为此，我们要切实开展批评与自我批评，勇于揭露和纠正工作中的缺点、错误，坚决同消极腐败现象作斗争。对自己的缺点，要勇于承认；对他人的缺点，要满腔热忱地给以帮助；对好人好事，要旗帜鲜明地支持；对坏人坏事，特别是消极腐败现象，要毫不留情地进行批评和斗争。

二、中国共产党优良作风的发展历程

中国共产党的优良作风是马克思列宁主义的基本原理同中国革命和建设的具体实践相结合的产物，特别是在同党的建设实践相结合的过程中逐步形成和发展起来的。

（一）民主革命时期，党的优良作风在形成中发展

中国共产党从成立之初就提出"要树立一种新作风，千万不要沾染旧社会的习气"。开始运用马克思主义的立场、观点和方法，观察和分析中国革命面临的实际问题，在探索中国革命道路的过程中，推进了党的优良作风的形成和发展。

大革命后期，毛泽东深入实际调查研究，撰写了《中国社会各阶级的分析》《湖南农民运动考察报告》，开创了党内调查研究之风，提出了党的群众路线的一些基本思想。这是党的优良作风开始形成的重要标志。

1927 年 8 月 7 日，中共中央在汉口召开紧急会议（即"八七会议"），清算陈独秀为代表的右倾机会主义错误。这次会议是由大革命失败到土地革命战争兴起的历史性转变，是党运用批评与自我批评解决自身错误的开端。

秋收起义失败后，毛泽东率部队创建了以井冈山为中心的农村革命根据地，开创了以农村包围城市、武装夺取政权的具有中国特点的民主革命道路。这是党理论联系实际，把俄国十月革命的经验创造性地运用于革命的典范。

为反对党内存在的教条主义倾向，1930 年 5 月毛泽东发表了《反对本本主义》，提出了"没有调查，就没有发言权""调查就是解决问题"的科学论断，把中国共产党从教条主义的束缚中，从对共产国际和苏联经验的盲目迷信中解放出来，这是我们党的理论联系实际的优良学风、作风和领导作风在民主革命时期的新发展。1937 年 7 月和 8 月，毛泽东又先后发表了《实践论》《矛盾论》，用马克思主义的认识论观点揭露了党内的教条主义和经验主义的错误，从理论的高度深刻剖析了王明"左"倾教条主义的思想根源，清除了王明主观主义、教条主义在党内的思想影响，为确立党的理论联系实际的作风和一切从实际出发、实事求是的思想路线奠定了理论基础。

抗日战争初期，毛泽东针对革命的集体组织中的自由倾向，于 1937 年 9 月发表了《反对自由主义》，号召全党拿起"积极的思想斗争的武器"，"坚持正确的原则，同一切不正确的思想和行为作不疲倦的斗争"，使党的批评与自我批评的作风得到进一步发展。随后，毛泽东在《论持久战》一书中指出：战争的伟力之最深厚的根源，存在于民众之中，"军队须和民众打成一片，使军队在民众眼睛中看成是自己的军队，这个军队便无敌于天下。"这是党的群众观点、群众路线和密切联系群众的优良作风，在抗日战争中的进一步发展。

1942 年开始的延安整风，使我们党进一步形成并发展了理论联系实际、批评与自我批评的优良作风，并在此基础上形成了一整套批评与自我批评的

原则和方法。

在党的七大报告中，毛泽东关于党的"三大作风"的论述，是对党的优良作风的高度概括和总结，标志着党的优良作风经受了实践的检验，形成了完整的理论体系，从而极大地丰富了马克思主义的建党学说。

（二）社会主义建设时期，党的优良作风在曲折中发展

民主革命胜利的前夜，毛泽东谆谆告诫全党："务必使同志们继续地保持谦虚、谨慎、不骄、不躁的作风，务必使同志们继续地保持艰苦奋斗的作风。"党中央离开西柏坡到北平时，中国共产党人面临着严峻的考验。全党牢记"两个务必"，继承和发扬了党的优良作风，实行民主监督、政治协商，建立广泛的爱国统一战线，废除了封建的土地制度，进行了土地改革和其他民主改革运动，推进了对农业、手工业和民族工商业的社会主义改造，促进了社会主义生产力的发展。特别是在面对内有困难、外有压力的严峻挑战，科技工作者白手起家，在科学实验和物质生活条件极其简陋、艰苦的条件下，创造了"两弹一星"的人间奇迹。这靠的就是扎根戈壁、埋头苦干，靠的就是发扬党的优良作风和艰苦奋斗的精神。

我们党在总结正反两方面经验的基础上，采取了一系列加强党风建设的措施。1961年1月，毛泽东在党的八届九中全会上，号召全党坚持一切从实际出发、实事求是的思想路线，大兴调查研究之风。1962年1月，在北京召开的中央工作扩大会议上（即"七千人大会"），刘少奇指出，必须树立实事求是的作风，贯彻党的民主集中制，充分地开展批评与自我批评，坚持党的群众路线。毛泽东在讲话中强调，要加强学习，加强调查研究，加强对社会主义建设规律的认识。这些讲话，对于恢复和发扬党的优良作风、加强党的建设具有十分重要的指导意义。

在这一时期，党的优良作风在发展中也出现过曲折。由于受到党内"左"倾错误的影响，出现了反右扩大化、"大跃进"和"文化大革命"，严重背离了党的一切从实际出发、实事求是的思想路线，严重脱离了客观实际，使党的优良作风遭到践踏和破坏。

（三）改革开放后，党的优良作风在恢复中发展

粉碎"四人帮"后，邓小平高度重视恢复和发展党的优良作风。1978年12月，在党的十一届三中全会召开之前的中央工作会议上，邓小平作了题为《解放思想，实事求是，团结一致向前看》的重要讲话。讲话指出：要实现四

个现代化，如同过去搞革命一样，必须靠实事求是的优良作风，就必须解放思想，克服党内由于种种原因形成的思想僵化的状态。强调"只有解放思想，坚持实事求是，一切从实际出发，理论联系实际，我们的社会主义现代化建设才能顺利进行，我们党的马列主义、毛泽东思想的理论也才能顺利发展"。这就从思想上解除了"两个凡是"的束缚，为克服多年来的"左"倾指导思想，恢复党的优良作风，按照正确方向寻求中国特色社会主义道路奠定了思想基础。

之后，中共中央进一步加强了党风建设。十二届二中全会作出关于整党的决定，十三届六中全会通过了《关于加强党同人民群众联系的决定》。这些举措，使党的优良作风得到进一步恢复和发展。

以江泽民为核心的党的第三代党中央领导集体，更加重视加强和改进党的作风建设。江泽民反复强调："我们党在长期的革命和建设中，形成和发展了一整套优良传统和优良作风。这是我们的政治优势，是我们治党治国的传家宝，任何时候都丢不得，丢了要吃大亏。""加强党的作风建设，根本的是坚持全心全意为人民服务的宗旨，充分发挥党密切联系群众的优势。党在长期斗争中形成的理论联系实际、密切联系群众、批评和自我批评的优良作风，是党的性质和宗旨的体现，一定要结合新的实践在全党发扬光大。"党的十五届六中全会通过的《中共中央关于加强和改进党的作风建设的决定》，号召全党要做到"八个坚持、八个反对"，坚持讲学习、讲政治、讲正气。在推进党的思想建设、组织建设的同时，把加强和改进党的作风建设放在更加突出的位置。

党的十六大把加强和改进党的作风建设、深入开展反腐败斗争，作为全面推进党的建设新的伟大工程的一项重要任务。十六大之后，胡锦涛和中央书记处的同志一起到西柏坡，回顾我们党带领人民进行伟大革命斗争的历史，重温毛泽东在党的七届二中全会上的重要讲话。他在西柏坡发表了重要讲话，再次向全党特别是党的领导干部发出牢记"两个务必"，大力发扬谦虚谨慎、艰苦奋斗的作风的号召，希望全党认真扎实地贯彻落实"三个代表"重要思想和十六大精神，努力完成新世纪新阶段的各项任务，实现全面建设小康社会的宏伟目标。

在新的形势下，开展党的群众路线教育实践活动，重申党的群众路线，是实现党的目标和人民的根本利益的本质要求，是中国现阶段发展的要求，更是谱写"中国梦"的根本保障。走好群众路线第一步：以"八项规定"切除"四风"毒瘤。2012年12月4日，习近平主持召开中共中央政治局会议，审议通过了中央政治局关于改进工作作风、密切联系群众的"八项规定"。2013

年 6 月 18 日，在党的群众路线教育实践活动工作会议上，习近平强调，这次教育实践活动的主要任务是集中解决形式主义、官僚主义、享乐主义和奢靡之风这"四风"问题。在提出"八项规定"之前，中央政治局明确提出，抓作风建设，首先要从中央政治局做起，以良好党风带动政风民风。"八项规定"即改进调查研究，注重实效，形式上一切从简；精简会议活动，切实改进会风；精简文件简报，切实改进文风；从大局需要出发合理安排出访，规范出访活动；坚持有利于联系群众的原则，改进警卫工作；改进新闻报道；严格文稿发表；厉行勤俭节约，严守廉洁从政有关规定。"八项规定"体现了党要管党、从严治党的根本要求。反"四风"指挖除形式主义之风、杜绝享乐主义之风、打压官僚主义之风、扫除奢靡之风。"四风"问题严重损害了党在人民群众中的形象和党群干群关系，是当前人民群众深恶痛绝、反映最强烈的问题。自党的群众路线教育实践活动开展以来，"四风"问题得到了有力整治，群众反映强烈的突出问题得到了有效解决。但是必须看到，要真正杜绝"四风"问题，仍然任重道远，作风建设永远在路上。

第二节　加强和改进党的作风建设

在 21 世纪，面对新形势和新的考验，我们党肩负着重要历史使命。我们必须进一步增强对党的作风建设重要性的认识，加强和改进党的作风建设。

一、科学把握党风建设的内涵

党风建设内容十分丰富，主要包括思想作风、学风、工作作风、领导作风和干部生活作风五个方面。科学把握党风建设的内涵，是加强和改进党风建设的前提和保证。

（一）把思想作风建设放在首位

思想作风是人们在思维方式、思想观念特别是指导思想上表现出来的行为取向，是世界观和方法论在认识和改造世界的实践过程中的体现。我们党在革命、建设和改革过程中形成的解放思想、实事求是、与时俱进的思想路线，是党的思想作风的核心和灵魂。思想作风建设是党风建设的基础。加强和改进党风建设，必须把思想作风建设放在首位，这是毛泽东建党思想的一大特色。思想作风说到底就是如何对待马克思主义的问题。是以教条主义的态度对待马克思主义，还是以与中国实际相结合、实事求是的态度对待马克思主义，关系到党的兴衰成败，关系到革命、建设和改革事业的前途和命运。

（二）加强和改进学风

学风是指学习态度、学习风气、学习方式和方法。理论联系实际是我们党一贯坚持的马克思主义的学风，是党具有创新力的关键所在。大力弘扬理论联系实际的学风，不断提高全党的马克思主义理论水平和解决实际问题的能力，是加强和改进党风建设的一项基本性工作。

理论联系实际的学风的根本问题，是如何把马克思主义的基本原理同中国革命、建设和改革的具体实践结合起来。理论联系实际的学风的实质，就是应用马克思列宁主义、毛泽东思想、邓小平理论、"三个代表"重要思想、科学发展观、习近平新时代中国特色社会主义思想的立场、观点和方法，分析研究中国改革开放面临的新情况、新问题，深化对共产党执政规律的认识、对社会主义建设规律的认识、对人类社会发展规律的认识。

（三）加强和改进工作作风

工作作风是指较为一贯的处理事务的行为方式和方法，是贯穿于工作过程中的一贯风格。密切联系群众是党的优良作风和政治优势。一切为了群众，一切依靠群众，从群众中来到群众中去，是党的群众路线，也是党的根本工作路线。加强和改进工作作风建设，核心是保持同人民群众的血肉关系。在任何时候、任何情况下，都必须坚持党的群众路线，坚持全心全意为人民服务的宗旨，把实现人民群众的利益作为一切工作的出发点和归宿。要以立党为公、执政为民为根本目的，发扬党的优良传统和作风，按照中央提出的"八个坚持"和"八个反对"，一靠教育，二靠制度，正确开展批评与自我批评，着力解决工作作风方面的突出问题，特别是要防止和克服形式主义、官僚主义。认真研究我国社会生活中的新变化和群众工作的新特点，把加强和改进群众工作贯彻到党的建设和政权建设的各项工作中去。

（四）加强和改进领导作风

领导作风是领导素质、领导方法和领导艺术的综合表现。加强和改进领导作风建设，要以立党为公、执政为民为根本目的。权为谁用、情为谁系、利为谁谋，是为何立党、为谁执政的本质体现，也是加强和改进领导作风建设的本质要求，是检验执政党的性质和执政者政治归属的试金石。我们党从成立之日起，就鲜明地把全心全意为人民服务确立为根本宗旨，坚持立党为公不为私，这就决定了党在执政以后只能是为民而不为己。因此，每个党员特别是领导干部必须做到不以权谋私，绝不脱离群众，绝不与民争利，使立党为公、执政为民深深扎根在思想中，全面落实在行动上。

（五）加强和改进干部生活作风建设

生活作风是指生活上表现出来的态度、行为。它是党风体系中的一个重要方面，从一个侧面反映了党及其成员的精神风貌。生活作风与学风、思想作风、领导作风、工作作风一起构成党的整体形象。生活作风不是小事，它是世界观、人生观、价值观的反映。一个生活作风腐化的干部，很难有正确的思想作风和学风，也不可能有优良的工作作风和领导作风。

加强和改进干部生活作风建设，必须坚持反对和防止腐败。党员干部要经得起执政、改革开放和市场经济的考验，过好权力关、金钱关、美色关，刚正不阿、廉洁自律、一身正气、两袖清风，始终保持共产党人的蓬勃朝气、昂扬锐气和浩然正气。

二、明确党风建设的任务

党的十五届六中全会通过的《中共中央关于加强和改进党的作风建设的决定》明确提出：加强和改进党的作风建设的主要任务，就是"八个坚持，八个反对"。

（一）坚持解放思想、实事求是，反对因循守旧、不思进取

解放思想、实事求是是党的思想路线，是党顺应时代进步潮流、永葆先进性的根本要求。全党必须从我国社会主义初级阶段的实际出发，从不断发展变化的国际形势出发，求真务实，锐意进取，努力开拓马克思主义理论发展的新境界，开创党和国家事业发展的新局面。

加强和改进党风建设，必须坚持解放思想、实事求是，反对因循守旧、不思进取。解放思想、实事求是永无止境。世界在变化，我国改革开放和建设在推进，人民群众的伟大实践在发展，这些都迫切要求我们进一步解放思想、实事求是。如果党不能始终站在时代前列和实践前沿，党的思想理论就不能发展，党的事业就不能前进，我们就有被时代淘汰的危险。

坚持解放思想、实事求是，就是要毫不动摇地贯彻以经济建设为中心，

坚持四项基本原则，坚持党的基本路线，按照实践是检验真理的唯一标准，坚持用"三个有利于"判断各方面工作的是非得失，使我们的思想和行动更加符合客观实际，使党的路线、方针、政策更加符合社会主义初级阶段的国情；就是要按照马克思主义实践的观点和发展的观点，研究新情况，解决新问题，正确认识和妥善处理生产力与生产关系、经济基础与上层建筑的矛盾，坚持把发展作为党执政兴国的第一要务，不断开创现代化建设的新局面；就是要以宽广的眼光观察当今世界和当代中国，以与时俱进的思想观念和奋发有为的精神状态开展工作，不断推动理论创新、制度创新和科技创新。

坚持解放思想、实事求是，反对因循守旧、不思进取，必须把坚持马克思主义基本理论同丰富和发展马克思主义统一起来。在任何时候、任何情况下，都必须坚持马克思列宁主义、毛泽东思想、邓小平理论、"三个代表"重要思想、科学发展观、习近平新时代中国特色社会主义思想。马克思主义具有与时俱进的理论品质，是不断发展的科学。坚持马克思主义不能不顾历史条件和现实情况，不能拘泥于经典作家在特定历史条件下针对具体情况提出的某些个别论断。要树立强烈的创新意识，立足我国改革开放的新实践，总结新鲜经验，正确回答实践中迫切需要解决的问题，不断推进马克思主义的中国化，丰富和发展马克思主义。

（二）坚持理论联系实际，反对照抄照搬、本本主义

理论联系实际，是党一贯坚持的马克思主义学风，是党具有创造力的关键所在。大力弘扬党的这一优良学风，提高全党的马克思主义理论水平和解决实际问题的能力，是加强和改进党的作风建设的一项基础性工作。每个党员必须联系实际刻苦学习，做到理论与实际、学习与运用、言论与行动相统一，创造性地开展工作。

坚持用马克思列宁主义、毛泽东思想、邓小平理论、"三个代表"重要思想、科学发展观、习近平新时代中国特色社会主义思想武装全党，在改造客观世界的同时不断改造主观世界，牢固树立正确的世界观、人生观、价值观。

坚持理论联系实际，就是要把学习理论与总结实践经验结合起来，与学习党的历史、中国历史和世界历史结合起来，与学习当代经济、科技、文化等知识结合起来。共产党必须做学习的模范。要培养良好的学风，坚持学习科学文化知识与加强思想修养的统一，坚持学习书本知识与投身社会实践的统一，坚持实现自身价值与服务祖国的统一，坚持树立远大理想与进行艰苦奋斗的统一。不断提高理论素养，树立世界眼光，培养战略思维，加强党性

修养，增强解决实际问题的能力。

（三）坚持密切联系群众，反对形式主义、官僚主义

密切联系群众是党的优良作风和政治优秀。党来自于人民，植根于人民，服务于人民，这就决定了我们党只有密切联系群众，始终保持同人民群众的血肉联系，才能有坚如磐石的阶级基础和群众基础，才能保持政治本色。

形式主义的要害是贪图虚名，不务实效。官僚主义的要害是脱离群众，脱离实际，做官当老爷。官僚主义引发形式主义，形式主义助长官僚主义。

坚持密切联系群众，最重要的是要体察民情、了解民意、集中民智、珍惜民力，诚心诚意为群众谋利益。共产党员特别是各级领导干部要倾听群众呼声，关心群众疾苦，把群众的安危冷暖时刻放在心上，维护人民群众的经济、政治、文化权益，努力为群众办实事。对工作和生活遇到困难的群众，要格外关注，重点帮助。要深入基层，加强工作指导，善于在新的条件下做好群众工作。要锐意改革、大胆进取，注意使改革的力度、发展的速度同人民群众的承受程度相适应。

（四）坚持民主集中制原则，反对独断专行、软弱涣散

民主集中制是党的根本组织制度和领导制度。充分发扬民主，维护集中统一，是加强和改进党的作风建设的重要环节。必须在全党特别是领导干部中进一步加强民主集中制教育，严格执行民主集中制，坚持和完善党内政治生活的各项准则，使民主基础上的集中与集中指导下的民主相结合，努力造成又有集中又有民主、又有纪律又有自由、又有统一意志又有个人心情舒畅的生动活泼的政治局面。

要发扬党内民主。"党内民主是党的生命"，是加强和改善党的领导的根本之策。民主是解放思想的重要条件，民主是凝聚力量的强大纽带，民主是决策科学化的重要一环，民主是实行党内监督的有力武器。能否发扬党内民主，直接关系到党和国家政治生活的全局，关系到党和人民事业的兴衰成败。没有党内民主，就没有党的兴旺发达。

党和国家的集中统一，是全国各族人民的根本利益所在，必须坚决维护。国际环境的深刻变化，改革开放和社会主义市场经济的深入发展，对维护党和国家的集中统一提出了新的要求。

（五）坚持党的纪律，反对自由主义

纪律严明是贯彻党的路线、维护党的团结统一、完成党的任务的重要保

证。加强和改进党的作风建设，必须坚持党的纪律，反对自由主义。全党必须自觉遵守和维护党的纪律，同一切违反党的纪律的行为作坚决斗争。

政治纪律是党最重要的纪律。党的各级组织和全体党员必须坚持党的基本路线，自觉同党中央保持高度一致；维护中央权威，保证中央政令畅通；禁止参与各种非法组织和非法活动。党的组织、宣传、群众、财经、外事、保密工作等方面的纪律，全党都要严格遵守。党的各级组织都必须在宪法和法律的范围内活动。党员特别是领导干部要努力学习和遵守党章、党规和国家法律法规，做遵纪守法和依法办事的模范。

（六）坚持清正廉洁，反对以权谋私

立党为公、执政为民，是由党的性质和宗旨决定的，是加强和改进党的作风建设的根本目的。党员干部廉洁从政，直接关系人心向背和党的执政地址的巩固。必须围绕为人民掌好权、用好权这个根本问题，坚持标本兼治、综合治理，注重从源头上预防和解决腐败问题，进一步推进党风廉政建设。

加强和改进党的作风建设，必须坚持廉洁教育。共产党员要牢记全心全意为人民服务的宗旨，正确对待权力、地位，做人民的公仆。要在思想上解决好参加革命是为什么、现在当干部应该做什么、将来身后留点什么的问题，自觉抵制各种剥削阶级腐朽思想的侵蚀，增强拒腐防变的能力。

保证党的各级干部为人民掌好权、用好权，必须加强党内监督。切实保障党员享有党章规定的批评权、检举权、申诉权和控告权等权利，充分发挥党员的民主监督作用。必须加强法律监督、群众监督，发挥民主党派的监督作用，推动党风廉政建设。党的各级组织和领导干部必须旗帜鲜明地反对腐败。坚决查处以权谋私案件，严惩腐败分子。严肃查处违纪违法案件，特别是侵害国家、集体和群众利益的案件。集中力量查处大案要案，党内绝不允许有腐败分子的藏身之地。要以党风廉政建设和反腐败斗争的实际成果取信于人民。

（七）坚持艰苦奋斗，反对享乐主义

艰苦奋斗是优良传统，更是中国共产党人的优良作风。在极其艰巨而伟大的革命、建设和改革历程中，我们党正是依靠艰苦奋斗立身起家、发展壮大、成就伟业的。

加强和改进党的作风建设，必须坚持艰苦奋斗，反对享乐主义。艰苦奋

斗不仅有"艰苦"的含义，更有"奋斗"的要求，它强调精神上要振奋，思想上要刻苦，顽强拼搏，永不言败。一个人以艰苦奋斗为准则，自强不息，可以锤炼意志，增长才干；一个民族或国家以艰苦奋斗为风尚，奋发图强，可以众志成城，成就辉煌。

坚持艰苦奋斗，就要发扬不畏艰难、奋力拼搏、克己奉公、甘于奉献的革命精神。共产党员要吃苦在前，享受在后，带领群众创造美好生活。办一切事情都要遵循勤俭节约、艰苦创业的原则，量力而行，精打细算，讲求实效。反对讲排场、比阔气、铺张浪费。共产党员要树立正确的世界观、人生观、价值观，自觉克服享乐主义、拜金主义思想的影响，做到自重、自省、自警、自励，做到一身正气、一尘不染，以共产党人的高风亮节和人格力量影响和带动群众。

（八）坚持任人唯贤，反对用人上的不正之风

坚持任人唯贤，是加强和改进党的作风建设的组织保证。必须全面贯彻干部队伍革命化、年轻化、知识化、专业化的方针和德才兼备的原则，加快干部人事制度改革步伐，完善制度，健全机制，坚持用好的作风选人、选作风好的人。

坚持党管干部原则，改进干部管理方法。进一步扩大干部工作中的民主，落实群众对干部选拔任用的知情权、参与权、选择权和监督权。扩大民主推荐、民意测验和民主评议的范围，改进方法，提高质量。坚持公开、平等、竞争、择优的原则，促进干部奋发工作，能上能下。积极推行公开选拔、竞争上岗等措施，完善干部交流、轮岗和回避制度。

加强对干部选拔任用工作的监督，是选贤任能的关键。进一步完善党政领导干部选拔任用工作制度。对干部的推荐提名、考察考核、讨论决定等各个环节实行全过程监督。完善干部考核制度和方法，逐步实行干部考察预告制度和差额考察制度。发挥群众监督的作用，凡是群众反映的内容具体、情节严重的问题，要认真调查核实。逐步建立健全干部选拔任用工作责任追究制度，对用人失察失误造成严重后果的要追究责任。

总之，加强新时期党的作风建设，要全面贯彻落实党的十九大精神，坚定不移地发扬党的优良传统和作风，同时又要努力培育符合时代要求的新的作风，认真抓好当前党风方面存在的突出问题，使我们党以崭新的精神风貌带领全国人民奋勇前进，不断开创建设中国特色社会主义伟大事业新局面。

第三节　党的纪律的主要内容和基本特征

不同的阶级、政党、社会都有自己的纪律要求。人类历史上曾存在过奴隶主和封建主的"棍棒纪律"、资本家的"饥饿纪律"，它们体现的是剥削阶级的意志，维护的是剥削阶级的利益。社会主义国家的纪律，反映了人民群众的共同意志和利益，虽然也带有一定的强制性，但是建立在自觉的基础上，是自觉的纪律。作为执政党，中国共产党的纪律在我国的纪律体系中是最严明的纪律。

一、党的纪律的科学内涵

党的纪律，简称党纪。党章规定："党的纪律是党的各级组织和全体党员必须遵守的行为规则，是维护党的团结统一、完成党的任务的保证。"党的纪律规定了党组织和党员怎样做是正确的、怎样做是错误的，它实质上是党组织和党员的行为规范。

党的纪律是由不同层次的党纪党规构成的体系。从理论上，党的纪律有狭义、广义之分。狭义的党的纪律主要是指《中国共产党纪律处分条例》中规定的各种行为规范；广义的党的纪律包括除《中国共产党纪律处分条例》中规定的各种行为规范以外的其他党的纪律，以及政纪、法纪等。具体而言，党的纪律包括：一是党内生活和党的活动的基本原则，即《中国共产党章程》，这是党的根本大法，在党内具有最高约束力；二是党的各种重要法规，如《中国共产党廉洁自律准则》《中国共产党纪律处分条例》《中国共产党问责条例》《关于新形势下党内政治生活的若干准则》《中国共产党党内监督条例》等，这是党章的重要补充；三是根据党中央发布的党内法规制定程序的有关规定，省部级以上的党的组织针对某些专门问题和一定范围人员而制定的具体条例、制度和规定；四是国家所颁布的宪法、法律、法令等，凡是要求人民群众遵守的宪法、法规、法令等，党员都必须遵守。

二、党的纪律的主要内容

党的纪律随着党的事业的发展而不断变化。在战争年代，党的纪律主要是组织纪律、军事纪律、群众纪律和保密纪律等。在我们党执政以后的和平建设年代，纪律的内容也就随之扩展。习近平谈到："要坚持问题导向，把严守政治纪律和政治规矩放在首位。加强党的纪律建设，要针对现阶段党纪存在的主要问题，更加强调政治纪律和政治规矩。"党的十九大通过的党章把党的纪律主要概括为政治纪律、组织纪律、廉洁纪律、群众纪律、工作纪律和生活纪律六个方面，反映了新形势下党的纪律的主要内容。除此之外，按照纪律规范所调整关系的不同，党的纪律还包括宣传纪律、人事纪律、保密纪律、外事纪律等。

（一）政治纪律

党的政治纪律是处理党的各级组织和全体党员同党中央以及党的路线、方针、政策之间关系的规定，是维护党的政治原则和政治方向的纪律。它要求党员必须在政治上和党中央保持一致，坚决执行党的路线、方针、政策。新时期政治纪律的主要内容，就是全党要坚决执行党在社会主义初级阶段的基本路线，党的任何组织和党员必须遵守国家的宪法、法律，在宪法、法律的范围内进行活动。党的政治纪律所涉及的问题，是全局性、根本性的问题，关系到党的兴衰存亡。因此，在党的各种纪律中，政治纪律是最重要的纪律，违反政治纪律是最大的违纪行为。遵守党的政治纪律，是遵守党的全部纪律的政治基础。

（二）组织纪律

党的组织纪律是处理各级党组织之间以及党组织和党员之间关系、维护党的团结统一的原则和规范。基本内容是党的民主集中制的基本原则。党章规定的"四个服从"，既是党最基本的组织原则，也是最基本的组织纪律。在个人与组织的关系上，明确规定个人必须服从组织，必须无条件地执行党的决议，必须参加党的组织生活并在党组织的领导下积极工作；在少数和多数的关系上，明确规定党组织讨论决定问题时必须严格执行少数服从多数的原则，少数人有不同意见可以保留，也可以向上级反映，但在行动上不得违背多数人通过的决议；在下级组织和上级组织的关系上，明确规定全党服从党的全国代表大会和她所产生的中央委员会。"四个服从"要求全党必须保持高度一致，在党内决不允许闹独立，把个人凌驾于组织之上，搞家长制、一言堂的行为，也不允许搞分裂党的派别活动。

（三）廉洁纪律

廉洁纪律是党组织和党员在从事公务活动或者其他与行使职权有关的活

动中，应当遵守的廉洁用权的行为规则，是实现干部清正、政府清廉、政治清明的重要保障。为政清廉才能取信于民，秉公用权才能赢得人心。党章规定，中国共产党党员永远是劳动人民的普通一员，除了法律和政策规定范围内的个人利益和工作职权以外，所有共产党员都不得谋求任何私利和特权。党员领导干部必须正确行使人民赋予的权力，坚持原则，依法办事，清正廉洁，反对任何滥用职权、谋取私利的不正之风，永葆共产党人清正廉洁的政治本色。

（四）群众纪律

党的群众纪律是指党组织和党员处理与人民群众之间关系的行为规范，也就是处理党群关系的纪律。党的群众纪律要求各级党组织和共产党员，必须坚持党的全心全意为人民服务的宗旨，随时随地维护人民群众的利益，不允许以任何借口、任何形式侵占和损害人民群众的利益。

（五）工作纪律

工作纪律是党组织和党员在党的各项具体工作中必须遵循的行为规则，是党组织和党员依规开展各项工作的重要保证。新修订的《中国共产党纪律处分条例》第十章"对违反工作纪律行为的处分"，主要对管党治党失职渎职的违纪行为作出处分规定，增加了党组织不履行全面从严治党主体责任，违规干预和插手市场经济活动，违规干预和插手司法活动、执纪执法活动，泄露、扩散或者窃取涉密资料等违纪条款。该章依次对"党组织失职行为、滥用职权和玩忽职守行为、失泄密行为、违反外事工作纪律"等违反工作纪律的行为作出了明确的处分规定。

（六）生活纪律

生活纪律是党员在日常生活和社会交往中应当遵守的行为规则，涉及党员个人品德、家庭美德、社会公德等各个方面，关系党的形象。《中国共产党纪律处分条例》第十一章"对违反生活纪律行为的处分"，主要对"四风"问题和违反社会主义道德的违纪行为作出处分规定，将党的十八大以来落实中央"八项规定"、反对"四风"的要求和实践成果转化为纪律条文，增加了生活奢靡、违背社会公序良俗等违纪条款。该章条款依次对"生活奢靡、贪图享乐、追求低级趣味""利用职权、教养关系、从属关系或者其他相类似关系与他人发生性关系""违背社会公序良俗""严重违反社会公德、家庭美德"等违反生活纪律行为作出了明确的处分规定，充分体现了十八大以来管党治党实践成果。

（七）宣传纪律

党的宣传纪律是指党的各级组织和党员在宣传工作中必须与党中央保持一致，不得宣传违背党的路线、方针、政策和决议的言论。党的各级组织的报刊和其他宣传工具是党的喉舌，报刊、新闻、出版、广播、电视是党进行思想政治工作的重要武器，在宣传马克思列宁主义、毛泽东思想、邓小平理论、"三个代表"重要思想、科学发展观、习近平新时代中国特色社会主义思想，宣传党的路线、方针、政策和决议，加强党和群众联系等方面起着十分重要的作用。因此，党章规定："党的各级组织的报刊和其他宣传工具，必须宣传党的路线、方针、政策和决议。"也就是说，要坚持党性原则，坚持团结稳定鼓劲，以正面宣传为主，按照统一的步调与要求，准确地不走样地把党的正确主张贯彻到党员和群众中去，使全党和全国人民保持思想上、政治上的统一。

（八）人事纪律

党的人事纪律是指当组织和党员领导干部在选拔、任用和调配干部时必须遵守的原则和组织人事工作的有关规定、制度和程序。主要包括：选拔任用干部必须坚持德才兼备、任人唯贤的原则；按照群众民主推荐，组织人事部门考察，党委集体讨论决定等程序办事；坚持走群众路线，广泛听取群众意见；决定提拔干部前，必须按照拟任职务所要求的德才条件，对德、能、勤、绩、廉进行历史地、全面地严格考察；提拔干部应从经过实践锻炼，取得领导经验，并有显著成绩的干部中择优任用，等等。

（九）保密纪律

党的保密纪律是党的各级组织和全体党员在严守党和国家机密方面应遵守的规范。党的各级组织和全体党员，必须严格遵守党和国家的机密。能否做到这一点，是关系到党和国家根本利益的大事。中华人民共和国成立以后，党和国家先后颁布了一系列保密工作条例，制定了一些切实可行的规章制度，使保密工作有章可循。党的十二大通过的党章，把"严守党的纪律，保守党的秘密"作为党员的八项义务之一，并写进了入党誓词。

（十）外事纪律

党的外事纪律是指党和国家在外事活动中的一系列原则和具体规定，这是所有涉外人员必须严格遵守的行为准则。

三、党的纪律的主要特征

工人阶级政党的纪律与其他政党的纪律相比较，具有显著的特点。

（一）党的纪律是自觉的纪律，具有自觉性

我们党的纪律是建立在党员高度自觉基础之上的，是依靠党员的自觉行动来执行和维护的。这是我们无产阶级政党的纪律最突出、最重要的特性。共产党员之所以能自觉遵守纪律，是因为：一是全党有共同的思想基础。党的纪律是建立在马克思列宁主义、毛泽东思想、邓小平理论、"三个代表"重要思想、科学发展观、习近平新时代中国特色社会主义思想基础上的纪律。二是全党有共同的政策基础。党的最终目标和路线政策集中地反映广大人民的利益，党的纪律既顺乎民意，也符合党员的个人利益。三是全党有共同的组织基础。党的纪律是建立在民主集中基础上的纪律。任何一项纪律，都是在党员或党员代表充分讨论的基础上制定的，它集中了广大党员的意志，是多数人共同愿望的体现。四是广大党员有较高的政治素质。共产党员从入党时起，就具有对革命事业的忠诚和自我牺牲精神，具有把党和人民利益看得高于一切的品德，这也是他们能自觉执行纪律的基础。

（二）党的纪律是铁的纪律，具有强制性和约束力

共产党之所以有力量，就在于它有着严密的组织和铁的纪律。列宁指出："如果我们党没有严格的真正的铁的纪律，那么布尔什维克别说把政权保持两年半，就是两个半月也保持不住"。铁的纪律是指党的纪律具有强制性和严肃性。强制性即党纪具有权威性。恩格斯在《论权威》一文中指出："这里所说的权威，是指把别人意志强加于我们；另一方面，权威又是以服从为前提的。"恩格斯这里所说的强制性、服从性，就是纪律本身所特有的权威属性。我们党的纪律的这种属性也是明显的。"四个服从"要求个人服从组织、少数服从多数、下级服从上级、全党服从中央，谁要是违反了党的纪律，谁就要受到纪律的制裁，轻者予以批评教育，重者则要受到党纪处分。党制定的纪律，实质上就是为了对党组织和党员实行强制和约束，以保证全党行动的统一和富有战斗力。严肃性则要求党组织和党员必须无条件地、不折不扣地加以遵守，不能以个人认为是否正确作为遵守与否的前提条件。正如陈云所说：严格地遵守党的纪律为所有党员及各级党委之最高责任。党员和党组织在党的生活中，应怎样做、不应怎样做，党的纪律在是非界限的规定上非常明确、非常严密，也非常严格。在改革开放的历史条件下，党的组织和全体党员在

党的各项活动中，必须做到"有纪必依，执纪必严，违纪必究"。

（三）党的纪律是统一的纪律，具有平等性

党的纪律的统一性，包含三个方面的内容。一是制定纪律要统一，即它是针对每一个党组织、每一个党员的。如果党内有宽严不等、因人而异的几种纪律，那就达不到制定纪律的目的。二是指遵守纪律要统一，即党的纪律是全党所有组织和党员都是必须遵守的行为规范，党内不允许有任何不受纪律约束的行为存在。三是指执行纪律要统一。党员在政治上履行党员义务、权利上完全平等，如恩格斯所说的，"其组织本身是完全民主的"。党内不管什么人，不论党龄长短、职务高低、资历深浅、功劳大小，不管哪一级组织，只要违犯了党的纪律，就都要受到追究。党的纪律的统一性的实质在于党纪面前人人平等。"刑不上大夫"的现象不应当也不允许在党内存在。

（四）党的纪律是民主的纪律

党的纪律并不是由上一级党组织简单制定的，按照民主集中制原则，是要经过党员或者党员代表大会充分讨论后制定的，只有在党内充分发扬民主，走群众路线，使每一个党员都能独立地发表自己的意见，真正集中了全党的智慧，才能制定出合乎实际的纪律来。这样，党员就是党的纪律的制定者，党员执行的党的纪律和党的决议就会成为一种自觉的行动，并监督纪律的执行。只有这样，党的纪律才能真正发挥效用。

【知识链接】

任弼时一生有"三怕"

任弼时是一位作风严谨、脚踏实地的实干家，他提出的政策建议都是建立在反复调查研究的基础之上的。翻阅他1947年至党的七届二中全会之间的工作笔记，可以看到大量的调查记录。这些记录着实际情况的资料，是任弼时考虑政策的重要依据，这从一个侧面生动地反映了他深入调查研究的活动轨迹。

任弼时全心全意为人民服务的思想精神风貌，从他一直恪守的人生训条"一怕工作少，二怕麻烦人，三怕多用钱"上即可略见一斑。这"三怕"其实贯穿着一条红线——心里只装着人民，唯独没有他自己，为革命、为人民公而忘私，不怕含辛茹苦，宁愿艰苦朴素、勤俭节约。

在中央苏区，任弼时和战士们一起上山挖野菜，过一样艰苦的生活；在长征途中，任弼时拖着重病而虚弱的身躯，吃力地扶杖前进，有担架也不坐；在转战陕北中，任弼时多次摔倒在地上，他爬起来，不让人搀扶，一直走到目的地。中华人民共和国成立后，任弼时在30年代所用的一条毯子还在用，这是组织上发给他的战利品；他爱人陈琮英用自己的毛围巾为他改织的毛衣，穿了10多年，早破得不能再穿，他照样穿着。党中央从西柏坡迁到北平时，有关部门建议给书记处的同志每人做一套新衣服，以穿着参加入城阅兵式。请示任弼时，他不同意，说："我们是穿着这身衣服打天下的，也能穿着这身衣服进北平。"进城后，他制止了工作人员想将他的旧被子、旧衣服换掉的做法，并诚恳地对工作人员说："你们不要以为现在进城了，应该阔气一些了，这样想就不对了，不能忘记目前我们国家和人民还有困难，什么东西也不准给我领，那些被褥和衣服补一补还可以用嘛。"他特别注意节约用电，时常告诉孩子们和工作人员，"人走灯灭"，并在每个房间电灯开关处写上"人走灯灭"的字样以提醒大家。

公家配发的东西，任弼时总要问是不是按制度发的，如果发现是身边同志特别要求的，就让退回，并耐心地说："凡事不能超出组织规定的制度，丝毫不能搞特殊。目前国家还很穷，困难很多，我们办每件事都要想着国家和人民的利益。"直到逝世时，他依然用的是那些破旧的衣物。

1949年，斯大林送来几辆新小轿车，行政部门分给任弼时一辆，他对身边的公务人员说："不要去领，我那辆旧的还可以坐。"

刚进北京城时，后勤部门为任弼时的住房修窗户花了点钱，他知道后很不安，一晚上都睡不着觉。他认为，在国家大业初创、人民生活非常困难的情况下，一分钱也不应多花。他的住房面临大街，办公室离马路只有二三米远，很不安静。有关部门为照顾他的工作和休息，准备让他搬到另一个住处，他说："那房子住着一个机关，而我是一个人，怎么能为我一个人牵动一个机关呢？当干部的一丝一毫也不能特殊。"后来，组织上准备给他整修另一所房子，他知道后又拒绝了。他说："现在国民经济正处在恢复时期，还是把钱用到工业建设上去吧。"直到逝世，他始终住着原来的房子。

任弼时对自己严格要求，对亲属的要求也很严格。他从未利用手中的权力为子女和亲属谋取半点私利，也不允许他们搞特殊。他经常询问夫人陈琮英菜金有没有超过标准。孩子们的衣服破了，他让陈琮英把大人的破旧衣服改一改给他们穿。孩子们回家，就让他们到大灶去吃饭，处处注意不使他们有特殊感。他对孩子们常说："吃了人民的小米，不能辜负人民对你们的希望，将来一定要为人民做事。"新中国刚诞生时，他的妹妹从湖南到北京看他。临走时，想请他给湖南省委写封信，替她丈夫安排个工作，任弼时认为这样做不符合组织原则，还做妹妹的思想工作，终于说服了妹妹。

思考题

1. 党的优良作风的科学内涵是什么？
2. 为什么说执政党的作风关系党的生死存亡？
3. 在新的历史条件下应怎样加强党风廉政建设？

第七章　当代大学生的信仰选择

第一节　"中国梦"与当代大学生的历史责任

党的十九大报告指出："青年兴则国家兴，青年强则国家强。青年一代有理想、有本领、有担当，国家就有前途，民族就有希望。中国梦是历史的、现实的，也是未来的；是我们这一代的，更是青年一代的。中华民族伟大复兴的中国梦终将在一代代青年的接力奋斗中变为现实。全党要关心和爱护青年，为他们实现人生出彩搭建舞台。广大青年要坚定理想信念，志存高远，脚踏实地，勇做时代的弄潮儿，在实现中国梦的生动实践中放飞青春梦想，在为人民利益的不懈奋斗中书写人生华章！"这是中国共产党第十九次全国代表大会上传达给每个青年最强烈的信号，是党和国家宏伟大业向每位青年发出的深情召唤，也是让党的事业后继有人、让党的队伍始终充满生机与活力的根本。党中央对广大青年的高度倚重，对青年工作的高度重视，是推动祖国未来事业发展、激励一代又一代有志青年接续奋斗的原动力。作为高校的青年大学生来说，只有把自己的热情、激情、活力投身于中国特色社会主义伟大事业之中，才能让青春焕发出绚丽的光彩；唯有义不容辞地承担起历史赋予我们的使命，才能让自己的青春在中华民族伟大复兴的征程中焕发出耀眼的光辉。

一、中国崛起与"中国梦"

2012 年 11 月，中共中央总书记习近平带领十八届中央领导集体参观了"复兴之路"大型展览。在参观结束后，习近平总书记说："刚才我们参观了《复兴之路》展览，这个展览回顾了中华民族的昨天，展示了中华民族的今天，也宣示了中华民族的明天……我们每个人都有理想和追求，我们说的每个人都有梦想，现在大家也在讨论中国梦。何为中国梦？我以为：实现中华民族伟大复兴就是中华民族近代最伟大的中国梦，因为这个梦想，它是凝聚和寄托了几代中国人的这样一种夙愿，它体现了中华民族和中国人民的整体利益，它是每一个中华儿女共同的期盼。历史告诉我们，我们每一个人的个人前途命运，都是和这个国家的前途命运，都是和这个民族的前途命运密切关联。国家好，民族好，大家才会好……我坚信中国共产党一百周年之时，全面建成小康社会的目标一定能够实现。我坚信中华人民共和国成立一百周年之时，把我国建成富强、民主、文明、和谐的社会主义现代化国家的目标一定会实现。我更坚信中华民族伟大复兴的梦想一定会实现。"

中国梦深刻道出中国近代以来历史发展的主题主线，深情描绘了近代以来中华民族是生生不息、不断求索、不懈奋斗的历史。同时，中国梦也是中华民族自强不息的不竭动力，牵引着中国砥砺前行的脚步。中国梦是最大限度为实现中国崛起、国家富强、民族振兴、人民幸福而凝聚人心的伟力，无论面对多少挑战、多大困难，始终以中华民族深厚的文化积淀和历史智慧为底蕴，给人以希望，给人以信心，给人以力量。中国梦让每一个积极进取的中国人，形成世世代代的信念：只要经过努力、不懈的奋斗便能获得更好的生活，亦即人们必须通过自己的勤奋、勇气、创意和决心迈向繁荣，而非依赖于特定的社会阶段和他人的援助。如果没有中国梦，人才会流失，人心会不稳，因为这是引导人积极向上的强大动力。

当代中国所处的发展阶段，决定了全面建成小康社会是中国梦的根本要求。全面建成小康社会是 21 世纪头 20 年的中国梦，这是实现 21 世纪头 50 年中国梦和后百年中国崛起、实现中华民族伟大复兴最重要的一个发展阶段。实现这一宏伟大业，需要我们特别是广大青年大学生们为之开拓创新、努力奋斗。需要我们高举中国特色社会主义伟大旗帜，团结实干、不断进取，继续"圆梦"。这样，实现中国崛起与中国梦的宏伟目标定将指日可待。

二、中国梦赋予当代大学生的历史责任

习近平总书记于 2013 年"五四"前夕来到中国航天科技集团公司中国空间技术研究院同各界优秀青年代表座谈并发表重要讲话，共议中国梦，同诉青春情，引导广大青年以梦想激扬青春。"展望未来，我国青年一代必将大有可为，也必将大有作为。"这是"长江后浪推前浪"的历史规律，也是"一代更比一代强"的青春责任。广大青年要勇敢肩负起时代赋予的重任，志存高远，脚踏实地，努力在实现中华民族伟大复兴的中国梦的生动实践中放飞青春梦想。

《国家中长期教育改革和发展规划纲要（2010—2020 年）》也在战略主题

中要求，教育改革发展的"核心是解决好培养什么人、怎样培养人的重大问题，重点是面向全体学生、促进学生全面发展，着力提高学生服务国家、服务人民的社会责任感，勇于探索的创新精神和善于解决问题的实践能力"。进入21世纪以来，青年大学生面临的选择很多、机遇很多、挑战也很多，竞争更为激烈。但是，只有为祖国前途、民族命运而奋斗，才能成为大有作为的青年，才会在中华民族复兴的历史进程中获得更为广阔的舞台，实现人生的真正价值。

青年人的生活时代不同，其历史责任与使命也相应地有所不同。当代青年，很少像过去那样在战场或艰苦环境当中经受刻苦的锻炼。但当代青年，特别是青年大学生，同样要对自己负责、对他人负责、对社会负责、对国家和民族负责，这是青年成长、成才的基础。习总书记说："中国梦是我们的，更是你们青年一代的。"

中国梦是历史的、现实的，也是未来的。中国梦凝结着无数仁人志士的不懈努力，承载着全体中华儿女的共同向往，昭示着国家富强、民族振兴、人民幸福的美好前景。中国梦是国家的、民族的，也是每一个中国人的。国家好、民族好，大家才会好。只有每个人都为美好梦想而奋斗，才能汇聚起实现中国梦的磅礴力量。中华民族伟大复兴终将在广大青年的接续奋斗中变为现实。

第二节　当代大学生入党的时代意义

高等学校是人才培养的摇篮，是青年人才比较集中的地方，党和国家的发展离不开青年大学生，大学生的成长成才和价值实现离不开党的领导。因此，优秀大学生入党具有十分重要的现实意义和长远的战略意义。

大学生入党是建设中国特色社会主义的迫切需要。把大学生培养成为社会主义事业的可靠接班人，是党的事业的需要，是重要的战略决策。当前，我国正处于社会主义初级阶段，前进的道路上，不可避免地存在着许多艰难困苦。而巩固和发展社会主义制度，还需要几代人、十几代人甚至几十代人坚持不懈的努力奋斗。只有拥有大批坚定共产主义信念的、高素质的、能够经受住各种诱惑和考验的优秀人才，才能坚持党的路线不动摇，才能保证邓小平开创的建设有中国特色的社会主义事业一代接一代地坚持下去。优秀大学生入党有利于加强党员队伍建设、改善党员队伍结构，尤其是年龄结构和文化结构。在 21 世纪，我们党要担负起时代赋予的重任，不仅需要建设一支高素质、能够经受住各种考验的干部队伍，而且需要建设一支高素质的、能够发挥先锋模范作用的党员队伍。改善党员队伍年龄结构的关键在于重视发展青年党员，特别是吸收大学生党员。大学生文化层次高，综合素质好，能力较强，发展优秀大学生入党，可以从根本上改善党员队伍老化和科学文化水平偏低的状况。当代大学生是德、智、体、美全面发展的优秀人才，是政治合格、专业过硬、品德高尚、全面发展的高素质人才。他们不仅具有现代化的科学文化知识，代表中国先进社会生产力的发展要求，而且还辐射和推动着整个社会的文化发展，成为先进文化的传播者，代表中国先进文化的前进方向，最终代表和实践中国最广大人民的根本利益。优秀大学生入党，有利于改善党的力量在社会各行各业特别是在一些新兴组织和新兴行业中的分布，有利于加强党对这些领域的领导。随着改革的深化和经济、社会的发展，一些新兴组织和行业应运而生。在这些新兴组织中，有的没有建立党的组织。有的虽然建立了党组织，但因党员人数少，党组织的作用难以发挥，从而使党的力量和党的领导在这些领域显得非常薄弱。这就要求我们必须适应市场经济发展的需要，发展优秀大学生入党。通过毕业生就业，大学生党员像播种一样撒向社会的各行各业，从而从总体上改善党的力量在各行各业的分布情况。大学生入党，有利于为党的事业选拔、培养和积蓄人才。通过教育和引导，及时把更多的优秀大学生吸收到党内来，从某种意义上说，就是为党的未来事业选拔和培养接班人，积蓄和储备后备力量。

大学生入党是青年学生健康成长的迫切需要。大学生大多数 20 岁左右，在年龄层次上虽然已接近成人，但可塑性仍然很强，人生观、世界观尚处在形成和发展阶段。青年的成长离不开党的培养，没有党的教育引导，大学生就不会成为社会主义建设的合格人才。中国共产党是用马克思主义理论武装起来的党，是革命的大熔炉，是青年知识分子健康成长的大学校。党在 96 年光辉历程中，培养造就了一大批杰出的包括政治家、军事家、科学家、劳动模范等在内的中华民族的优秀儿女，他们为民族的解放和国家建设起到了中流砥柱的作用。老一辈科学家钱学森、李四光、华罗庚都是共产党员，他们为党的培养教育事业作出了卓越贡献。历年全国"五一劳动奖章"获得者，80%以上是共产党员。今天大学生的成长同样离不开党的培养教育。马克思主义的世界观、人生观、价值观是青年知识分子成长的指路明灯，马克思主义的立场、观点、方法是我们分析问题、解决问题的理论依据。加入组织有利于更好地接受党组织的教育。长期以来，我国各级党组织同团组织保持密切联系，把共青团事业作为党的事业的重要组成部分，坚持以党建带团建，在不断为党组织输送新鲜血液的同时，带动和促进了团的建设。历史证明，没有共产党，就没有新中国；有了共产党，中国的面貌就焕然一新，这是中国人民在长期的奋斗历程中得出的最基本、最重要的结论。今天，同样只有坚持中国共产党的领导，才有国家的稳定和发展，才有科学文化的繁荣和知识分子施展才华的用武之地。

第三节　为共产主义而奋斗是当代大学生正确的信仰选择

新时代的大学生，是接受先进知识、先进文化的青年人。当代中国青年作为我国全面建设小康社会的生力军，作为实现中华民族伟大复兴的生力军，肩负着承前启后的历史责任。当代大学生在祖国改革开放的大时代，朝气蓬勃、锐意创新，接受了最高层次的教育，在思想道德、科学文化、创新精神和能力等方面都达到了相应的水准，在社会各个群体中具有鲜明的重要的特殊地位。这样一群人，注定会成为中国社会未来的脊梁！所以当代大学生要实现历史使命和人生追求，更应该有一个正确的选择，这关乎民族的命运和国家的未来。

刚刚踏入大学校园的青年学生，应该静心深入地思考：在大学里，我们还要追求些什么呢？正确回答了这个问题，对提高大学生活质量乃至大学后的人生发展具有至关重要的影响和意义。许多大学生正是在这种观察、比较、思考中，选择了加入中国共产党，把为共产主义而奋斗作为自己新的人生追求。选择入党，既是选择了光荣，更是选择了一份责任，选择了一种崇高的历史使命。它要求选择入党的大学生必须把自己的人生追求同党的宗旨，把实现自身价值与服务祖国人民统一起来，把建设中国特色社会主义和实现共产主义作为自己的人生理想，在为祖国和人民的竭诚奉献中焕发出青春的绚丽光彩。

从党的 96 年光辉历程中我们不难发现，在国家兴衰、民族存亡的紧要关头和革命、建设、发展的关键时刻加入中国共产党，是中国有志青年的一种带有规律性的现象。1921 年中国共产党成立之初，参加一大的 13 名代表几乎都是青年知识分子。在大革命时期又有许多青年知识分子参加了中国共产党。到了抗日战争时期，更有大批青年学生从全国各地奔向革命圣地延安，在抗日前线宣誓成为共产党员。在解放战争时期，同样有大批青年学生不顾国民党反动派的白色恐怖，冲破黎明前的黑暗，加入党组织中，战斗在解放战争的第一线。中华人民共和国成立以后，在抗美援朝和社会主义改造时期，都有大批青年于火线中入党。社会主义建设时期，更有大批青年学生和知识分子积极要求入党。

21世纪的中国共产党正处在党的干部队伍大规模新老交替的重要历史时期。为了使我们党的光荣传统、革命精神和我们党所坚持的基本理论、基本路线、基本纲领代代相传，使我们党所领导的中国特色社会主义的伟大事业持续发展、蓬勃兴旺，我们的党热情地欢迎有志于为这一伟大事业贡献聪明才智和青春年华的当代大学生积极加入党的队伍，为振兴中华贡献力量，为共产主义奋斗终身。当代大学生只有把自己的人生投入到为祖国和人民服务的事业中，投入到为实现共产主义的伟大事业中，才能使自己的人生显得充实、亮丽而有意义。

崇高、美好的信仰会被越来越多的人所接受，伟大、光荣、正确的政党也会被越来越多的人所信赖和支持。选择共产主义信仰，加入中国共产党，成为越来越多的大学生的信仰选择和前进目标。这样的选择和目标是正确的，也是崇高的。加入中国共产党，为共产主义而奋斗，我们在平凡的生活中便会更有庄严与自豪感，我们年轻的生命征程中便有了旗帜和明灯。让我们执着于这样的选择和追求，坚定崇高的理想和信念，树立正确的世界观、人生观、价值观，坚定中国特色社会主义和共产主义信念，努力保持清醒的头脑、高度的历史责任感、强烈的忧患意识和宽广的世界眼光，自觉磨炼意志，增强党性，争取早日加入为共产主义事业而奋斗的大家庭！

【知识链接】

用大爱感动中国的青年党员—— 徐本禹

如果说眼泪是一种财富，那么徐本禹就是一个富有的人，他身上发生的点点滴滴，足以让每个人为之泪流满面。他从繁华的大都市走进闭塞的大山深处，用一个刚刚毕业大学生稚嫩的肩膀，扛住了倾颓的教室，扛住了贫穷和孤独，扛起了本来不属于他的责任。也许一个人的力量还不能让孩子们的眼睛里铺满阳光，但是正是有了这份爱，才有了更多的期待。是徐本禹用大爱点亮了火把，温暖了我们的心灵。

徐本禹虽然家境贫寒，但在党组织和老师的关爱培养下，他自强不息，立志做一名对国家、对社会、对他人有用的人。在大学期间，他用自己勤工俭学的微薄收入和奖学金资助了多名经济困难的同学，还积极为公益事业捐款。2003 年，他考取了硕士研究生，但却放弃了这一难得的深造机会，回到贵州实践自己"阳光下的诺言"。当学校得知此事之后，学校领导决定为他保留两年学籍，以支持他的义务支教。2003 年 7 月，他回到生活和工作条件艰苦的为民小学义务支教，深受学生的爱戴。2004 年，他又转到条件更加艰苦的大方县大水乡大石村继续义务支教。徐本禹的事迹先后被各大媒体报道，他本人陆续获得中央电视台"感动中国·2004 年年度人物"、第十一届"中国青年五四奖章"、中国第 18 届"十大杰出青年"等殊荣。

徐本禹，青年党员的杰出代表。他的事迹充分体现了当代青年大学生理想信念坚定、价值取向正确、积极进取、奋发成才、勇于战胜困难、乐于奉献社会的精神风貌，是当代青年大学生学习的楷模。徐本禹身上显示出当代青年大学生关注社会、关爱民众、无私奉献的高尚情操。徐本禹始终坚持把个人价值和社会需要结合起来，把高尚的道德情操、远大的理想志向同实实在在的奉献活动结合起来，树立正确的人生观、价值观，自觉承担社会责任，追求崇高的人生目标，把自己融入人民群众和现实生活之中，既体现了知识分子的思想、才华和激情，又体现了共产党员的先进性。

思考题

1. 中国梦赋予当代大学生怎样的历史责任？
2. 作为当代大学生应如何做出正确的信仰选择？

第八章　中国共产党的入党条件和程序

第一节　申请入党的基本条件

中国共产党是中国工人阶级的先锋队，同时是中国人民和中华民族的先锋队，是中国特色社会主义事业的领导核心，代表中国先进生产力的发展要求，代表中国先进文化的前进方向，代表中国最广大人民的根本利益。我党的这一性质决定了党是一个组织严密的、统一的工人阶级先锋队组织。为了加强党的建设，保证新发展党员的质量，保持党组织的先进性和纯洁性，发挥党的战斗堡垒作用，促进新时期社会主义建设向着良好的态势发展，任何一个想申请加入这个先进组织的优秀人员都必须严格按照党章的要求，履行相应的程序和手续。《中国共产党章程》第一章第一条明确规定："年满十八岁的中国工人、农民、军人、知识分子和其他社会阶层的先进分子，承认党的纲领和章程，愿意参加党的一个组织并在其中积极工作、执行党的决议和按期交纳党费的，可以申请加入中国共产党。"这既是申请入党的基本条件，也是做一名共产党员的起码要求。这项规定贯穿着无产阶级建党学说的一些重要原则，要求入党的同志要弄清楚这项规定的深刻含义。

概括起来，凡是申请加入党组织的必须具备五个方面的条件：年满十八岁的劳动者；承认党的纲领和章程；愿意参加党的一个组织并在其中积极工作；执行党的决议；按期交纳党费。

一、年满十八岁的劳动者

"年满十八岁的中国工人、农民、军人、知识分子和其他阶层的先进分子"这句话包含三层含义。

（一）强调了入党申请人必须具备的年龄条件

从年龄上看，必须年满十八岁。一般来说，"十八岁"是一个人步入成年的基本标志。因此，申请入党的人的年龄规定，以"年满十八岁"为底线，目的是为了保证党员质量，使党员在其申请入党的时候，就具有与党的性质、要求一致的世界观和政治倾向。

（二）规定了入党申请人的国籍

从国籍上看，规定中的"中国"强调了中国共产党的党员必须具有中国国籍，必须是中国公民，没有中国国籍的人不能申请加入中国共产党。

（三）规定了入党申请人的个人身份

"工人、农民、军人、知识分子和其他社会阶层的先进分子"强调了入党申请人必须具备的个人身份。中国共产党的性质、最高理想和最终奋斗目标以及党员条件，都要求中国共产党党员必须是来自于一般群众又不同于一般群众的人，即中国工人阶级的具有共产主义觉悟的先锋战士。工人阶级仍然是我国社会中最先进的阶级，仍然是中国共产党坚实的阶级基础。中国共产党要巩固自己的阶级基础，保持先进性，就必须全心全意依靠工人阶级，发展工人阶级中的先进分子入党。只有这样，才能巩固党的阶级基础。在我国这样一个农民占全国人口大多数的国家，建立和发展巩固的工农联盟始终是党所领导的革命、建设和改革全过程的重要任务。这就决定了发展党员不能仅仅局限于工人成分，而应该把在工人、农民、军人、知识分子的先进分子中发展党员作为重点，使来自工人、农民、知识分子、军人的党员成为党的队伍最基本的组成部分和骨干力量。为了适应中国特色社会主义建设的需要，还应该把承认党的纲领和章程、自觉为党的路线和纲领而奋斗、经过长期考验、符合党员条件的其他社会阶层的先进分子吸收到党内来。

二、承认党的纲领和章程

"承认党的纲领和章程"是入党申请人必须具备的基本条件之一。党章作出这一规定，是由党的纲领和章程在党的建设中的地位和作用决定的。中国共产党是根据自己的纲领和章程，按照民主集中制原则组织起来的统一整体，是思想上政治上高度一致的、由中国工人阶级中有共产主义觉悟的先锋战士所组成的政治组织。

（一）党的纲领是每一个共产党员必须为之奋斗的目标

党的纲领回答和解决的问题是，为什么要建党、建设什么样的党、党的历史使命是什么等一系列有关党的建设的根本性问题。其中明确规定了中国共产党的性质是"两个先锋队""一个领导核心""三个代表"，即中国工人阶级的先锋队、中国人民和中华民族的先锋队，中国特色社会主义事业的领导核心，代表中国先进生产力的发展要求、代表中国先进文化的前进方向、代表中国最广大人民的根本利益；明确规定了中国共产党的指导思想——马克思列宁主义、毛泽东思想、邓小平理论、"三个代表"重要思想、科学发展观、习近平新时代中国特色社会主义思想；明确规定了党的最高理想和最终奋斗目标——实现共产主义；明确规定了我国目前的基本国情——社会主义初级阶段；明确规定了党在社会主义初级阶段的基本路线——领导和团结全国各族人民，以经济建设为中心，坚持四项基本原则，坚持改革开放，自力更生，艰苦创业，为把我国建设成为富强民主文明和谐美丽的社会主义现代化强国而奋斗；明确规定了党的建设的基本要求：坚持党的基本路线，坚持解放思想、实事求是、与时俱进、求真务实，坚持全心全意为人民服务，坚持民主集中制。因此，党的纲领是党的建设和党的领导的依据，是党团结统一的政治基础，是共产党员必须努力实践的义务。那么，要求入党的积极分子，就必须在入党前拥护党的纲领，为入党后实践党的纲领打下坚实的思想基础。

（二）党的章程是每一个共产党员必须严格遵守的规范，是党的最高行为规范

党内的规定、决定、规章制度，从效力来讲是有一定层次的。有的是根本性的，有的是具体性的；有的是党的最高权力机关制定的，有的是党中央有关职能部门制定的；有的是制定其他规章的依据，有的则要依据其他规章来制定。党的章程在党内法规体系当中是处于最高层次的、根本性的、统领党内其他法规的最高行为规范，是开展党的生活、建设党员队伍、健全组织结构、完善组织制度、严格组织纪律、处理组织矛盾等方面的基本准则，是保证党成为统一整体，在思想上、政治上和行动上保持高度一致的最重要的基础。党的章程回答和解决的是怎样建党（包括党员的发展、党的组织制度、党的组织体系、党的干部、党的纪律等）的一系列程序和方法问题。《中国共产党章程》既规定了党的性质、党的指导思想、党在社会主义初级阶段的基本路线、党的最终目标以及党的自身建设的基本要求等有关党的建设的根本性问题，也规定了党员必须具备的条件、发展党员的程序，党的组织制度，党的中央组织、地方组织和基层组织的组成、任期、职权和责任，党的干部的地位、作用、条件，党的纪律及党纪处分的种类和程序，党的纪律检查机关的领导体制、任期、任务，党组织的设置范围和作用，党和共产主义青年团之间的关系，以及党徽党旗等。对于党的建设来说，党章既具有很强的指

导性，又具有很强的操作性，因而是统一全党思想和行动的最高准则，是每一个共产党员和党组织都必须认真遵守的党内最高法规。

三、愿意参加党的一个组织并在其中积极工作

作为入党的基本条件之一，"愿意参加党的一个组织并在其中积极工作"是由党的高度组织性和党员的先锋模范作用决定的。在"愿意参加党的一个组织并在其中积极工作"这一规定中，"愿意"强调了申请入党的人参加党的一个组织、在党的组织中积极工作，是申请入党的人内在的思想觉悟的一种高度自觉，而不是党的组织或其他外力的强迫。中国共产党党员是中国工人阶级的有共产主义觉悟的先锋战士。党员的先进性、与群众的根本区别就在于党员具有高度的共产主义觉悟。正是这种高度的共产主义觉悟，使党员能够自觉地履行党员义务，正确地行使党员权利。因此，党员参加党的一个组织并在其中积极工作，是出于党员内心的自愿，是党员政治生命中的需要。申请入党的人只有在向党组织提出入党申请，愿意参加党的一个组织并在其中积极工作时，才能在入党后把参加党的组织生活、积极为党工作作为一种责任，从而为自己入党、为自己成为合格党员奠定基础。"参加党的一个组织"强调了申请入党的人必须有在入党前接受党组织的培养、教育和考察的思想准备，在入党后参加党的组织生活、接受党的组织监督、遵守党的组织纪律、执行党的组织决议、完成党的组织任务、保守党的组织秘密的坚定决心。党章规定，中国共产党的党员，不论职位高低，都应当编入党的一个支部、小组或其他特定组织，参加党的组织生活，接受党内外群众的监督，以此来保证每一个党员通过党的基层组织、接受党的各级地方组织并最终接受党的中央组织的领导，实现全党在思想上、政治上的高度统一和行动上协调一致。反之，如果党员不编入党的一个组织，党的生活就失去了阵地；如果党员不参加党的组织生活，党员就失去了接受党组织的教育、管理和监督的形式。那么，党员就会自行其是，党组织就会变成一盘散沙。所以，申请入党的人愿意参加党的一个组织，就成了其入党后必须参加党的一个组织的条件，是入党后思想上和党组织高度保持一致的重要保障。

四、执行党的决议

"执行党的决议"是申请加入中国共产党必须具备的基本条件之一。党章作出这一规定，是由党的决议对实现党的纲领、路线的意义和党的严格的纪

律性决定的。申请入党的人必须在入党前发自内心地有执行党的决议的心理基础，愿意执行党的决议，才能使自己在入党以后，能够做到自觉地执行党的决议，与党在政治上、思想上和行动上保持高度一致，为党的事业奋斗终身。党的决议，是党为完成党的总目标、总任务，在某一时期，对某一项工作或某一件事情，经过党员大会或党员代表大会或党的委员会集体讨论决定，全体党员必须贯彻执行的事项。从党作出决议的目的、内容、过程以及党的决议的效力来看，党员执行党的决议，是实现党的纲领、路线，完成党的任务的具体体现，是实现党的团结统一的基本保证，是维护党和人民利益的根本要求，是共产党员的基本义务。党员能不能模范地执行党的决议，直接关系到党的生命，直接关系到党员质量，直接关系到党与人民群众的关系，直接关系到党的事业。任何共产党员不论职务高低，不论资历深浅、贡献大小，都必须严格执行党的决议，否则就要受到党的纪律的处罚。入党积极分子一定要从这样的高度，深刻认识执行党的决议的重要性，提高对执行党的决议的认识程度和思想觉悟，增强执行党的决议的自觉性。只有这样，才能使自己在入党后，忠实地执行党的决议，成为一名合格的共产党员。

五、按期交纳党费

党章明确规定：申请入党的人必须愿意"按期交纳党费"。这是申请入党的人必须具备的又一个基本条件。党章作出这一规定，是由党费对党的作用和党员交纳党费的意义决定的。党费，是共产党员按照党的章程定期向党组织交纳的、用于党的活动的经费。党员按照规定的标准，向党组织按期交纳党费，是党对党员的基本要求，是党员对党组织应尽的义务，是党员关心党的事业、在物质上帮助党的具体表现。

以上五个入党的基本标准是一个完整的统一体，其中的每一条都是申请入党的人所必须具备的。因此，入党积极分子必须用上述条件严格地、全面地规范自己的行为，尽力为早日入党创造成熟的条件。

第二节　发展党员的程序

发展党员工作是党的建设的重要组成部分，是贯彻落实党的路线、方针、政策的组织保证，是党的建设中一项经常性的重要工作。各个基层党组织必须严格按照党章规定做好党员发展工作。

发展党员工作的指导思想是：坚持以邓小平理论、"三个代表"重要思想、科学发展观、习近平新时代中国特色社会主义思想为指导，牢牢把握加强党的执政能力建设、先进性和纯洁性建设这条主线，坚持解放思想、改革创新，坚持党要管党、从严治党，按照控制总量、优化结构、提高质量、发挥作用的总要求，明确目标、突出重点，健全机制、务求实效，不断提高发展党员和党员管理工作科学化水平，着力把各方面的先进分子和优秀人才更多地吸收到党内，努力建设一支信念坚定、素质优良、规模适度、结构合理、纪律严明、作用突出的党员队伍，夯实党执政的组织基础，为全面建成小康社会、夺取中国特色社会主义新胜利提供坚强组织保证。

发展党员的程序总括起来分为四个阶段：初步培养、教育、考察阶段，重点培养、教育、考察阶段，履行入党手续阶段，对预备党员进行教育、考察和转正阶段。

一、初步培养、教育、考察阶段

（一）递交入党申请书

《中国共产党发展党员工作细则》规定，入党申请人应当向工作、学习所在单位党组织提出入党申请，没有工作、学习单位或工作、学习单位未建立党组织的，应当向居住地党组织提出入党申请。流动人员还可以向单位所在地党组织或单位主管部门党组织提出入党申请，也可以向流动党员党组织提出入党申请。因此，申请人要明确申请入党的资格，郑重庄严地向党组织递交一份规范的入党申请书。

（二）与申请人谈话

党组织对每一位递交了入党申请书的同志都应该持欢迎态度。《中国共产党发展党员工作细则》规定，党组织收到入党申请书后，应当在一个月内派人同入党申请人谈话。谈话人要了解入党申请人的入党动机；了解入党申请人的思想、工作、学习情况，鼓励肯定其成绩，指出其不足和努力方向；了解入党申请人的经历和家庭情况。

（三）初步培养和考察申请人

党组织对申请人进行初步培养、考察，帮助申请人端正入党动机，自觉接受和争取党组织的培养，以实际行动争取入党。

二、重点培养、教育、考察阶段

（一）确定重点培养对象

党组织在对入党申请人进行初步培养和考察后，将入党动机纯正、表现优秀的申请人确定为重点培养对象，即入党积极分子。

（二）确定培养联系人

培养联系人必须由党性强、熟悉党的基本知识的正式党员担任。培养联系人要明确自己的职责。党组织要充分发挥培养联系人的作用。

（三）建立入党积极分子档案

申请人被确定为重点培养对象后，党支部要及时建立入党积极分子档案。入党积极分子的档案要收集保存入党申请书、思想汇报、入党积极分子培养考察登记表、调查证明材料、政审材料，以及培训卡、预审表等有关材料。

（四）对入党积极分子进行培养教育和考察

党支部、党小组和培养人要认真负责地加强对入党积极分子进行培养、教育和考察。培养人要定期谈话，并向党支部汇报培养情况；党支部要组织他们听党课和参加一些党的其他活动；定期填写入党积极分子培养、考察登记表；入党积极分子定期向党组织汇报思想。

（五）讨论推荐计划发展对象

培养联系人向党组织汇报培养情况并提出意见，党组织开会讨论并提出计划发展的意见。

（六）确定计划发展对象

党支部在广泛征求党内外群众意见后，专门召开支部委会，确定年度计划发展对象，及时报告上级党组织。

（七）政　　审

党支部要明确政审的内容和方法，认真进行政审，并写出政审综合材料。

（八）对计划发展对象进行培训

列入计划发展对象的入党积极分子在入党前通过党课集中学习的形式进行系统培训，凡是没有经过培训的，除个别特殊情况外，不能发展入党。培训的主要内容是党的基本知识和党的基本路线；通过培训，要使他们对党的性质、纲领、任务、宗旨、纪律和党员标准，党在新时期的基本理论和基本路线，有更加明确的认识和深刻的理解，进一步端正入党动机，牢固树立为共产主义事业奋斗的崇高理想和坚定信念。

（九）确定发展对象

党小组根据计划发展对象的成熟情况，向党支部推荐发展对象。党支部通过征求党内群众的意见，专门召开支部委员会确定发展对象。会后将发展对象的情况连同本人档案及时上报上级党组织初步审核，审核后上报党委组织部。

（十）审定发展对象

党委组织部通过预审，形成书面材料，提交党委会审定。党委审定后，由组织部及时通告党支部履行入党手续。

三、履行入党手续阶段

（一）确定入党介绍人

经上级党委预审原则同意后，要确定两名正式党员作发展对象的入党介绍人。介绍人可以由党支部指出，也可由申请人约请。介绍人一般由培养联系人担任。介绍人要向党组织和本人负责。

（二）填写《入党志愿书》

党支部发给申请人《入党志愿书》，并指明填写的要求。申请人填写《入党志愿书》时，要在入党介绍人的具体指导下，实事求是地逐项填写。介绍人要实事求是地对申请人的成长进步情况进行全面的综合分析，指出优、缺点，认真填入表中，并负责地填写自己的意见。

（三）研究讨论接收申请人入党

（1）党支部委员会审查《入党志愿书》；各党小组讨论发展意见；支委会

讨论提出发展意见，并确定召开支部大会时间。

（2）支部大会上主持人宣布议程，报告出席会议党员人数和会议是否有效；发展对象宣读《入党志愿书》；介绍人介绍情况，发表意见；党小组介绍情况，发表意见；支部委会发表意见；与会党员讨论，发表意见；支委会综合讨论意见；党员表决，作出决议；被发展对象表态；填写支部大会决议。

（四）上报审批

党支部将《入党志愿书》（党总支加注意见）连同发展对象的全部档案材料一并报上级党委组织部，提交党委审批。

（五）指派专人谈话并审查

（1）党委委员或组织员对《入党志愿书》和有关材料进行审查。

（2）广泛听取党内外群众的意见。

（3）党委指定一名党委委员直接同申请人进行谈话，作进一步的考察。

（六）审批预备党员

在听取汇报的基础上，党委集体讨论审批；要对发展对象逐个进行审议和表决，并作出审批决定。将意见填入《入党志愿书》，填发《接收预备党员通知书》，登记造册。

（七）宣布批复编入组织

党支部召开支部大会，宣布党委的批复，支部书记向党员介绍支部情况，提出要求，编入党小组。填写卡片，登记造册。做好二十八周岁以前保留团籍的青年的工作。

（八）组织新党员宣誓

组织预备党员面对党旗举手宣誓，会场要庄严，主席台悬挂党旗和会标。

（1）党组织负责人致主持词，宣布宣誓人的姓名及入党时间。

（2）宣誓人列队肃立，随领誓人跟读，最后报出自己的姓名。

（3）上级党组织代表讲话。

（4）党员代表发言。

（5）党组织负责人总结发言。

四、对预备党员进行教育、考察和转正阶段

（一）对预备党员进行教育和考察

（1）进行党的基本知识教育。

（2）进行党的路线、方针、政策教育。

（3）进行共产主义理想教育。

（4）分配一定的工作任务，在实践中锻炼。

（5）有针对性地进行教育。

（6）预备党员执行党的决议，参加党的组织生活，履行党员义务，行使党员权利的情况。

（7）听取党内外群众意见。

（8）预备党员每月汇报一次思想。

（9）每季度对预备党员进行一次考察，并由考察人写出考察意见。

（二）预备党员转正阶段

（1）提出转正申请：预备期届满后，预备党员主动向党组织提出转正申请。着重写清在预备期的表现以及今后努力的方向。

（2）讨论审查并提出意见：党支部或党小组组织党员对其在预备期的表现认真进行讨论，并提出能否按期转正的意见。党支部根据本人的申请和考察情况，提出能否转正的意见，提交支部大会进行讨论。支部大会有七个议题：第一，主持人宣布议程，报告出席会议党员人数；第二，预备党员提出转正申请；第三，党小组介绍情况，发表意见；第四，支部委员报告情况，发表意见；第五，与会党员讨论；第六，党员表决，作出决议；第七，上报审批。

（3）审查审批：进一步审查预备党员对党是否忠诚，材料是否齐全，入党手续是否完备，入党程序是否符合党章规定；进一步征求党内外群众的意见；党委要严格审查预备党员的全部材料，听取组织员和党内外群众的意见，召开会议集体讨论审批。

（4）预备党员转正批复：党委讨论预备党员转正后，党委书记要认真填写批复意见，并注明党龄起始时间或延长预备期的起止时间。

（5）与新党员谈话：党支部接到上级党委的审批结果后，党支部书记要与本人谈话，教育其充分发挥共产党员的先锋模范作用。

（6）入党材料归档：预备党员转正后，应将其《入党志愿书》、入党和转

正申请书、政审材料、教育考察的有关材料归入党员档案；是干部的按干部管理权限归入人事档案。党员档案由相关组织部门保管。

第三节 以实际行动争取早日成为一名合格的共产党员

除必须严格遵守程序、认真履行入党手续外，还需要着重在入党动机、理论学习和实践锻炼三个方面不断完善和改进自己。端正入党动机是争取入党的首要问题，是指导每名有意愿加入中国共产党的申请人正确行为的内在驱动力，也是保持纯洁党性的基础；加强党建基本理论的学习，全面理解党在不同时期的路线、方针、政策，是成为一名合格共产党员必需的内在素养。实践锻炼是个人党性的具体体现和入党考察的重要因素，只有在日常生活学习中严格以党员标准约束自己，认真接受党组织的培养、考察和教育，才能尽快地成长起来，成为一名合格的共产党员。

一、树立正确的入党动机

正确的入党动机可以产生正确的入党行为，不正确的入党动机则会驱使人们采用不正确的思想和行为去实现自己的愿望。因此，端正入党动机是要求争取入党的积极分子必须解决的首要问题。

（一）正确的入党动机

入党动机是指一个人要求入党的内在原因和真实目的。正确的入党动机是指要有为共产主义和中国特色社会主义事业奋斗终身的坚定信念，要有全心全意为人民服务的思想，要有在生产、工作、学习和社会生活中起先锋模范作用的觉悟。入党意味着要比群众多挑重担，多作贡献，只讲奉献、不求索取；意味着比群众多做牺牲，全心全意为人民服务；意味着不断学习，努力工作，在任何地方都要起到模范先锋作用，为共产主义事业保驾护航。这种入党动机与党的性质、宗旨、奋斗目标和党员条件是一致的。因此，它是唯一正确的入党动机。只有端正了入党动机，才符合党章规定的党员条件，入党以后才能发挥一个共产党员应有的作用，从而保证党的先进性和纯洁性，增强党的战斗力。反之，如果让那些动机不纯的人特别是企图利用党员称号来捞取好处的人进入党内，就难以保证党的先进性和纯洁性，甚至会给党带来严重的损失。因此，党组织把端正入党动机作为对申请入党的同志的最基本的要求，把考察要求入党同志的入党动机和帮助他们端正入党动机，作为保证新党员质量的一个重要环节和措施。发展新党员，只能把那些入党动机端正、在改革开放和现代化建设中表现出色、确实具备党员条件的人吸收进来。那些动机不纯的人，绝不能吸收入党。

（二）树立正确入党动机的要求

第一，要树立共产主义理想，坚定为建设中国特色社会主义和实现共产主义而奋斗终身的信念，是党对每一个党员的要求。当前，我们党领导全国人民全面建成小康社会、构建和谐社会、落实科学发展观等，这是稳步迈向共产主义的必经阶段。每一个要求入党的同志都要认识到共产主义理想的神圣性和可实现性，坚定信念，努力做好本职工作，为完成党在现阶段的基本任务而努力，这样才是真正树立了正确的入党动机。

第二，要树立全心全意为人民服务的思想。全心全意为人民服务是中国共产党的根本宗旨。"中国共产党是中国各族人民利益的忠实代表。"只有全心全意为人民服务，才能做好"忠实代表"。每个要求入党的同志都要按照党的要求去做，把努力实践这个根本宗旨作为自己的入党动机。

第三，要全面理解党章规定的党员标准，在工作、学习和生活各个方面起先锋模范作用。党章对党员标准作了明确、全面的规定，要求入党的同志应该认真学习，并用这些标准来严格要求自己，规范自己的行为，使自己在工作、学习和社会生活各个方面起到模范带头作用。每一名要求入党的积极分子在思想上要有先锋战士的责任意识。在学习和工作中，无论是在执行党的路线、方针、政策方面，还是在遵守党纪、国法和各项规章制度方面，或在正确处理国家、集体和个人利益之间的关系方面，在维护社会公德和树立社会新风尚方面，在保卫祖国和维护人民利益等方面，都要时刻注意走在群众的前头。每一名要求入党的积极分子在生产和工作中，应以高尚的职业道德和高度的事业心、责任感，勤勤恳恳、扎扎实实地做好本职工作。当今世界已步入知识经济时代，要求党员仅仅做到吃苦在前、享受在后是不够的，每名党员和要求入党的积极分子应该向技能型、思维型发展，勇于创新，具有开拓精神，这是工人阶级先进分子所固有的特性和品格。每一名要求入党的积极分子在社会生活中带头遵守国家法律、法规，带头维护社会秩序，勇于同破坏和阻碍社会主义现代化建设的各种犯罪分子及坏人坏事作斗争。

总之，不论组织上是否入了党，都应当做到首先在思想上真正入党，而且要长期检查自己的入党动机是否正确，克服那些不正确的思想，始终保持一名共产党员的光荣本色。

二、加强理论学习，自觉接受党组织的培养和考察

入党申请人从向党组织递交入党申请书到被党组织发展为共产党员，这是一个入党的过程。在这个过程中，党组织要对其进行严格的培养教育和考察，让申请人对党的基本理论、基本路线、基本纲领、基本经验和基本知识等问题有一个正确的认识，才能促进其具备正确的入党动机，真正从思想上入党。因此，申请入党的同志要加强理论学习，自觉接受党组织的培养和考察，着重要加强三个方面的学习。

（一）加强学习和了解党的历史、党的基本知识

这是加深对党进一步认识的前提。中国共产党成立 96 年来，做了四件大事：第一件大事：前 28 年，即在新民主主义革命时期，我们党领导人民推翻了"三座大山"（帝国主义、封建主义和官僚资本主义的反动统治），实现了民族独立和人民解放，建立了人民当家作主的新中国。第二件大事：在社会主义革命和建设时期，我们确立了社会主义基本制度，改变了"一穷二白"的面貌，建立比较完整的工业体系和国民经济体系。第三件大事：在改革开放和社会主义现代化建设初期，我们党领导人民开创了中国特色社会主义道路，初步建立了社会主义市场经济体制，提高了我国的综合国力和人民生活水平。第四件大事：在社会主义现代化高速发展时期，我们党领导人民全面建成小康社会，不断完善社会主义市场经济体制，基本实现社会主义现代化发展，目前正在向着全面建成小康社会的目标奋进。这四件大事，从根本上改变了中国人民的前途命运，决定了中国未来的发展方向，在世界上产生了深刻而广泛的影响。

（二）认真学习《中国共产党章程》和党的相关法规

在思想上接受《中国共产党章程》和相关法规的基本精神。《中国共产党章程》是党的最根本的法规，包括党的性质、党的纲领、党的指导思想、党的宗旨以及党对党员的基本要求等。《中国共产党廉洁自律准则》和《中国共产党纪律处分条例》（以下简称《准则》和《条例》）两项法规的颁布实施是在党长期执政和依法治国条件下，落实全面从严治党战略部署，实现依规依纪治党，切实加强党内监督的重大举措。两项法规一正一反、相互配套，《准

则》坚持正面倡导，重在立德，是党员和党员领导干部能够看得见、够得着的高标准；《条例》围绕党纪戒尺要求，开列"负面清单"，重在立规，划出了党组织和党员不可触碰的"底线"。学习党章，承认党章，遵守党章，是党员的基本条件之一；而《条例》和《准则》能规范党员的行为。所以，要树立正确的入党动机，想要在思想上真正入党，就必须认真学好党章和相关的法规。

（三）努力学习党的理论知识，不断提高思想认识水平和思想政治觉悟

马列主义、毛泽东思想、邓小平理论、"三个代表"重要思想、科学发展观、习近平新时代中国特色社会主义思想是指导我们党革命和建设事业不断取得胜利的强大理论武器。每个要求入党的同志只有认真学习马克思主义理论，才能对共产主义和共产党有更加明确和深刻的认识；只有认真学习毛泽东思想、邓小平理论和"三个代表"重要思想，才能对我们党的理想、宗旨、纲领有更加深入的理解；只有认真学习科学发展观、习近平新时代中国特色社会主义思想，才能对我们党的未来发展方向有明确的认识，才能为全面建成小康社会、开启全面建设社会主义现代化国家新征程贡献自己最大的力量。近几年来，许多申请入党的积极分子加强了以党章为主要内容的学习，包括党的理想、宗旨的学习，党的纲领和社会主义初级阶段基本路线的学习，党员义务和权利的学习；加强了学习马列主义、毛泽东思想、邓小平理论、"三个代表"和科学发展观等理论的学习。党的十九大之后，全党兴起了学习党的十九大精神和习近平新时代中国特色社会义思想的新高潮。

总之，入党申请人必须牢固树立终身学习的理念，不断提高学习能力，不断提高知识素养，充分发挥先锋模范作用，使自己成为一名学习型入党积极分子，自觉接受党组织的培养教育和考察。

三、重视实践锻炼，以实际行动争取入党

争取入党的同志要实现自己入党的愿望，在端正了入党动机、学习了党的理论之后还必须见诸行动，在实践中不断用切身体验来深化对党的认识，以实际行动争取早日加入中国共产党。每个要求入党的同志都要从自己的特点出发。由于要求入党的同志所从事的职业不同，工作的岗位不同，因此，以实际行动争取入党，就必须紧密结合本职工作的特点，扎扎实实地做出优

异的成绩。例如，在公交、财贸企业工作的积极分子，要以工人阶级主人翁的精神，积极参与和支持企业的各项改革，认真做好周围群众的思想工作，正确处理国家、集体、个人三者之间的利益关系，出色地完成本岗位的工作任务；在农村中的积极分子，要带头勤劳致富，带领群众走共同富裕的道路，热心学习科学文化知识，掌握致富本领，破除迷信，移风易俗，建设富裕民主文明和谐的社会主义新农村；在科研、文教、卫生等事业单位工作的积极分子，要成为积极钻研业务、技术的带头人，把自己的聪明才智无私地奉献给社会主义现代化建设事业；在党政机关工作的积极分子，要忠于职守，廉洁奉公，严守法纪，讲效率，办实事，关心群众疾苦，全心全意为人民服务，等等。总之，各行各业、各个岗位的积极分子都应该立足本职，勤奋学习，积极工作，真心诚意地实践自己要求入党的志愿。

作为当代大学生中的入党积极分子，应该以学业为本，学好本领，以便将来为社会、为人民作贡献。如果学习成绩不及格，你的思想觉悟再高，但不具备为人民服务的本领，也无法真正地去为人民服务。所以在大学里，同学们一方面要学习和掌握专业技术知识，成为"四有"的劳动者和接班人，把自己的聪明才智无私地奉献给社会主义现代化建设事业；另一方面要在同学之间建立融洽关系，并在同学中起模范带头作用。中国共产党是工人阶级的先锋队，是各族人民的忠实代表。共产党员要吃苦在前、享受在后，任何时候首先想到的是党的利益，人民的利益、勇往直前，不怕牺牲，这样才能出色地完成党交给我们的任务。所以，只有在同学中起模范带头的作用，才能取得同学们的信任，具备一定的群众基础，最终带领同学们去完成社会主义现代化建设中的各项任务。在实践中，入党积极分子必须要不断磨炼自己，保持持之以恒的入党信念，在思想上和行动上随时和党中央保持一致，以实际行动争取早日入党。

【知识链接】

贺龙入党

贺龙出生于湖南省桑植县一个贫农家庭，由于家境贫寒，仅读了 5 年私塾便辍学务农，靠打柴、割草、放牛，农闲时节与父亲外出缝衣赚钱养家糊口。苦难的童年，使其以愤世嫉俗、仗义疏财、敢于同恶势力相抗争而闻名乡里。

1914 年，年仅 18 岁的贺龙加入了孙中山领导的中华革命党，开始从事反袁护国的革命活动。孙中山领导的资产阶级民主革命屡遭失败，使贺龙逐渐认识到，穷人要翻身解放，必须抓枪杆子。于是，他酝酿了向反动当局夺枪的计划，并三次成功地夺得武器。从此贺龙拉起自己的队伍并不断发展队伍，贺龙也从营长当到军长。但他从孙中山的国民党中没有看到中国的希望。他曾对好友刘达五说："孙中山是个伟人，我一直是对他敬佩的。可是，经过两三年在四川打仗，我有点想法啰，依我看，孙中山很多次出兵作战，都是正义的。照理说，正义应该得胜嘛，毛病就出在他依靠的还是军阀队伍。这帮人有奶便是娘……早晚是靠不住的。"

1919 年爆发的五四运动和 1921 年中国共产党的成立，让贺龙在黑暗中找到了光明。1924 年 1 月，国民党召开第一次全国代表大会，确定"联俄、联共、扶助农工"三大政策，实现了第一次国共合作。在苏联和中国共产党的支持下，孙中山创办了黄埔陆军军官学校。这年夏，贺龙收到秘书长严仁册的亲戚、共产党人周逸群从黄埔军校寄来的许多进步书刊和关于广东时局、黄埔军校、国共合作等情况的信件。贺龙认真地阅读了这些材料，请严仁册为他详细讲解，思想豁然开朗，以前许多想不明白的道理现在突然明白了。他由衷地感叹说："我看哪，只有找到共产党，在共产党的领导下才能救中国！"贺龙委派他的参谋刘达五去广州谒见孙中山，寻找共产党。1924 年底，贺龙通过各种渠道寻找共产党，他先后接触了共产党员夏曦、毛泽东派来的兼有国共两党省委委员身份的陈昌甫，并慷慨资助中国共产党 5 万银元。

1926 年 8 月 30 日，贺龙向国民革命军总政治部派到他的军中开展政治工作的共产党员周逸群公开提出："我要参加共产党，你介绍我加入。"由于当时中国共产党规定在友军内部不准吸收高级军官入党，周逸群对他说："共产党是不关门的，只要够条件，时机一到，一定会有人找你。"

此后，贺龙一次又一次地提出入党申请，但都没有得到批准。其中，阻止贺龙入党的一个重要人物是张国焘。他认为贺龙"出身土匪，他要参加中共跟你干，你要不同意他干的话，他反水，要翻脸就麻烦"了。这时，蒋介石派人游说、拉拢贺龙，许诺让他当国民党中央委员、江西省主席，并赠送一栋地处南京的大洋楼，贺龙断然拒绝。

在大革命失败前夕，面对白色恐怖，有的人动摇了，有的人远离甚至背叛了革命，但贺龙对中国共产党却意志弥坚。贺龙主动拜访共产党人林伯渠，表示坚决跟共产党走到底。

1927 年 7 月 23 日，中共临时政治局常委会决定举行南昌起义。当日，中共临时政治局委员谭平山会见贺龙，向他通报了中央的决定，希望贺龙率领第二十军参加。贺龙说："我贺龙感谢党中央对我的信任，也感谢你把这样重大的机密告诉我。我只有一句话，赞成！我完全听从共产党的指示。"27日，周恩来来到南昌，以他为首的前敌委员会随即成立，并决定由贺龙担任起义军总指挥。这时，有关吸收贺龙加入中国共产党的问题再一次提了出来。周恩来不同意张国焘的看法，他认为贺龙多年来积极追求真理，是经过考验的，是可以信任的。

1927年8月1日，周恩来、贺龙、叶挺、朱德、刘伯承等领导2万余人的革命武装在南昌举行起义。战斗异常激烈。贺龙的指挥部和敌人隔街相望，距离不到200米。他从容不迫，指挥若定。激战4个小时，以全歼敌军3000余人的结果，宣告了南昌起义的胜利。

根据周恩来、周逸群的提议，8月末（一说9月初）的一天，贺龙终于如愿以偿地加入中国共产党。多年后，回顾自己的入党经历，贺龙如是说："有的材料写着我七十次找党，算上历次的要求，我也记不清楚了，没有七十次，恐怕也有几十次吧！"

思考题

1. 申请入党的基本条件是什么？

2. 怎样履行入党手续？

3. 作为一名入党积极分子，如何以实际行动在学习、工作、生活中发挥先锋模范作用，特别是在学风建设中起先锋模范带头作用，争取做一名合格的共产党员？

附　录

附录 1

中国共产党章程

(中国共产党第十九次全国代表大会部分修改，2017 年 10 月 24 日通过)

总　纲

中国共产党是中国工人阶级的先锋队，同时是中国人民和中华民族的先锋队，是中国特色社会主义事业的领导核心，代表中国先进生产力的发展要求，代表中国先进文化的前进方向，代表中国最广大人民的根本利益。党的最高理想和最终目标是实现共产主义。

中国共产党以马克思列宁主义、毛泽东思想、邓小平理论、"三个代表"重要思想、科学发展观、习近平新时代中国特色社会主义思想作为自己的行动指南。

马克思列宁主义揭示了人类社会历史发展的规律，它的基本原理是正确的，具有强大的生命力。中国共产党人追求的共产主义最高理想，只有在社会主义社会充分发展和高度发达的基础上才能实现。社会主义制度的发展和完善是一个长期的历史过程。坚持马克思列宁主义的基本原理，走中国人民自愿选择的适合中国国情的道路，中国的社会主义事业必将取得最终的胜利。

以毛泽东同志为主要代表的中国共产党人，把马克思列宁主义的基本原理同中国革命的具体实践结合起来，创立了毛泽东思想。毛泽东思想是马克思列宁主义在中国的运用和发展，是被实践证明了的关于中国革命和建设的正确的理论原则和经验总结，是中国共产党集体智慧的结晶。在毛泽东思想指引下，中国共产党领导全国各族人民，经过长期的反对帝国主义、封建主义、官僚资本主义的革命斗争，取得了新民主主义革命的胜利，建立了人民民主专政的中华人民共和国；新中国成立以后，顺利地进行了社会主义改造，完成了从新民主主义到社会主义的过渡，确立了社会主义基本制度，发展了社会主义的经济、政治和文化。

十一届三中全会以来，以邓小平同志为主要代表的中国共产党人，总结新中国成立以来正反两方面的经验，解放思想，实事求是，实现全党工作中心向经济建设的转移，实行改革开放，开辟了社会主义事业发展的新时期，逐步形成了建设中国特色社会主义的路线、方针、政策，阐明了在中国建设社会主义、巩固和发展社会主义的基本问题，创立了邓小平理论。邓小平理论是马克思列宁主义的基本原理同当代中国实践和时代特征相结合的产物，是毛泽东思想在新的历史条件下的继承和发展，是马克思主义在中国发展的新阶段，是当代中国的马克思主义，是中国共产党集体智慧的结晶，引导着我国社会主义现代化事业不断前进。

十三届四中全会以来，以江泽民同志为主要代表的中国共产党人，在建设中国特色社会主义的实践中，加深了对什么是社会主义、怎样建设社会主义和建设什么样的党、怎样建设党的认识，积累了治党治国新的宝贵经验，形成了"三个代表"重要思想。"三个代表"重要思想是对马克思列宁主义、毛泽东思想、邓小平理论的继承和发展，反映了当代世界和中国的发展变化对党和国家工作的新要求，是加强和改进党的建设、推进我国社会主义自我完善和发展的强大理论武器，是中国共产党集体智慧的结晶，是党必须长期坚持的指导思想。始终做到"三个代表"，是我们党的立党之本、执政之基、力量之源。

十六大以来，以胡锦涛同志为主要代表的中国共产党人，坚持以邓小平理论和"三个代表"重要思想为指导，根据新的发展要求，深刻认识和回答了新形势下实现什么样的发展、怎样发展等重大问题，形成了以人为本、全面协调可持续发展的科学发展观。科学发展观是同马克思列宁主义、毛泽东思想、邓小平理论、"三个代表"重要思想既一脉相承又与时俱进的科学理论，是马克思主义关于发展的世界观和方法论的集中体现，是马克思主义中国化重大成果，是中国共产党集体智慧的结晶，是发展中国特色社会主义必须长期坚持的指导思想。

十八大以来，以习近平同志为主要代表的中国共产党人，顺应时代发展，从理论和实践结合上系统回答了新时代坚持和发展什么样的中国特色社会主义、怎样坚持和发展中国特色社会主义这个重大时代课题，创立了习近平新时代中国特色社会主义思想。习近平新时代中国特色社会主义思想是对马克思列宁主义、毛泽东思想、邓小平理论、"三个代表"重要思想、科学发展观的继承和发展，是马克思主义中国化最新成果，是党和人民实践经验和集体智慧的结晶，是中国特色社会主义理论体系的重要组成部分，是全党全国人民为实现中华民族伟大复兴而奋斗的行动指南，必须长期坚持并不断发展。在习近平新时代中国特色社会主义思想指导下，中国共产党领导全国各族人民，统揽伟大斗争、伟大工程、伟大事业、伟大梦想，推动中国特色社会主义进入了新时代。

改革开放以来我们取得一切成绩和进步的根本原因，归结起来就是：开辟了中国特色社会主义道路，形成了中国特色社会主义理论体系，确立了中国特色社会主义制度，发展了中国特色社会主义文化。全党同志要倍加珍惜、长期坚持和不断发展党历经艰辛开创的这条道路、这个理论体系、这个制度、这个文化，高举中国特色社会主义伟大旗帜，坚定道路自信、理论自信、制度自信、文化自信，贯彻党的基本理论、基本路线、基本方略，为实现推进现代化建设、完成祖国统一、维护世界和平与促进共同发展这三大历史任务，实现"两个一百年"奋斗目标、实现中华民族伟大复兴的中国梦而奋斗。

我国正处于并将长期处于社会主义初级阶段。这是在原本经济文化落后的中国建设社会主义现代化不可逾越的历史阶段，需要上百年的时间。我国的社会主义建设，必须从我国的国情出发，走中国特色社会主义道路。在现阶段，我国社会的主要矛盾是人民日益增长的美好生活需要和不平衡不充分的发展之间的矛盾。由于国内的因素和国际的影响，阶级斗争还在一定范围内长期存在，在某种条件下还有可能激化，但已经不是主要矛盾。我国社会主义建设的根本任务，是进一步解放生产力，发展生产力，逐步实现社会主义现代化，并且为此而改革生产关系和上层建筑中不适应生产力发展的方面和环节。必须坚持和完善公有制为主体、多种所有制经济共同发展的基本经济制度，坚持和完善按劳分配为主体、多种分配方式并存的分配制度，鼓励一部分地区和一部分人先富起来，逐步消灭贫穷，达到共同富裕，在生产发展和社会财富增长的基础上不断满足人民日益增长的美好生活需要，促进人的全面发展。发展是我们党执政兴国的第一要务。必须坚持以人民为中心的发展思想，坚持创新、协调、绿色、开放、共享的发展理念。各项工作都要把有利于发展社会主义社会的生产力，有利于增强社会主义国家的综合国力，有利于提高人民的生活水平，作为总的出发点和检验标准，尊重劳动、尊重知识、尊重人才、尊重创造，做到发展为了人民、发展依靠人民、发展成果由人民共享。跨入新世纪，我国进入全面建设小康社会、加快推进社会主义现代化的新的发展阶段。必须按照中国特色社会主义事业"五位一体"总体布局和"四个全面"战略布局，统筹推进经济建设、政治建设、文化建设、社会建设、生态文明建设，协调推进全面建成小康社会、全面深化改革、全面依法治国、全面从严治党。在新世纪新时代，经济和社会发展的战略目标是，到建党一百年时，全面建成小康社会；到新中国成立一百年时，全面建成社会主义现代化强国。

中国共产党在社会主义初级阶段的基本路线是：领导和团结全国各族人民，以经济建设为中心，坚持四项基本原则，坚持改革开放，自力更生，艰苦创业，为把我国建设成为富强民主文明和谐美丽的社会主义现代化强国而奋斗。

中国共产党在领导社会主义事业中，必须坚持以经济建设为中心，其他各项工作都服从和服务于这个中心。要实施科教兴国战略、人才强国战略、创新驱动发展战略、乡村振兴战略、区域协调发展战略、可持续发展战略、军民融合发展战略，充分发挥科学技术作为第一生产力的作用，充分发挥创新作为引领发展第一动力的作用，依靠科技进步，提高劳动者素质，促进国民经济更高质量、更有效率、更加公平、更可持续发展。

坚持社会主义道路、坚持人民民主专政、坚持中国共产党的领导、坚持马克思列宁主义毛泽东思想这四项基本原则，是我们的立国之本。在社会主义现代化建设的整个过程中，必须坚持四项基本原则，反对资产阶级自由化。

坚持改革开放，是我们的强国之路。只有改革开放，才能发展中国、发展社会主义、发展马克思主义。要全面深化改革，完善和发展中国特色社会主义制度，推进国家治理体系和治理能力现代化。要从根本上改革束缚生产力发展的经济体制，坚持和完善社会主义市场经济体制；与此相适应，要进行政治体制改革和其他领域的改革。要坚持对外开放的基本国策，吸收和借鉴人类社会创造的一切文明成果。改革开放应当大胆探索，勇于开拓，提高改革决策的科学性，更加注重改革的系统性、整体性、协同性，在实践中开创新路。

中国共产党领导人民发展社会主义市场经济。毫不动摇地巩固和发展公有制经济，毫不动摇地鼓励、支持、引导非公有制经济发展。发挥市场在资源配置中的决定性作用，更好发挥政府作用，建立完善的宏观调控体系。统筹城乡发展、区域发展、经济社会发展、人与自然和谐发展、国内发展和对外开放，调整经济结构，转变经济发展方式，推进供给侧结构性改革。促进新型工业化、信息化、城镇化、农业现代化同步发展，建设社会主义新农村，走中国特色新型工业化道路，建设创新型国家和世界科技强国。

中国共产党领导人民发展社会主义民主政治。坚持党的领导、人民当家作主、依法治国有机统一，走中国特色社会主义政治发展道路，扩大社会主义民主，建设中国特色社会主义法治体系，建设社会主义法治国家，巩固人民民主专政，建设社会主义政治文明。坚持和完善人民代表大会制度、中国共产党领导的多党合作和政治协商制度、民族区域自治制度以及基层群众自治制度。发展更加广泛、更加充分、更加健全的人民民主，推进协商民主广泛、多层、制度化发展，切实保障人民管理国家事务和社会事务、管理经济和文化事业的权利。尊重和保障人权。广开言路，建立健全民主选举、民主决策、民主管理、民主监督的制度和程序。完善中国特色社会主义法律体系，加强法律实施工作，实现国家各项工作法治化。

中国共产党领导人民发展社会主义先进文化。建设社会主义精神文明，实行依法治国和以德治国相结合，提高全民族的思想道德素质和科学文化素质，为改革开放和社会主义现代化建设提供强大的思想保证、精神动力和智力支持，建设社会主义文化强国。加强社会主义核心价值体系建设，坚持马克思主义指导思想，树立中国特色社会主义共同理想，弘扬以爱国主义为核心的民族精神和以改革创新为核心的时代精神，培育和践行社会主义核心价值观，倡导社会主义荣辱观，增强民族自尊、自信和自强精神，抵御资本主义和封建主义腐朽思想的侵蚀，扫除各种社会丑恶现象，努力使我国人民成为有理想、有道德、有文化、有纪律的人民。对党员要进行共产主义远大理想教育。大力发展教育、科学、文化事业，推动中华优秀传统文化创造性转化、创新性发展，继承革命文化，发展社会主义先进文化，提高国家文化软实力。牢牢掌握意识形态工作领导权，不断巩固马克思主义在意识形态领域的指导地位，巩固全党全国人民团结奋斗的共同思想基础。

中国共产党领导人民构建社会主义和谐社会。按照民主法治、公平正义、诚信友爱、充满活力、安定有序、人与自然和谐相处的总要求和共同建设、共同享有的原则，以保障和改善民生为重点，解决好人民最关心、最直接、最现实的利益问题，使发展成果更多更公平惠及全体人民，不断增强人民群众获得感，努力形成全体人民各尽其能、各得其所而又和谐相处的局面。加强和创新社会治理。严格区分和正确处理敌我矛盾和人民内部矛盾这两类不同性质的矛盾。加强社会治安综合治理，依法坚决打击各种危害国家安全和利益、危害社会稳定和经济发展的犯罪活动和犯罪分子，保持社会长期稳定。坚持总体国家安全观，坚决维护国家主权、安全、发展利益。

中国共产党领导人民建设社会主义生态文明。树立尊重自然、顺应自然、保护自然的生态文明理念，增强绿水青山就是金山银山的意识，坚持节约资源和保护环境的基本国策，坚持节约优先、保护优先、自然恢复为主的方针，坚持生产发展、生活富裕、生态良好的文明发展道路。着力建设资源节约型、环境友好型社会，实行最严格的生态环境保护制度，形成节约资源和保护环境的空间格局、产业结构、生产方式、生活方式，为人民创造良好生产生活环境，实现中华民族永续发展。

中国共产党坚持对人民解放军和其他人民武装力量的绝对领导，贯彻习近平强军思想，加强人民解放军的建设，坚持政治建军、改革强军、科技兴军、依法治军，建设一支听党指挥、能打胜仗、作风优良的人民军队，切实保证人民解放军有效履行新时代军队使命任务，充分发挥人民解放军在巩固国防、保卫祖国和参加社会主义现代化建设中的作用。

中国共产党维护和发展平等团结互助和谐的社会主义民族关系，积极培养、选拔少数民族干部，帮助少数民族和民族地区发展经济、文化和社会事业，铸牢中华民族共同体意识，实现各民族共同团结奋斗、共同繁荣发展。全面贯彻党的宗教工作基本方针，团结信教群众为经济社会发展作贡献。

中国共产党同全国各民族工人、农民、知识分子团结在一起，同各民主党派、无党派人士、各民族的爱国力量团结在一起，进一步发展和壮大由全体社会主义劳动者、社会主义事业的建设者、拥护社会主义的爱国者、拥护祖国统一和致力于中华民族伟大复兴的爱国者组成的最广泛的爱国统一战线。不断加强全国人民包括香港特别行政区同胞、澳门特别行政区同胞、台湾同胞和海外侨胞的团结。按照"一个国家、两种制度"的方针，促进香港、澳门长期繁荣稳定，完成祖国统一大业。

中国共产党坚持独立自主的和平外交政策，坚持和平发展道路，坚持互利共赢的开放战略，统筹国内国际两个大局，积极发展对外关系，努力为我国的改革开放和现代化建设争取有利的国际环境。在国际事务中，坚持正确义利观，维护我国的独立和主权，反对霸权主义和强权政治，维护世界和平，促进人类进步，推动构建人类命运共同体，推动建设持久和平、共同繁荣的和谐世界。在互相尊重主权和领土完整、互不侵犯、互不干涉内政、平等互利、和平共处五项原则的基础上，发展我国同世界各国的关系。不断发展我国同周边国家的睦邻友好关系，加强同发展中国家的团结与合作。遵循共商共建共享原则，推进"一带一路"建设。按照独立自主、完全平等、互相尊重、互不干涉内部事务的原则，发展我党同各国共产党和其他政党的关系。

中国共产党要领导全国各族人民实现"两个一百年"奋斗目标、实现中华民族伟大复兴的中国梦，必须紧密围绕党的基本路线，坚持党要管党、全面从严治党，加强党的长期执政能力建设、先进性和纯洁性建设，以改革创新精神全面推进党的建设新的伟大工程，以党的政治建设为统领，全面推进党的政治建设、思想建设、组织建设、作风建设、纪律建设，把制度建设贯穿其中，深入推进反腐败斗争，全面提高党的建设科学化水平。坚持立党为公、执政为民，发扬党的优良传统和作风，不断提高党的领导水平和执政水平，提高拒腐防变和抵御风险的能力，不断增强自我净化、自我完善、自我革新、自我提高能力，不断增强党的阶级基础和扩大党的群众基础，不断提高党的创造力、凝聚力、战斗力，建设学习型、服务型、创新型的马克思主义执政党，使我们党始终走在时代前列，成为领导全国人民沿着中国特色社会主义道路不断前进的坚强核心。党的建设必须坚决实现以下五项基本要求：

第一，坚持党的基本路线。全党要用邓小平理论、"三个代表"重要思想、科学发展观、习近平新时代中国特色社会主义思想和党的基本路线统一思想，统一行动，并且毫不动摇地长期坚持下去。必须把改革开放同四项基本原则统一起来，全面落实党的基本路线，反对一切"左"的和右的错误倾向，要警惕右，但主要是防止"左"。加强各级领导班子建设，培养选拔党和人民需要的好干部，培养和造就千百万社会主义事业接班人，从组织上保证党的基本理论、基本路线、基本方略的贯彻落实。

第二，坚持解放思想，实事求是，与时俱进，求真务实。党的思想路线是一切从实际出发，理论联系实际，实事求是，在实践中检验真理和发展真理。全党必须坚持这条思想路线，积极探索，大胆试验，开拓创新，创造性地开展工作，不断研究新情况，总结新经验，解决新问题，在实践中丰富和发展马克思主义，推进马克思主义中国化。

第三，坚持全心全意为人民服务。党除了工人阶级和最广大人民群众的利益，没有自己特殊的利益。党在任何时候都把群众利益放在第一位，同群众同甘共苦，保持最密切的联系，坚持权为民所用、情为民所系、利为民所谋，不允许任何党员脱离群众，凌驾于群众之上。我们党的最大政治优势是密切联系群众，党执政后的最大危险是脱离群众。党风问题、党同人民群众联系问题是关系党生死存亡的问题。党在自己的工作中实行群众路线，一切为了群众，一切依靠群众，从群众中来，到群众中去，把党的正确主张变为群众的自觉行动。

第四，坚持民主集中制。民主集中制是民主基础上的集中和集中指导下的民主相结合。它既是党的根本组织原则，也是群众路线在党的生活中的运用。必须充分发扬党内民主，尊重党员主体地位，保障党员民主权利，发挥各级党组织和广大党员的积极性创造性。必须实行正确的集中，牢固树立政治意识、大局意识、核心意识、看齐意识，坚定维护以习近平同志为核心的党中央权威和集中统一领导，保证全党的团结统一和行动一致，保证党的决定得到迅速有效的贯彻执行。加强和规范党内政治生活，增强党内政治生活的政治性、时代性、原则性、战斗性，发展积极健康的党内政治文化，营造风清气正的良好政治生态。党在自己的政治生活中正确地开展批评和自我批评，在原则问题上进行思想斗争，坚持真理，修正错误。努力造成又有集中又有民主，又有纪律又有自由，又有统一意志又有个人心情舒畅生动活泼的政治局面。

第五，坚持从严管党治党。全面从严治党永远在路上。新形势下，党面临的执政考验、改革开放考验、市场经济考验、外部环境考验是长期的、复杂的、严峻的，精神懈怠危险、能力不足危险、脱离群众危险、消极腐败危险更加尖锐地摆在全党面前。要把严的标准、严的措施贯穿于管党治党全过程和各方面。坚持依规治党、标本兼治，坚持把纪律挺在前面，加强组织性纪律性，在党的纪律面前人人平等。强化管党治党主体责任和监督责任，加强对党的领导机关和党员领导干部特别是主要领导干部的监督，不断完善党内监督体系。深入推进党风廉政建设和反腐败斗争，以零容忍态度惩治腐败，构建不敢腐、不能腐、不想腐的有效机制。

中国共产党的领导是中国特色社会主义最本质的特征，是中国特色社会主义制度的最大优势。党政军民学，东西南北中，党是领导一切的。党要适应改革开放和社会主义现代化建设的要求，坚持科学执政、民主执政、依法执政，加强和改善党的领导。党必须按照总揽全局、协调各方的原则，在同级各种组织中发挥领导核心作用。党必须集中精力领导经济建设，组织、协调各方面的力量，同心协力，围绕经济建设开展工作，促进经济社会全面发展。党必须实行民主的科学的决策，制定和执行正确的路线、方针、政策，做好党的组织工作和宣传教育工作，发挥全体党员的先锋模范作用。党必须在宪法和法律的范围内活动。党必须保证国家的立法、司法、行政、监察机关，经济、文化组织和人民团体积极主动地、独立负责地、协调一致地工作。党必须加强对工会、共产主义青年团、妇女联合会等群团组织的领导，使它们保持和增强政治性、先进性、群众性，充分发挥作用。党必须适应形势的发展和情况的变化，完善领导体制，改进领导方式，增强执政能力。共产党员必须同党外群众亲密合作，共同为建设中国特色社会主义而奋斗。

第一章　党　员

第一条　年满十八岁的中国工人、农民、军人、知识分子和其他社会阶层的先进分子，承认党的纲领和章程，愿意参加党的一个组织并在其中积极工作、执行党的决议和按期交纳党费的，可以申请加入中国共产党。

第二条　中国共产党党员是中国工人阶级的有共产主义觉悟的先锋战士。

中国共产党党员必须全心全意为人民服务，不惜牺牲个人的一切，为实现共产主义奋斗终身。

中国共产党党员永远是劳动人民的普通一员。除了法律和政策规定范围内的个人利益和工作职权以外，所有共产党员都不得谋求任何私利和特权。

第三条　党员必须履行下列义务：

（一）认真学习马克思列宁主义、毛泽东思想、邓小平理论、"三个代表"重要思想、科学发展观、习近平新时代中国特色社会主义思想，学习党的路线、方针、政策和决议，学习党的基本知识，学习科学、文化、法律和业务知识，努力提高为人民服务的本领。

（二）贯彻执行党的基本路线和各项方针、政策，带头参加改革开放和社会主义现代化建设，带动群众为经济发展和社会进步艰苦奋斗，在生产、工作、学习和社会生活中起先锋模范作用。

（三）坚持党和人民的利益高于一切，个人利益服从党和人民的利益，吃苦在前，享受在后，克己奉公，多作贡献。

（四）自觉遵守党的纪律，首先是党的政治纪律和政治规矩，模范遵守国家的法律法规，严格保守党和国家的秘密，执行党的决定，服从组织分配，积极完成党的任务。

（五）维护党的团结和统一，对党忠诚老实，言行一致，坚决反对一切派别组织和小集团活动，反对阳奉阴违的两面派行为和一切阴谋诡计。

（六）切实开展批评和自我批评，勇于揭露和纠正违反党的原则的言行和工作中的缺点、错误，坚决同消极腐败现象作斗争。

（七）密切联系群众，向群众宣传党的主张，遇事同群众商量，及时向党反映群众的意见和要求，维护群众的正当利益。

（八）发扬社会主义新风尚，带头实践社会主义核心价值观和社会主义荣辱观，提倡共产主义道德，弘扬中华民族传统美德，为了保护国家和人民的利益，在一切困难和危险的时刻挺身而出，英勇斗争，不怕牺牲。

第四条　党员享有下列权利：

（一）参加党的有关会议，阅读党的有关文件，接受党的教育和培训。

（二）在党的会议上和党报党刊上，参加关于党的政策问题的讨论。

（三）对党的工作提出建议和倡议。

（四）在党的会议上有根据地批评党的任何组织和任何党员，向党负责地揭发、检举党的任何组织和任何党员违法乱纪的事实，要求处分违法乱纪的党员，要求罢免或撤换不称职的干部。

（五）行使表决权、选举权，有被选举权。

（六）在党组织讨论决定对党员的党纪处分或作出鉴定时，本人有权参加和进行申辩，其他党员可以为他作证和辩护。

（七）对党的决议和政策如有不同意见，在坚决执行的前提下，可以声明保留，并且可以把自己的意见向党的上级组织直至中央提出。

（八）向党的上级组织直至中央提出请求、申诉和控告，并要求有关组织给以负责的答复。

党的任何一级组织直至中央都无权剥夺党员的上述权利。

第五条 发展党员，必须把政治标准放在首位，经过党的支部，坚持个别吸收的原则。

申请入党的人，要填写入党志愿书，要有两名正式党员作介绍人，要经过支部大会通过和上级党组织批准，并且经过预备期的考察，才能成为正式党员。

介绍人要认真了解申请人的思想、品质、经历和工作表现，向他解释党的纲领和党的章程，说明党员的条件、义务和权利，并向党组织作出负责的报告。

党的支部委员会对申请入党的人，要注意征求党内外有关群众的意见，进行严格的审查，认为合格后再提交支部大会讨论。

上级党组织在批准申请人入党以前，要派人同他谈话，作进一步的了解，并帮助他提高对党的认识。

在特殊情况下，党的中央和省、自治区、直辖市委员会可以直接接收党员。

第六条 预备党员必须面向党旗进行入党宣誓。誓词如下：我志愿加入中国共产党，拥护党的纲领，遵守党的章程，履行党员义务，执行党的决定，严守党的纪律，保守党的秘密，对党忠诚，积极工作，为共产主义奋斗终身，随时准备为党和人民牺牲一切，永不叛党。

第七条 预备党员的预备期为一年。党组织对预备党员应当认真教育和考察。

预备党员的义务同正式党员一样。预备党员的权利，除了没有表决权、选举权和被选举权以外，也同正式党员一样。

预备党员预备期满，党的支部应当及时讨论他能否转为正式党员。认真履行党员义务，具备党员条件的，应当按期转为正式党员；需要继续考察和教育的，可以延长预备期，但不能超过一年；不履行党员义务，不具备党员条件的，应当取消预备党员资格。预备党员转为正式党员，或延长预备期，或取消预备党员资格，都应当经支部大会讨论通过和上级党组织批准。

预备党员的预备期，从支部大会通过他为预备党员之日算起。党员的党龄，从预备期满转为正式党员之日算起。

第八条 每个党员，不论职务高低，都必须编入党的一个支部、小组或其他特定组织，参加党的组织生活，接受党内外群众的监督。党员领导干部还必须参加党委、党组的民主生活会。不允许有任何不参加党的组织生活、不接受党内外群众监督的特殊党员。

第九条 党员有退党的自由。党员要求退党，应当经支部大会讨论后宣布除名，并报上级党组织备案。

党员缺乏革命意志，不履行党员义务，不符合党员条件，党的支部应当对他进行教育，要求他限期改正；经教育仍无转变的，应当劝他退党。劝党员退党，应当经支部大会讨论决定，并报上级党组织批准。如被劝告退党的党员坚持不退，应当提交支部大会讨论，决定把他除名，并报上级党组织批准。

党员如果没有正当理由，连续六个月不参加党的组织生活，或不交纳党费，或不做党所分配的工作，就被认为是自行脱党。支部大会应当决定把这样的党员除名，并报上级党组织批准。

第二章 党的组织制度

第十条 党是根据自己的纲领和章程，按照民主集中制组织起来的统一整体。党的民主集中制的基本原则是：

（一）党员个人服从党的组织，少数服从多数，下级组织服从上级组织，全党各个组织和全体党员服从党的全国代表大会和中央委员会。

（二）党的各级领导机关，除它们派出的代表机关和在非党组织中的党组外，都由选举产生。

（三）党的最高领导机关，是党的全国代表大会和它所产生的中央委员会。党的地方各级领导机关，是党的地方各级代表大会和它们所产生的委员会。党的各级委员会向同级的代表大会负责并报告工作。

（四）党的上级组织要经常听取下级组织和党员群众的意见，及时解决他们提出的问题。党的下级组织既要向上级组织请示和报告工作，又要独立负责地解决自己职责范围内的问题。上下级组织之间要互通情报、互相支持和互相监督。党的各级组织要按规定实行党务公开，使党员对党内事务有更多的了解和参与。

（五）党的各级委员会实行集体领导和个人分工负责相结合的制度。凡属重大问题都要按照集体领导、民主集中、个别酝酿、会议决定的原则，由党的委员会集体讨论，作出决定；委员会成员要根据集体的决定和分工，切实履行自己的职责。

（六）党禁止任何形式的个人崇拜。要保证党的领导人的活动处于党和人民的监督之下，同时维护一切代表党和人民利益的领导人的威信。

　　第十一条　党的各级代表大会的代表和委员会的产生，要体现选举人的意志。选举采用无记名投票的方式。候选人名单要由党组织和选举人充分酝酿讨论。可以直接采用候选人数多于应选人数的差额选举办法进行正式选举。也可以先采用差额选举办法进行预选，产生候选人名单，然后进行正式选举。选举人有了解候选人情况、要求改变候选人、不选任何一个候选人和另选他人的权利。任何组织和个人不得以任何方式强迫选举人选举或不选举某个人。

　　党的地方各级代表大会和基层代表大会的选举，如果发生违反党章的情况，上一级党的委员会在调查核实后，应作出选举无效和采取相应措施的决定，并报再上一级党的委员会审查批准，正式宣布执行。

　　党的各级代表大会代表实行任期制。

　　第十二条　党的中央和地方各级委员会在必要时召集代表会议，讨论和决定需要及时解决的重大问题。代表会议代表的名额和产生办法，由召集代表会议的委员会决定。

　　第十三条　凡是成立党的新组织，或是撤销党的原有组织，必须由上级党组织决定。

　　在党的地方各级代表大会和基层代表大会闭会期间，上级党的组织认为有必要时，可以调动或者指派下级党组织的负责人。

　　党的中央和地方各级委员会可以派出代表机关。

　　第十四条　党的中央和省、自治区、直辖市委员会实行巡视制度，在一届任期内，对所管理的地方、部门、企事业单位党组织实现巡视全覆盖。

　　中央有关部委和国家机关部门党组（党委）根据工作需要，开展巡视工作。

　　党的市（地、州、盟）和县（市、区、旗）委员会建立巡察制度。

　　第十五条　党的各级领导机关，对同下级组织有关的重要问题作出决定时，在通常情况下，要征求下级组织的意见。要保证下级组织能够正常行使他们的职权。凡属应由下级组织处理的问题，如无特殊情况，上级领导机关不要干预。

　　第十六条　有关全国性的重大政策问题，只有党中央有权作出决定，各部门、各地方的党组织可以向中央提出建议，但不得擅自作出决定和对外发表主张。

　　党的下级组织必须坚决执行上级组织的决定。下级组织如果认为上级组织的决定不符合本地区、本部门的实际情况，可以请求改变；如果上级组织坚持原决定，下级组织必须执行，并不得公开发表不同意见，但有权向再上一级组织报告。

　　党的各级组织的报刊和其他宣传工具，必须宣传党的路线、方针、政策和决议。

第十七条 党组织讨论决定问题，必须执行少数服从多数的原则。决定重要问题，要进行表决。对于少数人的不同意见，应当认真考虑。如对重要问题发生争论，双方人数接近，除了在紧急情况下必须按多数意见执行外，应当暂缓作出决定，进一步调查研究，交换意见，下次再表决；在特殊情况下，也可将争论情况向上级组织报告，请求裁决。

党员个人代表党组织发表重要主张，如果超出党组织已有决定的范围，必须提交所在的党组织讨论决定，或向上级党组织请示。任何党员不论职务高低，都不能个人决定重大问题；如遇紧急情况，必须由个人作出决定时，事后要迅速向党组织报告。不允许任何领导人实行个人专断和把个人凌驾于组织之上。

第十八条 党的中央、地方和基层组织，都必须重视党的建设，经常讨论和检查党的宣传工作、教育工作、组织工作、纪律检查工作、群众工作、统一战线工作等，注意研究党内外的思想政治状况。

第三章　党的中央组织

第十九条 党的全国代表大会每五年举行一次，由中央委员会召集。中央委员会认为有必要，或者有三分之一以上的省一级组织提出要求，全国代表大会可以提前举行；如无非常情况，不得延期举行。

全国代表大会代表的名额和选举办法，由中央委员会决定。

第二十条 党的全国代表大会的职权是：

（一）听取和审查中央委员会的报告；

（二）审查中央纪律检查委员会的报告；

（三）讨论并决定党的重大问题；

（四）修改党的章程；

（五）选举中央委员会；

（六）选举中央纪律检查委员会。

第二十一条 党的全国代表会议的职权是：讨论和决定重大问题；调整和增选中央委员会、中央纪律检查委员会的部分成员。调整和增选中央委员及候补中央委员的数额，不得超过党的全国代表大会选出的中央委员及候补中央委员各自总数的五分之一。

第二十二条 党的中央委员会每届任期五年。全国代表大会如提前或延期举行，它的任期相应地改变。中央委员会委员和候补委员必须有五年以上的党龄。中央委员会委员和候补委员的名额，由全国代表大会决定。中央委员会委员出缺，由中央委员会候补委员按照得票多少依次递补。

中央委员会全体会议由中央政治局召集，每年至少举行一次。中央政治局向中央委员会全体会议报告工作，接受监督。

在全国代表大会闭会期间，中央委员会执行全国代表大会的决议，领导党的全部工作，对外代表中国共产党。

第二十三条　党的中央政治局、中央政治局常务委员会和中央委员会总书记，由中央委员会全体会议选举。中央委员会总书记必须从中央政治局常务委员会委员中产生。

中央政治局和它的常务委员会在中央委员会全体会议闭会期间，行使中央委员会的职权。

中央书记处是中央政治局和它的常务委员会的办事机构；成员由中央政治局常务委员会提名，中央委员会全体会议通过。

中央委员会总书记负责召集中央政治局会议和中央政治局常务委员会会议，并主持中央书记处的工作。

党的中央军事委员会组成人员由中央委员会决定，中央军事委员会实行主席负责制。

每届中央委员会产生的中央领导机构和中央领导人，在下届全国代表大会开会期间，继续主持党的经常工作，直到下届中央委员会产生新的中央领导机构和中央领导人为止。

第二十四条　中国人民解放军的党组织，根据中央委员会的指示进行工作。中央军事委员会负责军队中党的工作和政治工作，对军队中党的组织体制和机构作出规定。

第四章　党的地方组织

第二十五条　党的省、自治区、直辖市的代表大会，设区的市和自治州的代表大会，县（旗）、自治县、不设区的市和市辖区的代表大会，每五年举行一次。

党的地方各级代表大会由同级党的委员会召集。在特殊情况下，经上一级委员会批准，可以提前或延期举行。

党的地方各级代表大会代表的名额和选举办法，由同级党的委员会决定，并报上一级党的委员会批准。

第二十六条　党的地方各级代表大会的职权是：

（一）听取和审查同级委员会的报告；

（二）审查同级纪律检查委员会的报告；

（三）讨论本地区范围内的重大问题并作出决议；

（四）选举同级党的委员会，选举同级党的纪律检查委员会。

第二十七条　党的省、自治区、直辖市、设区的市和自治州的委员会，每届任期五年。这些委员会的委员和候补委员必须有五年以上的党龄。

党的县（旗）、自治县、不设区的市和市辖区的委员会，每届任期五年。这些委员会的委员和候补委员必须有三年以上的党龄。

党的地方各级代表大会如提前或延期举行，由它选举的委员会的任期相应地改变。

党的地方各级委员会的委员和候补委员的名额，分别由上一级委员会决定。党的地方各级委员会委员出缺，由候补委员按照得票多少依次递补。

党的地方各级委员会全体会议，每年至少召开两次。

党的地方各级委员会在代表大会闭会期间，执行上级党组织的指示和同级党代表大会的决议，领导本地方的工作，定期向上级党的委员会报告工作。

第二十八条　党的地方各级委员会全体会议，选举常务委员会和书记、副书记，并报上级党的委员会批准。党的地方各级委员会的常务委员会，在委员会全体会议闭会期间，行使委员会职权；在下届代表大会开会期间，继续主持经常工作，直到新的常务委员会产生为止。

党的地方各级委员会的常务委员会定期向委员会全体会议报告工作，接受监督。

第二十九条　党的地区委员会和相当于地区委员会的组织，是党的省、自治区委员会在几个县、自治县、市范围内派出的代表机关。它根据省、自治区委员会的授权，领导本地区的工作。

第五章　党的基层组织

第三十条　企业、农村、机关、学校、科研院所、街道社区、社会组织、人民解放军连队和其他基层单位，凡是有正式党员三人以上的，都应当成立党的基层组织。

党的基层组织，根据工作需要和党员人数，经上级党组织批准，分别设立党的基层委员会、总支部委员会、支部委员会。基层委员会由党员大会或代表大会选举产生，总支部委员会和支部委员会由党员大会选举产生，提出委员候选人要广泛征求党员和群众的意见。

第三十一条　党的基层委员会、总支部委员会、支部委员会每届任期三年至五年。基层委员会、总支部委员会、支部委员会的书记、副书记选举产生后，应报上级党组织批准。

第三十二条 党的基层组织是党在社会基层组织中的战斗堡垒，是党的全部工作和战斗力的基础。它的基本任务是：

（一）宣传和执行党的路线、方针、政策，宣传和执行党中央、上级组织和本组织的决议，充分发挥党员的先锋模范作用，积极创先争优，团结、组织党内外的干部和群众，努力完成本单位所担负的任务。

（二）组织党员认真学习马克思列宁主义、毛泽东思想、邓小平理论、"三个代表"重要思想、科学发展观、习近平新时代中国特色社会主义思想，推进"两学一做"学习教育常态化制度化，学习党的路线、方针、政策和决议，学习党的基本知识，学习科学、文化、法律和业务知识。

（三）对党员进行教育、管理、监督和服务，提高党员素质，坚定理想信念，增强党性，严格党的组织生活，开展批评和自我批评，维护和执行党的纪律，监督党员切实履行义务，保障党员的权利不受侵犯。加强和改进流动党员管理。

（四）密切联系群众，经常了解群众对党员、党的工作的批评和意见，维护群众的正当权利和利益，做好群众的思想政治工作。

（五）充分发挥党员和群众的积极性创造性，发现、培养和推荐他们中间的优秀人才，鼓励和支持他们在改革开放和社会主义现代化建设中贡献自己的聪明才智。

（六）对要求入党的积极分子进行教育和培养，做好经常性的发展党员工作，重视在生产、工作第一线和青年中发展党员。

（七）监督党员干部和其他任何工作人员严格遵守国家法律法规，严格遵守国家的财政经济法规和人事制度，不得侵占国家、集体和群众的利益。

（八）教育党员和群众自觉抵制不良倾向，坚决同各种违纪违法行为作斗争。

第三十三条 街道、乡、镇党的基层委员会和村、社区党组织，领导本地区的工作和基层社会治理，支持和保证行政组织、经济组织和群众自治组织充分行使职权。

国有企业党委（党组）发挥领导作用，把方向、管大局、保落实，依照规定讨论和决定企业重大事项。国有企业和集体企业中党的基层组织，围绕企业生产经营开展工作。保证监督党和国家的方针、政策在本企业的贯彻执行；支持股东会、董事会、监事会和经理（厂长）依法行使职权；全心全意依靠职工群众，支持职工代表大会开展工作；参与企业重大问题的决策；加强党组织的自身建设，领导思想政治工作、精神文明建设和工会、共青团等群团组织。

非公有制经济组织中党的基层组织，贯彻党的方针政策，引导和监督企业遵守国家的法律法规，领导工会、共青团等群团组织，团结凝聚职工群众，维护各方的合法权益，促进企业健康发展。

社会组织中党的基层组织，宣传和执行党的路线、方针、政策，领导工会、共青团等群团组织，教育管理党员，引领服务群众，推动事业发展。

实行行政领导人负责制的事业单位中党的基层组织，发挥战斗堡垒作用。实行党委领导下的行政领导人负责制的事业单位中党的基层组织，对重大问题进行讨论和作出决定，同时保证行政领导人充分行使自己的职权。

各级党和国家机关中党的基层组织，协助行政负责人完成任务，改进工作，对包括行政负责人在内的每个党员进行教育、管理、监督，不领导本单位的业务工作。

第三十四条 党支部是党的基础组织，担负直接教育党员、管理党员、监督党员和组织群众、宣传群众、凝聚群众、服务群众的职责。

第六章　党的干部

第三十五条 党的干部是党的事业的骨干，是人民的公仆，要做到忠诚干净担当。党按照德才兼备、以德为先的原则选拔干部，坚持五湖四海、任人唯贤，坚持事业为上、公道正派，反对任人唯亲，努力实现干部队伍的革命化、年轻化、知识化、专业化。

党重视教育、培训、选拔、考核和监督干部，特别是培养、选拔优秀年轻干部。积极推进干部制度改革。

党重视培养、选拔女干部和少数民族干部。

第三十六条 党的各级领导干部必须信念坚定、为民服务、勤政务实、敢于担当、清正廉洁，模范地履行本章程第三条所规定的党员的各项义务，并且必须具备以下的基本条件：

（一）具有履行职责所需要的马克思列宁主义、毛泽东思想、邓小平理论、"三个代表"重要思想、科学发展观的水平，带头贯彻落实习近平新时代中国特色社会主义思想，努力用马克思主义的立场、观点、方法分析和解决实际问题，坚持讲学习、讲政治、讲正气，经得起各种风浪的考验。

（二）具有共产主义远大理想和中国特色社会主义坚定信念，坚决执行党的基本路线和各项方针、政策，立志改革开放，献身现代化事业，在社会主义建设中艰苦创业，树立正确政绩观，做出经得起实践、人民、历史检验的实绩。

（三）坚持解放思想，实事求是，与时俱进，开拓创新，认真调查研究，能够把党的方针、政策同本地区、本部门的实际相结合，卓有成效地开展工作，讲实话，办实事，求实效。

（四）有强烈的革命事业心和政治责任感，有实践经验，有胜任领导工作的组织能力、文化水平和专业知识。

（五）正确行使人民赋予的权力，坚持原则，依法办事，清正廉洁，勤政为民，以身作则，艰苦朴素，密切联系群众，坚持党的群众路线，自觉地接受党和群众的批评和监督，加强道德修养，讲党性、重品行、作表率，做到自重、自省、自警、自励，反对形式主义、官僚主义、享乐主义和奢靡之风，反对任何滥用职权、谋求私利的行为。

（六）坚持和维护党的民主集中制，有民主作风，有全局观念，善于团结同志，包括团结同自己有不同意见的同志一道工作。

第三十七条　党员干部要善于同党外干部合作共事，尊重他们，虚心学习他们的长处。

党的各级组织要善于发现和推荐有真才实学的党外干部担任领导工作，保证他们有职有权，充分发挥他们的作用。

第三十八条　党的各级领导干部，无论是由民主选举产生的，或是由领导机关任命的，他们的职务都不是终身的，都可以变动或解除。

年龄和健康状况不适宜于继续担任工作的干部，应当按照国家的规定退、离休。

第七章　党的纪律

第三十九条　党的纪律是党的各级组织和全体党员必须遵守的行为规则，是维护党的团结统一、完成党的任务的保证。党组织必须严格执行和维护党的纪律，共产党员必须自觉接受党的纪律的约束。

第四十条　党的纪律主要包括政治纪律、组织纪律、廉洁纪律、群众纪律、工作纪律、生活纪律。

坚持惩前毖后、治病救人，执纪必严、违纪必究，抓早抓小、防微杜渐，按照错误性质和情节轻重，给以批评教育直至纪律处分。运用监督执纪"四种形态"，让"红红脸、出出汗"成为常态，党纪处分、组织调整成为管党治党的重要手段，严重违纪、严重触犯刑律的党员必须开除党籍。

党内严格禁止用违反党章和国家法律的手段对待党员，严格禁止打击报复和诬告陷害。违反这些规定的组织或个人必须受到党的纪律和国家法律的追究。

第四十一条　对党员的纪律处分有五种：警告、严重警告、撤销党内职务、留党察看、开除党籍。

留党察看最长不超过两年。党员在留党察看期间没有表决权、选举权和被选举权。党员经过留党察看，确已改正错误的，应当恢复其党员的权利；坚持错误不改的，应当开除党籍。

开除党籍是党内的最高处分。各级党组织在决定或批准开除党员党籍的时候，应当全面研究有关的材料和意见，采取十分慎重的态度。

第四十二条 对党员的纪律处分，必须经过支部大会讨论决定，报党的基层委员会批准；如果涉及的问题比较重要或复杂，或给党员以开除党籍的处分，应分别不同情况，报县级或县级以上党的纪律检查委员会审查批准。在特殊情况下，县级和县级以上各级党的委员会和纪律检查委员会有权直接决定给党员以纪律处分。

对党的中央委员会委员、候补委员，给以警告、严重警告处分，由中央纪律检查委员会常务委员会审议后，报党中央批准。对地方各级党的委员会委员、候补委员，给以警告、严重警告处分，应由上一级纪律检查委员会批准，并报它的同级党的委员会备案。

对党的中央委员会和地方各级委员会的委员、候补委员，给以撤销党内职务、留党察看或开除党籍的处分，必须由本人所在的委员会全体会议三分之二以上的多数决定。在全体会议闭会期间，可以先由中央政治局和地方各级委员会常务委员会作出处理决定，待召开委员会全体会议时予以追认。对地方各级委员会委员和候补委员的上述处分，必须经过上级纪律检查委员会常务委员会审议，由这一级纪律检查委员会报同级党的委员会批准。

严重触犯刑律的中央委员会委员、候补委员，由中央政治局决定开除其党籍；严重触犯刑律的地方各级委员会委员、候补委员，由同级委员会常务委员会决定开除其党籍。

第四十三条 党组织对党员作出处分决定，应当实事求是地查清事实。处分决定所依据的事实材料和处分决定必须同本人见面，听取本人说明情况和申辩。如果本人对处分决定不服，可以提出申诉，有关党组织必须负责处理或者迅速转递，不得扣压。对于确属坚持错误意见和无理要求的人，要给以批评教育。

第四十四条 党组织如果在维护党的纪律方面失职，必须问责。

对于严重违犯党的纪律、本身又不能纠正的党组织，上一级党的委员会在查明核实后，应根据情节严重的程度，作出进行改组或予以解散的决定，并报再上一级党的委员会审查批准，正式宣布执行。

第八章 党的纪律检查机关

第四十五条 党的中央纪律检查委员会在党的中央委员会领导下进行工

作。党的地方各级纪律检查委员会和基层纪律检查委员会在同级党的委员会和上级纪律检查委员会双重领导下进行工作。上级党的纪律检查委员会加强对下级纪律检查委员会的领导。

党的各级纪律检查委员会每届任期和同级党的委员会相同。

党的中央纪律检查委员会全体会议，选举常务委员会和书记、副书记，并报党的中央委员会批准。党的地方各级纪律检查委员会全体会议，选举常务委员会和书记、副书记，并由同级党的委员会通过，报上级党的委员会批准。党的基层委员会是设立纪律检查委员会，还是设立纪律检查委员，由它的上一级党组织根据具体情况决定。党的总支部委员会和支部委员会设纪律检查委员。

党的中央和地方纪律检查委员会向同级党和国家机关全面派驻党的纪律检查组。纪律检查组组长参加驻在部门党的领导组织的有关会议。他们的工作必须受到该机关党的领导组织的支持。

第四十六条 党的各级纪律检查委员会是党内监督专责机关，主要任务是：维护党的章程和其他党内法规，检查党的路线、方针、政策和决议的执行情况，协助党的委员会推进全面从严治党、加强党风建设和组织协调反腐败工作。

党的各级纪律检查委员会的职责是监督、执纪、问责，要经常对党员进行遵守纪律的教育，作出关于维护党纪的决定；对党的组织和党员领导干部履行职责、行使权力进行监督，受理处置党员群众检举举报，开展谈话提醒、约谈函询；检查和处理党的组织和党员违反党的章程和其他党内法规的比较重要或复杂的案件，决定或取消对这些案件中的党员的处分；进行问责或提出责任追究的建议；受理党员的控告和申诉；保障党员的权利。

各级纪律检查委员会要把处理特别重要或复杂的案件中的问题和处理的结果，向同级党的委员会报告。党的地方各级纪律检查委员会和基层纪律检查委员会要同时向上级纪律检查委员会报告。

各级纪律检查委员会发现同级党的委员会委员有违犯党的纪律的行为，可以先进行初步核实，如果需要立案检查的，应当在向同级党的委员会报告的同时向上一级纪律检查委员会报告；涉及常务委员的，报告上一级纪律检查委员会，由上一级纪律检查委员会进行初步核实，需要审查的，由上一级纪律检查委员会报它的同级党的委员会批准。

第四十七条 上级纪律检查委员会有权检查下级纪律检查委员会的工作，并且有权批准和改变下级纪律检查委员会对于案件所作的决定。如果所要改变的该下级纪律检查委员会的决定，已经得到它的同级党的委员会的批准，这种改变必须经过它的上一级党的委员会批准。

党的地方各级纪律检查委员会和基层纪律检查委员会如果对同级党的委员会处理案件的决定有不同意见，可以请求上一级纪律检查委员会予以复查；如果发现同级党的委员会或它的成员有违犯党的纪律的情况，在同级党的委员会不给予解决或不给予正确解决的时候，有权向上级纪律检查委员会提出申诉，请求协助处理。

第九章　党　组

第四十八条　在中央和地方国家机关、人民团体、经济组织、文化组织和其他非党组织的领导机关中，可以成立党组。党组发挥领导核心作用。党组的任务，主要是负责贯彻执行党的路线、方针、政策；加强对本单位党的建设的领导，履行全面从严治党责任；讨论和决定本单位的重大问题；做好干部管理工作；讨论和决定基层党组织设置调整和发展党员、处分党员等重要事项；团结党外干部和群众，完成党和国家交给的任务；领导机关和直属单位党组织的工作。

第四十九条　党组的成员，由批准成立党组的党组织决定。党组设书记，必要时还可以设副书记。

党组必须服从批准它成立的党组织领导。

第五十条　对下属单位实行集中统一领导的国家工作部门可以建立党委，党委的产生办法、职权和工作任务，由中央另行规定。

第十章　党和共产主义青年团的关系

第五十一条　中国共产主义青年团是中国共产党领导的先进青年的群团组织，是广大青年在实践中学习中国特色社会主义和共产主义的学校，是党的助手和后备军。共青团中央委员会受党中央委员会领导。共青团的地方各级组织受同级党的委员会领导，同时受共青团上级组织领导。

第五十二条　党的各级委员会要加强对共青团的领导，注意团的干部的选拔和培训。党要坚决支持共青团根据广大青年的特点和需要，生动活泼地、富于创造性地进行工作，充分发挥团的突击队作用和联系广大青年的桥梁作用。

团的县级和县级以下各级委员会书记，企业事业单位的团委员会书记，是党员的，可以列席同级党的委员会和常务委员会的会议。

第十一章　党徽党旗

第五十三条　中国共产党党徽为镰刀和锤头组成的图案。

第五十四条 中国共产党党旗为旗面缀有金黄色党徽图案的红旗。

第五十五条 中国共产党的党徽党旗是中国共产党的象征和标志。党的各级组织和每一个党员都要维护党徽党旗的尊严。要按照规定制作和使用党徽党旗。

附录 2

中国共产党大事记

（1921—2017 年）

1921 年 7 月 23 日，中国共产党第一次全国代表大会在上海召开，宣告中国共产党成立。

1922 年 7 月 16 日至 23 日，中国共产党第二次全国代表大会在上海召开。大会制定了党的最高纲领和最低纲领，明确提出了反帝反封建的民主革命纲领，通过了第一部《中国共产党章程》。

1923 年 6 月 12 日至 20 日，中国共产党第三次全国代表大会在广州召开，决定采取党内合作的形式同国民党建立联合战线。

1925 年 1 月 11 日至 22 日，中国共产党第四次全国代表大会在上海召开，明确提出无产阶级在民主革命中的领导权问题和工农联盟问题。

1927 年 4 月 27 日至 5 月 9 日，中国共产党第五次全国代表大会在武汉召开。大会虽然对"右"倾投降主义错误进行了批评，但没有拿出纠正这些错误的任何办法，没有承担起挽救革命的任务。大会同时选举产生了中央监察委员会。

1927 年 8 月 1 日，南昌起义打响了武装反抗国民党反动派的第一枪。

1927 年 8 月 7 日，八七会议在汉口召开，确定了实行土地革命和武装起义的方针。

1927 年 9 月 9 日，毛泽东领导湘赣边秋收起义。10 月，秋收起义部队到达井冈山，开始了创建农村革命根据地的斗争。至 1928 年 2 月，井冈山革命根据地粗具规模。

1928 年 6 月 18 日至 7 月 11 日，中国共产党第六次全国代表大会在莫斯科召开。大会认真总结了大革命失败以来的经验教训，批判了陈独秀右倾机会主义和瞿秋白"左"倾盲动主义错误，对有关中国革命一系列存在严重争论的根本问题作出了基本正确的回答。

1929 年 12 月 28 日至 29 日，古田会议召开，确定了人民军队建设的基本原则，核心内容就是党指挥枪。

1930 年 11 月至 1933 年 3 月，中国工农红军先后四次粉碎国民党军对中央苏区的大规模"围剿"。

1931 年 11 月 7 日至 20 日，中华苏维埃第一次全国代表大会在瑞金召开，宣告中华苏维埃共和国临时中央政府成立。

1934 年 10 月，中央苏区第五次反"围剿"失败，中央红军开始长征。

1935 年 1 月 15 日至 17 日，遵义会议召开，结束了王明"左"倾冒险主义在党中央的统治，事实上确立了以毛泽东为核心的党中央的正确领导。

1935 年 12 月 9 日，"一二·九运动"爆发，掀起了全国抗日救亡的新高潮。

1935 年 12 月 17 日至 25 日，瓦窑堡会议召开，确定了抗日民族统一战线的策略方针。

1936 年 10 月，中国工农红军一、二、四方面军胜利会师，长征结束。

1936 年 12 月，"西安事变"和平解决，抗日民族统一战线初步形成。

1937 年 8 月 22 日至 25 日，洛川会议召开，通过了《抗日救国十大纲领》。

1937 年 9 月，国共两党实现第二次合作，以国共合作为主体的抗日民族统一战线正式形成。

1938 年 9 月 29 日至 11 月 6 日，中国共产党六届六中全会在延安召开，提出了"马克思主义中国化"的命题。

1941 年 1 月 6 日，"皖南事变"发生。

1942 年 2 月，延安整风运动在全党普遍展开。

1942 年 5 月，中共中央在延安召开文艺座谈会。5 月 23 日，毛泽东发表了《在延安文艺座谈会上的讲话》。

1944 年 5 月 21 日至 1945 年 4 月 20 日，中国共产党六届七中全会在延安召开，全会通过了党的《关于若干历史问题的决议》。

1945 年 4 月 23 日至 6 月 11 日，中国共产党第七次全国代表大会在延安召开，确定了党的政治路线，确立毛泽东思想为党的指导思想。

1945 年 8 月 29 日至 10 月 10 日，中国共产党与国民党政府在重庆进行和平谈判，双方签署了《政府与中共代表会谈纪要》，即《双十协定》。

1946 年 6 月 26 日，国民党撕毁《双十协定》，大举围攻中原解放区，解放战争正式开始。

1948 年 9 月至 1949 年 1 月，人民解放军同国民党军进行了辽沈、淮海、平津三大战役，基本上消灭了国民党反动派的主要军事力量。

1949 年 1 月 31 日，北平和平解放。

1949 年 3 月 5 日至 13 日，中国共产党七届二中全会在西柏坡召开。全会提出"两个务必"，着重讨论党的工作重心由乡村向城市实行战略转移的问题。

1949 年 4 月 23 日，人民解放军占领南京，宣告了国民党反动统治在大陆的基本覆灭。

1949 年 9 月 21 日至 30 日，中国人民政治协商会议第一届全体会议在北京召开，通过了《中国人民政治协商会议共同纲领》。

1949 年 10 月 1 日，中华人民共和国中央人民政府成立。

1950 年 10 月 19 日，中国人民志愿军入朝作战。

1953 年 1 月 1 日，我国开始执行第一个五年计划。

1953 年 7 月 27 日，《朝鲜停战协定》在板门店签订。

1954 年 9 月 15 日至 28 日，第一届全国人民代表大会第一次会议召开，通过第一部《中华人民共和国宪法》，人民代表大会制度作为我国的根本政治制度正式建立。

1956 年 9 月 15 日至 27 日，中国共产党第八次全国代表大会召开。大会正确分析了国内主要矛盾的变化，作出了党和国家的工作重点必须转移到社会主义建设上来的重大战略决策。

1957 年 4 月 27 日，中共中央下发《关于整风运动的指示》，开展"反官僚主义、反宗派主义和反主观主义"的整风运动。

1962 年 1 月 11 日至 2 月 7 日，"七千人大会"在北京召开，初步总结了"大跃进"中的经验教训，强调发扬民主，坚持民主集中制，切实贯彻调整国民经济的"八字方针"。

1966 年，"文化大革命"全面发动。

1969 年 4 月 1 日至 24 日，中国共产党第九次全国代表大会召开。

1973 年 8 月 24 日至 28 日，中国共产党第十次全国代表大会召开。

1976 年 10 月 6 日，中共中央一举粉碎"四人帮"，"文化大革命"结束。

1977 年 8 月 12 日至 18 日，中国共产党第十一次全国代表大会召开，提出了到 20 世纪末建设社会主义现代化强国的目标。

1978 年 5 月 11 日，《光明日报》以特约评论员名义发表《实践是检验真理的唯一标准》一文。此后，关于真理标准问题的大讨论在全国展开。

1978 年 12 月 18 日至 22 日，中国共产党十一届三中全会召开，作出了把工作重点转移到社会主义现代化建设上来的战略决策，实现了中华人民共和国成立以来党的历史上具有深远意义的伟大转折。

1982 年 9 月 1 日至 11 日，中国共产党第十二次全国代表大会召开，总结了中华人民共和国成立以来的经验，正式提出了"建设有中国特色的社会主义"的新命题。

1987 年 10 月 25 日至 11 月 1 日，中国共产党第十三次全国代表大会召开，明确提出了党在社会主义初级阶段的基本路线，制定了"三步走"的发展战略。

1992 年 10 月 12 日至 18 日，中国共产党第十四次全国代表大会召开，明确了社会主义市场经济体制的改革目标，确立了邓小平建设有中国特色社会主义理论在全党的指导地位。

1997 年 7 月 1 日，中国政府对香港恢复行使主权。

1997 年 9 月 12 日至 18 日，中国共产党第十五次全国代表大会召开。大会把邓小平理论确立为党的指导思想，提出党在社会主义初级阶段的基本纲领。

1999 年 12 月 20 日，中国政府对澳门恢复行使主权。

2002 年 11 月 8 日至 14 日，中国共产党第十六次全国代表大会召开。大会提出了全面建设小康社会的奋斗目标，把"三个代表"重要思想确立为党的指导思想。

2007 年 10 月 15 日至 21 日，中国共产党第十七次全国代表大会召开，将科学发展观写入党章。

2009 年 9 月 15 日至 18 日，中国共产党十七届四中全会召开，通过了《关于加强和改进新形势下党的建设若干重大问题的决定》。

2011 年 10 月 15 日至 18 日，中国共产党十七届六中全会召开。全会审议通过了《中共中央关于深化文化体制改革、推动社会主义文化大发展大繁荣若干重大问题的决定》，提出了"建设社会主义文化强国"的战略目标。

2012 年 11 月 8 日至 14 日，中国共产党第十八次全国代表大会召开。大会明确了科学发展观是党必须长期坚持的指导思想，确定了全面建成小康社会和全面深化改革开放的目标。

2012 年 11 月 15 日，中国共产党十八届一中全会召开，全会选举习近平、李克强、张德江、俞正声、刘云山、王岐山、张高丽为中央政治局常委，习近平为中央委员会总书记。

2012 年 11 月 29 日，中共中央总书记习近平在国家博物馆参观《复兴之路》展览时阐述了中国梦的深刻内涵，提出"实现中华民族伟大复兴，就是中华民族近代以来最伟大的梦想"。

2012 年 12 月 4 日，中共中央政治局召开会议，审议并一致同意中央政治局关于改进工作作风、密切联系群众的八项规定。

2013 年 2 月 26 日至 28 日，中国共产党十八届二中全会召开，全会通过了国家机构领导人员人选建议名单和全国政协领导人员人选建议名单，通过了《国务院机构改革和职能转变方案》。

2013 年 11 月 9 日至 12 日，中国共产党十八届三中全会召开，全会审议通过了《中共中央关于全面深化改革若干重大问题的决定》。

2014 年 10 月 20 日至 23 日，中国共产党十八届四中全会召开，全会审议通过了《中共中央关于全面推进依法治国若干重大问题的决定》。

2015 年 10 月 26 日至 29 日，中国共产党十八届五中全会召开，全会审议通过了《中共中央关于制定国民经济和社会发展第十三个五年规划的建议》。

2016 年 10 月 24 日至 27 日，中国共产党十八届六中全会召开，全会审议通过了《关于新形势下党内政治生活的若干准则》和《中国共产党党内监督条例》。

2017 年 10 月 18 日至 24 日，中国共产党第十九次全国代表大会召开，大会将习近平新时代中国特色社会主义思想写入党章。

2017 年 10 月 25 日，中国共产党十九届一中全会召开，全会选举习近平、李克强、栗战书、汪洋、王沪宁、赵乐际、韩正为中央政治局常委，习近平为中央委员会总书记。

附录 3

中国共产党发展党员工作细则

第一章　总　则

第一条　为了规范发展党员工作，保证新发展的党员质量，保持党的先进性和纯洁性，根据《中国共产党章程》和党内有关规定，制定本细则。

第二条　党的基层组织应当把吸收具有马克思主义信仰、共产主义觉悟和中国特色社会主义信念，自觉践行社会主义核心价值观的先进分子入党，作为一项经常性重要工作。

第三条　发展党员工作应当贯彻党的基本理论、基本路线、基本纲领、基本经验、基本要求，按照控制总量、优化结构、提高质量、发挥作用的总要求，坚持党章规定的党员标准，始终把政治标准放在首位；坚持慎重发展、均衡发展，有领导、有计划地进行；坚持入党自愿原则和个别吸收原则，成熟一个，发展一个。

禁止突击发展，反对"关门主义"。

第二章　入党积极分子的确定和培养教育

第四条　党组织应当通过宣传党的政治主张和深入细致的思想政治工作，提高党外群众对党的认识，不断扩大入党积极分子队伍。

第五条　年满十八岁的中国工人、农民、军人、知识分子和其他社会阶层的先进分子，承认党的纲领和章程，愿意参加党的一个组织并在其中积极工作、执行党的决议和按期交纳党费的，可以申请加入中国共产党。

第六条　入党申请人应当向工作、学习所在单位党组织提出入党申请，没有工作、学习单位或工作、学习单位未建立党组织的，应当向居住地党组织提出入党申请。

流动人员还可以向单位所在地党组织或单位主管部门党组织提出入党申请，也可以向流动党员党组织提出入党申请。

第七条　党组织收到入党申请书后，应当在一个月内派人同入党申请人谈话，了解基本情况。

第八条　在入党申请人中确定入党积极分子，应当采取党员推荐、群团组织推优等方式产生人选，由支部委员会（不设支部委员会的由支部大会，下同）研究决定，并报上级党委备案。

第九条　党组织应当指定一至两名正式党员作入党积极分子的培养联系人。培养联系人的主要任务是：

（一）向入党积极分子介绍党的基本知识；

（二）了解入党积极分子的政治觉悟、道德品质、现实表现和家庭情况等，做好培养教育工作，引导入党积极分子端正入党动机；

（三）及时向党支部汇报入党积极分子情况；

（四）向党支部提出能否将入党积极分子列为发展对象的意见。

第十条　党组织应当采取吸收入党积极分子听党课、参加党内有关活动，给他们分配一定的社会工作以及集中培训等方法，对入党积极分子进行马克思列宁主义、毛泽东思想和中国特色社会主义理论体系教育，党的路线、方针、政策和党的基本知识教育，党的历史和优良传统、作风教育以及社会主义核心价值观教育，使他们懂得党的性质、纲领、宗旨、组织原则和纪律，懂得党员的义务和权利，帮助他们端正入党动机，确立为共产主义事业奋斗终身的信念。

第十一条　党支部每半年对入党积极分子进行一次考察。基层党委每年对入党积极分子队伍状况作一次分析。针对存在的问题，采取改进措施。

第十二条　入党积极分子工作、学习所在单位（居住地）发生变动，应当及时报告原单位（居住地）党组织。原单位（居住地）党组织应当及时将培养教育等有关材料转交现单位（居住地）党组织。现单位（居住地）党组织应当对有关材料进行认真审查，并接续做好培养教育工作。培养教育时间可连续计算。

第三章　发展对象的确定和考察

第十三条　对经过一年以上培养教育和考察、基本具备党员条件的入党积极分子，在听取党小组、培养联系人、党员和群众意见的基础上，支部委员会讨论同意并报上级党委备案后，可列为发展对象。

第十四条　发展对象应当有两名正式党员作入党介绍人。入党介绍人一般由培养联系人担任，也可由党组织指定。

受留党察看处分、尚未恢复党员权利的党员，不能作入党介绍人。

第十五条　入党介绍人的主要任务是：

（一）向发展对象解释党的纲领、章程，说明党员的条件、义务和权利；

（二）认真了解发展对象的入党动机、政治觉悟、道德品质、工作经历、现实表现等情况，如实向党组织汇报；

（三）指导发展对象填写《中国共产党入党志愿书》，并认真填写自己的意见；

（四）向支部大会负责地介绍发展对象的情况；

（五）发展对象批准为预备党员后，继续对其进行教育帮助。

第十六条　党组织必须对发展对象进行政治审查。

政治审查的主要内容是：对党的理论和路线、方针、政策的态度；政治历史和在重大政治斗争中的表现；遵纪守法和遵守社会公德情况；直系亲属和与本人关系密切的主要社会关系的政治情况。

政治审查的基本方法是：同本人谈话、查阅有关档案材料、找有关单位和人员了解情况以及必要的函调或外调。在听取本人介绍和查阅有关材料后，情况清楚的可不函调或外调。对流动人员中的发展对象进行政治审查时，还应当征求其户籍所在地和居住地基层党组织的意见。

政治审查必须严肃认真、实事求是，注重本人的一贯表现。审查情况应当形成结论性材料。

凡是未经政治审查或政治审查不合格的，不能发展入党。

第十七条　基层党委或县级党委组织部门应当对发展对象进行短期集中培训。培训时间一般不少于三天（或不少于二十四个学时）。培训时主要学习党章、《关于党内政治生活的若干准则》等文件。中央组织部组织编写的《入党教材》，可以作为学习辅导材料。

未经培训的，除个别特殊情况外，不能发展入党。

第四章　预备党员的接收

第十八条　接收预备党员应当严格按照党章规定的程序办理。

第十九条　支部委员会应当对发展对象进行严格审查，经集体讨论认为合格后，报具有审批权限的基层党委预审。

基层党委对发展对象的条件、培养教育情况等进行审查，根据需要听取执纪执法等相关部门的意见。审查结果以书面形式通知党支部，并向审查合格的发展对象发放《中国共产党入党志愿书》。

发展对象未来三个月内将离开工作、学习单位的，一般不办理接收预备党员的手续。

第二十条　经基层党委预审合格的发展对象，由支部委员会提交支部大会讨论。

召开讨论接收预备党员的支部大会，有表决权的到会人数必须超过应到会有表决权人数的半数。

第二十一条 支部大会讨论接收预备党员的主要程序是：

（一）发展对象汇报对党的认识、入党动机、本人履历、家庭和主要社会关系情况，以及需向党组织说明的问题；

（二）入党介绍人介绍发展对象有关情况，并对其能否入党表明意见；

（三）支部委员会报告对发展对象的审查情况；

（四）与会党员对发展对象能否入党进行充分讨论，并采取无记名投票方式进行表决。赞成人数超过应到会有表决权的正式党员的半数，才能通过接收预备党员的决议。因故不能到会的有表决权的正式党员，在支部大会召开前正式向党支部提出书面意见的，应当统计在票数内。

支部大会讨论两个以上的发展对象入党时，必须逐个讨论和表决。

第二十二条 党支部应当及时将支部大会决议写入《中国共产党入党志愿书》，连同本人入党申请书、政治审查材料、培养教育考察材料等，一并报上级党委审批。

支部大会决议主要包括：发展对象的主要表现；应到会和实际到会有表决权的党员人数；表决结果；通过决议的日期；支部书记签名。

第二十三条 预备党员必须由党委（工委，下同）审批。

乡镇（街道）党委所属的基层党委，不能审批预备党员，但应当对支部大会通过接收的预备党员进行审议。

党总支不能审批预备党员，但应当对支部大会通过接收的预备党员进行审议。

除另有规定外，临时党组织不能接收、审批预备党员。

党组不能审批预备党员。

第二十四条 党委审批前，应当指派党委委员或组织员同发展对象谈话，作进一步的了解，并帮助发展对象提高对党的认识。谈话人应当将谈话情况和自己对发展对象能否入党的意见，如实填写在《中国共产党入党志愿书》上，并向党委汇报。

第二十五条 党委审批预备党员，必须集体讨论和表决。

党委主要审议发展对象是否具备党员条件、入党手续是否完备。发展对象符合党员条件、入党手续完备的，批准其为预备党员。党委审批意见写入《中国共产党入党志愿书》，注明预备期的起止时间，并通知报批的党支部。党支部应当及时通知本人并在党员大会上宣布。对未被批准入党的，应当通知党支部和本人，做好思想工作。

党委会审批两个以上的发展对象入党时，应当逐个审议和表决。

第二十六条 党委对党支部上报的接收预备党员的决议，应当在三个月内审批，并报上级党委组织部门备案。如遇特殊情况可适当延长审批时间，但不得超过六个月。

第二十七条 在特殊情况下，党的中央和省、自治区、直辖市委员会可以直接接收党员。

第二十八条 对在中国特色社会主义事业中为党和人民利益英勇献身，事迹突出，在一定范围内有较大影响，生前一贯表现良好并曾向党组织提出过入党要求的人员，可以追认为党员。

追认党员必须严格掌握，由所在单位党组织讨论决定后，经上级党委审查，报省一级党委批准。

第五章 预备党员的教育、考察和转正

第二十九条 党组织应当及时将上级党委批准的预备党员编入党支部和党小组，对预备党员继续进行教育和考察。

第三十条 预备党员必须面向党旗进行入党宣誓。入党宣誓仪式，一般由基层党委或党支部（党总支）组织进行。

第三十一条 党组织应当通过党的组织生活、听取本人汇报、个别谈心、集中培训、实践锻炼等方式，对预备党员进行教育和考察。

第三十二条 预备党员的预备期为一年。预备期从支部大会通过其为预备党员之日算起。

预备党员预备期满，党支部应当及时讨论其能否转为正式党员。认真履行党员义务、具备党员条件的，应当按期转为正式党员；需要继续考察和教育的，可以延长一次预备期，延长时间不能少于半年，最长不超过一年；不履行党员义务、不具备党员条件的，应当取消其预备党员资格。

预备党员违犯党纪，情节较轻，尚可保留预备党员资格的，应当对其进行批评教育或延长预备期；情节较重的，应当取消其预备党员资格。

预备党员转为正式党员、延长预备期或取消预备党员资格，应当经支部大会讨论通过和上级党组织批准。

第三十三条 预备党员转正的手续是：本人向党支部提出书面转正申请；党小组提出意见；党支部征求党员和群众的意见；支部委员会审查；支部大会讨论、表决通过；报上级党委审批。

讨论预备党员转正的支部大会，对到会人数、赞成人数等要求与讨论接收预备党员的支部大会相同。

第三十四条 党委对党支部上报的预备党员转正的决议，应当在三个月

内审批。审批结果应当及时通知党支部。党支部书记应当同本人谈话，并将审批结果在党员大会上宣布。

党员的党龄，从预备期满转为正式党员之日算起。

第三十五条 预备期未满的预备党员工作、学习所在单位（居住地）发生变动，应当及时报告原所在党组织。原所在党组织应当及时将对其培养教育和考察的情况，认真负责地介绍给接收预备党员的党组织。

党组织应当对转入的预备党员的入党材料进行严格审查，对无法认定的预备党员，报县级以上党委组织部门批准，不予承认。

第三十六条 基层党组织对转入的预备党员，在其预备期满时，如认为有必要，可推迟讨论其转正问题，推迟时间不超过六个月。转为正式党员的，其转正时间自预备期满之日算起。

第三十七条 预备党员转正后，党支部应当及时将其《中国共产党入党志愿书》、入党申请书、政治审查材料、转正申请书和培养教育考察材料，交党委存入本人人事档案。无人事档案的，建立党员档案，由所在党委或县级党委组织部门保存。

第六章　发展党员工作的领导和纪律

第三十八条 各级党委应当把发展党员工作列入重要议事日程，纳入党建工作责任制，作为党建工作述职、评议、考核和党务公开的重要内容。

对发展党员工作情况，市（地、州、盟）、县（市、区、旗）党委每半年检查一次，省、自治区、直辖市党委每年检查一次。检查结果及时上报，并向下通报。

重视从青年工人、农民、知识分子中发展党员，优化党员队伍结构。对具备发展党员条件但长期不做发展党员工作的基层党组织，上级党委应当加强指导和督促检查，必要时对其进行组织整顿。

第三十九条 各级党委组织部门每年应当向同级党委和上级党委组织部门报告发展党员工作情况和发展党员工作计划，如实反映带有倾向性的问题和对违反规定发展党员的查处情况。

第四十条 县以上党委及其组织部门应当重视对组织员的选拔、配备和培训，充分发挥他们在发展党员工作中的作用。

第四十一条 各级党组织对发展党员工作中出现的违纪违规问题和不正之风，应当严肃查处。对不坚持标准、不履行程序、超过审批时限和培养考察失职、审查把关不严的党组织及其负责人、直接责任人应当进行批评教育，情节严重的给予纪律处分。典型案例应当及时通报，对违反规定吸收入党的，一律不予承认，并在支部大会上公布。

对采取弄虚作假或其他手段把不符合党员条件的人发展为党员，或为非党员出具党员身份证明的，应当依纪依法严肃处理。

第四十二条　《中国共产党入党志愿书》的式样由中央组织部负责制定，省级党委组织部门按照式样统一印制，并严格管理。

第七章　附　则

第四十三条　本细则由中央组织部负责解释。

第四十四条　本细则自发布之日起施行。《中国共产党发展党员工作细则（试行）》（中组发〔1990〕3号）同时废止。

附录4

入党常用文书及范文

一、入党申请书的写法及参考范文

（一）入党申请书的基本写法

根据《中国共产党章程》的规定，要求入党的同志必须亲自向党组织提出申请。申请可分为口头申请和书面申请两种形式。通常情况下，申请入党的同志应写书面申请。

入党申请书的基本书写格式及内容通常如下：

（1）标题。居中写"入党申请书"。

（2）称谓，即申请人对党组织的称呼，一般写"敬爱的党组织"。顶格书写在标题的下一行，后面加冒号。

（3）正文。主要内容包括：① 对党的认识、入党动机和对待入党的态度。写这部分时应表明自己的入党愿望。② 个人在政治、思想、学习、工作等方面的主要表现情况。③ 今后努力的方向以及如何以实际行动争取入党。④ 个人的履历、家庭成员及主要社会关系的情况。

（4）结尾。申请书的结尾主要表达请党组织考察的心情和愿望，一般用"请党组织审查"或"请党组织看我的实际行动"等作为结束语。

在申请书的最后，要署名和注明申请日期。一般居右书写"申请人×××"，下一行写上"××××年×月×日"。

（二）写入党申请书应注意的问题

（1）要认真学习党章，掌握基本精神，加深对党的性质、宗旨、任务、党员的权利和义务等基本知识的理解。

（2）要联系自己的思想实际谈对党的认识和入党动机，不要以旁观者身份一味评论别人。

（3）对党忠诚老实，向党组织反映真实思想情况。

（4）申请书要写得朴实、庄重，对于正文中各部分的内容可根据自己的实际情况掌握。

（三）入党申请书参考范文

入党申请书

敬爱的党组织：

今天，我怀着十分激动的心情向党组织提出申请，我志愿加入中国共产党，愿意为美好的共产主义事业奋斗终身。

历史和现实都充分证明：中国共产党是一个伟大、光荣、正确的党，是中国工人阶级的先锋队，同时是中国人民和中华民族的先锋队，是中国特色社会主义事业的领导核心，代表中国先进生产力的发展要求，代表中国先进文化的前进方向，代表中国最广大人民的根本利益。我们党是一个以马列主义、毛泽东思想、邓小平理论、"三个代表"重要思想、科学发展观、习近平新时代中国特色社会主义思想为行动指南的党。党的最高理想和最终目标是实现共产主义。

中国共产党之所以是"两个先锋队""一个核心""三个代表"，这是经过长期斗争考验形成的。在中国，从来没有任何一个政治组织像我们党这样集中了那么多先进分子，组织得那么严密和广泛，为中华民族做出了那么多的牺牲，同人民群众保持着密切的联系，始终代表最广大人民的根本利益，并在前进中善于总结经验，郑重对待自己的失误，形成并坚持正确的理论和路线，领导人民取得了革命和建设的伟大胜利。

党的十八大以来，以习近平同志为主要代表的中国共产党人，顺应时代发展，从理论和实践结合上系统回答了新时代坚持和发展什么样的中国特色社会主义、怎样坚持和发展中国特色社会主义这个重大时代课题，创立了习近平新时代中国特色社会主义思想。习近平新时代中国特色社会主义思想是对马克思列宁主义、毛泽东思想、邓小平理论、"三个代表"重要思想、科学发展观的继承和发展，是马克思主义中国化最新成果，是党和人民实践经验和集体智慧的结晶，是中国特色社会主义理论体系的重要组成部分，是全党全国人民为实现中华民族伟大复兴而奋斗的行动指南，必须长期坚持并不断发展。在习近平新时代中国特色社会主义思想指导下，中国共产党领导全国各族人民，统揽伟大斗争、伟大工程、伟大事业、伟大梦想，推动中国特色社会主义进入了新时代。

历史把重大责任赋予我们党，人民对我们党寄予厚望。党领导人民在 20 世纪写下了伟大的篇章，也一定能在 21 世纪谱写出更加光辉灿烂的新篇章。

事实正是如此，也必将如此。在新民主主义革命时期，党领导全国人民进行了艰苦卓绝的斗争，建立了社会主义新中国。在社会主义革命时期，党又领导人民进行了社会主义现代化建设道路的探索，经过长期的艰辛努力、摸索实践，中国共产党领导广大人民终于在 20 世纪的最后二十多年里，在邓小平理论的指导下，找到了一条符合中国实际的建设有中国特色的社会主义道路。在实践中，我党高举邓小平理论伟大旗帜，坚持党的基本路线，坚持解放思想，实事求是，团结拼搏，开拓进取，有中国特色的社会主义经济、政治、文化都取得了伟大的成就。到 20 世纪末，我们实现了现代化建设的第二步战略目标，实现人均国民生产总值翻两番；基本消除贫困现象，人民生活达到小康；加快现代企业制度建设，初步建立了社会主义市场经济体制。进入 21世纪，我们党已经明确了继续推进现代化建设、完成祖国统一、维护世界和平与促进共同发展。党的十九大明确提出了决胜全面建成小康社会、夺取中国特色社会主义伟大胜利、实现中华民族伟大复兴中国梦的"两个一百年"的奋斗目标。当然，在我们前进的道路上还可能有许多困难和艰辛，但我坚信：有了中国共产党的正确领导，任何艰难险阻我们都能克服，跨世纪的宏伟目标一定能够实现，一个繁荣富强、民主、文明、和谐、美丽的社会主义现代化强国必将在 21 世纪的中叶屹立于世界民族之林。我决心要在党组织的培养和帮助下，努力工作，积极进取，为实现现阶段目标和最高理想奉献一切。

今天，我虽然向党组织提出了申请，但我深知，在我身上还有许多缺点和不足，因此，希望党组织从严要求我，以使我更快地进步。今后，我要用党员标准严格要求自己，自觉地接受党员和群众的帮助与监督，努力克服自己的缺点和不足，在实际工作中以十九大精神为指导，高举中国特色社会主义伟大旗帜，努力践行习近平新时代中国特色社会主义思想，争取早日加入党组织。

我个人的履历是……

家庭主要成员及来往密切的社会关系的情况是……

请党组织审查。

申请人：×××
××××年×月×日

二、思想汇报的写法及参考范文

（一）思想汇报的基本写法

要求入党的同志为了使党组织更好地了解自己，接受党组织的教育和监督，要积极主动地向党组织汇报自己的思想、学习和工作情况。这是培养自己的组织观念、提高思想觉悟的有效途径。最好能够根据学习情况经常向党组织汇报思想。为了便于党组织更加全面、系统地了解申请入党人员的思想状况，申请者应写书面思想汇报。当然，也可以进行口头汇报。

思想汇报的基本书写格式及内容通常如下：

（1）标题。居中写"思想汇报"。

（2）称谓，即汇报人对党组织的称呼，一般写"敬爱的党组织"。顶格书写在标题的下一行，后面加冒号。

（3）正文。写思想汇报时，应结合自己的学习、工作和生活情况，向党组织反映自己的真实思想情况。具体内容根据每个人的不同情况而定。如果对党的基本知识、马克思主义的基本理论的学习有所收获，便可以通过思想汇报的形式，将学习体会、思想认识上新的提高及存在的认识不清的问题向党组织说明；如果对党的路线、方针、政策或一个时期的中心任务有什么看法，可以在思想汇报中表明自己的态度，阐明自己的观点；如果参加了重要的活动或学习了某些重要文章，可以把自己受到的教育汇报给党组织；如果遇到国内外发生重大政治事件，则要通过学习提高对事件本质的认识，旗帜鲜明地向党组织表明自己的立场；如果在自己的日常生活中遇到了个人利益同集体利益、国家利益产生矛盾的问题，可以把自己有哪些想法、如何对待和处理的情况向党组织汇报；为了使党组织对自己最近的思想情况有所了解，就要把自己的思想状况、有了哪些进步、存在什么问题以及今后提高的打算写清楚，等等。

（4）结尾。思想汇报的结尾可写上自己对党组织的请求和希望。一般用"恳请党组织给予批评、帮助"或"希望党组织加强对自己的培养和教育"等作为结束语。

在思想汇报的最后，要署名和注明汇报日期。一般居右书写"汇报人×××"，下一行写上"××××年×月×日"。

（二）写思想汇报应注意的问题

（1）思想汇报应是真实思想的流露，最重要的是真实，切忌空话、套话、假话，做表面文章。

（2）写思想汇报应根据不同时期的思想认识状况，集中新体会和认识深刻的一两个方面的问题谈深谈透，不要罗列多个方面的问题泛泛而谈。

（3）写思想汇报要密切联系自己的思想实际，不要长篇大段地抄录党章、报告、领导讲话和报刊文章的内容，防止形式主义。

（4）写思想汇报要实事求是，对自己进行一分为二的评价，不但要对自己的成长进步进行肯定，而且要找准存在的不足，敢于向党组织暴露缺点和问题。

另外，党组织不能简单地用思想汇报次数的多少衡量一个人是否积极靠近党组织，但是对于要求入党的人来讲，经常、主动地向党组织汇报思想是加强同党组织联系、增强组织观念的一条有效途径。因此，申请入党的人应积极主动地向党组织汇报思想。

（三）思想汇报参考范文

思想汇报

敬爱的党组织：

备受国内外、党内外广泛关注的中国共产党第十九次全国代表大会顺利完成全部议程，于2017年11月24日胜利闭幕了。作为一名入党积极分子，我向党组织表示衷心的祝贺！几天来，我怀着激动而喜悦的心情反复学习有关会议报道，在大会报告见报后，更是认认真真逐字逐句反复研读，精神振奋，心情久久无法平静。我渴望加入党组织，在党的领导下献身决胜全面建成小康社会、实现中华民族伟大复兴中国梦的愿望更加强烈了。

通过学习，我认识到习近平新时代中国特色社会主义思想是对马克思列宁主义、毛泽东思想、邓小平理论、"三个代表"重要思想、科学发展观的继承和发展，是马克思主义中国化最新成果，是党和人民实践经验和集体智慧的结晶，是中国特色社会主义理论体系的重要组成部分，是全党全国人民为实现中华民族伟大复兴而奋斗的行动指南，必须长期坚持并不断发展。党的十九大把习近平新时代中国特色社会主义思想同马克思列宁主义、毛泽东思想、邓小平理论、"三个代表"重要思想、科学发展观一道确立为党的指导思想。这样做既是全党的共同心声，也反映了全国人民的心愿。这对于推进党的建设新的伟大工程，进一步统一全党同志的思想和行动，把智慧和力量凝聚在党的旗帜下，共同努力，艰苦奋斗，决胜全面建设小康社会有着重大的现实意义和深远的历史意义。

党的十九大提出新时代中国特色社会主义的基本方略，就是坚持党对一切工作的领导，坚持以人民为中心，坚持全面深化改革，坚持新发展理念，坚持人民当家作主，坚持全面依法治国，坚持社会主义核心价值体系，坚持在发展中保障和改善民生，坚持人与自然和谐共生，坚持总体国家安全观，坚持党对人民军队的绝对领导，坚持"一国两制"和推进祖国统一，坚持推动构建人类命运共同体，坚持全面从严治党。

党的十九大明确了决胜全面建成小康社会、开启全面建设社会主义现代化国家新征程的战略目标。从现在到 2020 年，是全面建成小康社会的决胜期，是"两个一百年"奋斗目标的历史交汇期。我们既要全面建成小康社会、实现第一个百年奋斗目标，又要乘势而上开启全面建设社会主义现代化国家新征程，向第二个百年奋斗目标进军。从 2020 年到本世纪中叶分为两个阶段：第一个阶段，从 2020 年到 2035 年，在全面建成小康社会的基础上，再奋斗十五年，基本实现社会主义现代化。第二个阶段，从 2035 年到本世纪中叶，在基本实现现代化的基础上，再奋斗十五年，把我国建成富强、民主、文明、和谐、美丽的社会主义现代化强国。

十九大报告的主题是不忘初心、牢记使命。时代在前进，我们的党也始终是不忘初心、牢记使命。我坚信，一个与时俱进的政党，必将永葆旺盛的生机与活力，永葆强大的创造力、凝聚力、战斗力。

作为入党积极分子，我决心在今后的学习和工作中，在党的领导下，紧密团结在党组织周围，以自己的实际行动宣传十九大精神，贯彻十九大精神，立足本职、开拓创新，用优异的成绩向党和人民汇报，为全面建成小康社会、为实现中华民族伟大复兴中国梦而贡献自己的全部力量。

汇报人：×××

××××年×月×日

三、入党志愿的写法及参考范文

（一）入党志愿的基本写法

入党志愿是入党志愿书的一项重要内容，要根据自己的思想认识及其演变过程，实事求是地把自己对党的认识、态度、入党动机、优缺点及入党后的决心等写清楚。

入党志愿的基本书写格式及内容通常如下：

（1）标题。居中写"入党志愿"。

（2）正文。主要内容包括：①对入党的态度。一般第一段要明确写出自己对入党的态度，即"我志愿加入中国共产党"。②对党的认识。这部分主要包括：如何认识党的纲领和章程；如何认识党史，尤其是亲身经历过的重大历史事件；如何认识党的领导和现行的路线、方针、政策。③入党动机、目的。一般来讲，一个人最初的入党动机、目的不是单一的，而是各种因素的综合，往往有个从不端正到端正的过程。但是最终的、也是唯一正确的入党动机只有一个，那就是实现共产主义的社会制度，全心全意为人民服务。因此应对每一因素进行分析，写出达到最终正确入党动机的思想演变过程，必要时还要有一定的理论论述。④自己的优缺点。要一分为二地看待自己的优缺点，并逐一作出深入的分析，要有发扬优点、克服缺点的决心和措施。⑤入党的决心。填写入党志愿书只是申请入党的同志入党必须履行的手续之一，即使在组织上入了党，思想上是否入党还得看入党后的言行。因此，在入党志愿书中还要表明自己有不被接受的思想准备、进一步努力的打算或者入党后的态度或决心等。

（3）结尾。志愿人要署名和注明日期。一般居右书写志愿人姓名"×××"，下一行写上"××××年×月×日"。

（二）写入党志愿应注意的问题

（1）在发展党员常用文书中，入党志愿书是唯一的党组织印发、申请入党人填写的材料。入党志愿有规定的篇幅，不能像其他材料可以不受字数限制地填写。为此，首先要注意字数。

（2）入党志愿要在"入党申请书""思想汇报""自传"等基础上进一步加工、提炼，字斟句酌，把自己最想向党组织表达的思想写出来。

（3）入党志愿要写得郑重、庄严、真诚。

（三）入党志愿参考范文

入党志愿

我志愿加入伟大、光荣、正确的中国共产党。

中国共产党是中国工人阶级的先锋队，同时是中国人民和中华民族的先锋队，是中国特色社会主义事业的领导核心，代表中国先进生产力的发展要求，代表中国先进文化的前进方向，代表中国最广大人民的根本利益。党的最高理想和最终目标是实现共产主义。

中国共产党以马克思列宁主义、毛泽东思想、邓小平理论、"三个代表"重要思想、科学发展观、习近平新时代中国特色社会主义思想作为自己的行动指南。

通过多年的马克思主义理论和党史的学习，通过党的教育和培养，我深刻地认识到，我们党自成立以来90多年奋斗历程为中国人民和中华民族建立了丰功伟绩。从鸦片战争到中国共产党成立前夕，封建统治者丧权辱国，社会战乱不断，国家积贫积弱、人民饥寒交迫。神州大地风雨如晦，人民在暗暗长夜中奔波、辗转、呼号、企盼。1921 年 7 月，中国共产党的诞生，撕破了中国上空的黑暗，给中国革命和民族解放带来一缕亮丽的阳光，中国的革命焕然一新。从此，中国人民在党的领导下，空前团结起来，前仆后继，终于推翻"三座大山"，夺取了新民主主义革命和社会主义改造的伟大胜利。

十一届三中全会以来，党带领全国人民解放思想、实事求是，开辟了建设中国特色社会主义新道路。我们坚持四项基本原则，把握了立国之本；我们实行改革开放，找到了强国之路。从此，党带领人民把握时代脉搏，驾驭国际风云，把一个古老的历经沧桑的民族带进了快车道，中国开始了向全面建成小康社会的目标进军。改革开放近 40 年来，中国共产党砥柱中流，战胜各种艰难风险，实现社会主义中国综合国力大幅度跃升，人民生活水平大幅提高，社会安定、政通人和、民族凝聚力极大增强，各项成就举世瞩目。中国，以一种崭新的气象岿然屹立于世界的东方！

所有这些成就的取得，归功于党的正确领导和全国人民的艰苦奋斗。中国共产党成立 96 年来的历史充分表明，伟大的中国共产党是引导中华民族走向伟大复兴的根本保证。中国共产党是值得全国人民信赖和拥护的党，不愧是中国最广大人民群众利益的忠实代表。当代中国有志青年，要站在民族生存发展的历史高度来认识党的先进性，自觉站在党旗下，接受党组织的教育和培养，做党的一滴新鲜血液。

我作为一名当代大学生，同时也是一名热血青年，伴着祖国的改革开放进程而成长，切身感受到了十一届三中全会以来党的路线方针政策给祖国、给人民、给每个中国家庭带来的翻天覆地的历史性变化，从心底拥护党的基本理论、基本路线和基本纲领。

多年来，在党组织的教育与培养下，通过自己的刻苦学习与锻炼，牢固地树立起坚定的马克思主义政治信仰和共产主义理想信念，志愿加入中国共产党，为共产主义社会理想、为建设中国特色社会主义、为党和人民的根本利益而奉献自己的青春、热血与汗水，这是任何力量、任何艰险、任何风浪也动摇不了的我的毕生信念与追求。

进入新时代，我们党高瞻远瞩、深谋远虑，胜利召开党的第十九次全国代表大会，把习近平新时代中国特色社会主义思想同马克思列宁主义、毛泽东思想、邓小平理论、"三个代表"重要思想、科学发展观一道确立为党的指导思想，并确定了决胜全面建成小康社会、开启全面建设社会主义现代化国家新征程的奋斗目标。这一目标，紧跟时代，立足国情，放眼未来，将深深激励和鼓舞全党全国人民去创造幸福生活和美好未来。我作为一名即将跨入党组织大门的发展对象，更感到欢欣鼓舞，为党为人民努力工作，同全党同志和全国人民一道为全面建成小康社会而努力奋斗。

我知道，为党和人民的伟大事业而努力工作，只有良好的愿望是不够的，还要有优良的素质和过硬的本领。在今后的学习、工作和生活中，我将永远牢记党的教导，努力学习马列主义、毛泽东思想、邓小平理论、"三个代表"重要思想、科学发展观、习近平新时代中国特色社会主义思想，学习党的路线、方针、政策。在当前，特别要努力学习好党的十九大报告，贯彻落实好十九大精神及其各项战略部署。我将牢记党的全心全意为人民服务的宗旨，时刻用共产党员的标准严格要求自己，提高素质、改正缺点、弥补不足，永葆党员的先进性，为共产主义奋斗终身！

志愿人：×××

××××年×月×日

四、转正申请书的写法及参考范文

（一）转正申请书的基本写法

转正申请书，是预备党员在预备期满时向党组织提出转为正式党员的书面材料。

转正申请书的基本书写格式及内容通常如下：

（1）标题。一般为"转正申请书"，居中书写。

（2）称谓，即申请人对党组织或党支部的称呼，一般写"敬爱的党组织"或"党支部"。顶格书写在标题的下一行，后面加冒号。

（3）正文。主要内容包括：写明自己被批准为中共预备党员的时间及预备期满的时间。延长预备期的党员要写明什么时间被延长的，到什么时间延长期满以及延长预备期的原因，并向党组织请求转为中共正式党员。汇报自己在预备期间的表现情况，这是转正申请的主体部分。这部分应该写得全面、具体、详细。首先，从总的方面写自己入党后，在党组织的教育下，在提高思想政治觉悟、增强党性锻炼、解决思想入党问题等方面所取得的收获。其次，写明自己以党员标准要求自己，在政治、思想、工作、学习及发挥党员先锋模范作用等方面所取得的进步和成绩。最后，对自己入党时存在的缺点，现在克服改正情况，还存在哪些不足要实事求是地写出来。尤其是延长预备期的要重点说明延长期间的缺点问题改正情况。写明今后的努力方向。应该针对自己的缺点来写，最好要制订出切实可行的具体措施。如果还有什么情况和问题，在入党时没有向党组织讲明的，或在预备期发生了什么应该向党组织说明的问题，也应写清楚。应向党组织表明愿意接受长期考验的态度。

（4）结尾。在转正申请书的最后，要署名和注明申请日期。一般居右书写"申请人×××"，下一行写上"××××年×月×日"。

转正申请一般应在预备期满之前主动交给所在党支部。

（二）写转正申请书应注意的问题

（1）转正申请书要适时写出，交给党组织太早、太晚都不行，一般在转正到期前一两周为好。

（2）转正申请书不能过分简单、概括，要体现思想进步的连续性。既要与预备期思想相联系，也要与申请入党过程、思想变化相联系，注意思想的深度。

（3）延长预备期后提出转正申请，在写转正申请书前还需要与党组织有关负责人正式谈话，征求意见。

（三）转正申请书参考范例文

转正申请书

党支部：

我是××××年×月×日被批准为预备党员的，预备期为一年，到××××年×月×日预备期满。为了使党组织如期研究我的转正问题，现将我的转正申请送上，请审查。

自从××××年×月×日批准我为预备党员之后，在党组织严格要求下，在支部党员的帮助教育下，在深入学习党的十九大报告和十九大通过的新党章的基础上，我对党的性质又有了新的认识，思想理论上日渐成熟，政治头脑更加清醒。特别是通过党内"两学一做"等教育实践活动的锻炼，我进一步增强了党性，更加明确了作为一名党员在实际工作中要解放思想、实事求是、与时俱进、勇于进取；作为一名合格的共产党员，不仅要解决组织上入党的问题，更重要的还要解决思想入党的问题。一年来收获是非常大的，归纳起来有以下几点：

第一，明确了共产党员必须把共产主义远大理想与实干精神统一起来。在入党以前，自己认识到共产党员要有远大理想，要有为共产主义奋斗终身的精神,但这种"远大理想""奋斗终身的精神"如何在现实生活中得到体现,并不十分清楚,特别是作为一个正在大学里学习的学生,更加感到困惑。入党后,经过一年来党的教育,我认识到"远大理想""奋斗终身的精神"一定要与自己的现实生活紧密结合起来。为远大理想而奋斗,对学生来说,就是要端正学习目的,树立刻苦学习的态度,更多地掌握现代化建设所需的本领,为决胜全面建成小康社会而奋斗。除了努力学好学校规定的课程外,还要从实际出发,紧密结合所学专业,选修有关方面的课程,争取获得优异成绩。

第二,明确了共产党员必须积极拥护党的政策。党的政策和策略是党的生命。它既是对以往经验的科学总结,同时又是未来社会实践的重要依据。当前,随着经济全球化的发展,国与国之间的竞争日趋激烈,谁能在未来的国际竞争中站稳脚跟,关键取决于科技实力,科技的发展取决于人才,人才的培养取决于教育。目前我国正推进教育现代化和建设教育强国,全面深化教育领域综合改革,作为一名学生,要积极投身到教育改革当中去,为我国教育改革作贡献。

第三,明确了当一名合格的共产党员,必须不断提高自己为人民服务的本领。要提高为人民服务的本领,首先要提高自己的政治思想理论水平,树立马克思主义的科学的世界观、人生观和价值观,牢固树立全心全意为人民服务的宗旨意识。其次要学好专业知识,打牢知识功底,同时要扩展自己的知识面,做到博与专的统一,以适应 21 世纪形势发展的需要。最后,要不断经受实践的磨炼,增强党性,把实践活动融入实际学习生活中去,关心他人,服务大家。

在这一年来的预备期里,自己按照上述要求做了一些工作,发挥了一个党员的作用。但是,检查起来,所存在的缺点也是不少的,在党组织的帮助教育下,有的克服了,有的还需今后努力改正。主要缺点还有以下两个方面:一是团结同学不够普遍;二是只注重学习,参加文体活动较少。今后,我一定在党支部和全体党员的帮助下,采取有效措施,增强群众观点,丰富生活内容,积极参加课外活动。

今天,我虽然向党组织递交了转正申请书,但我愿意接受党组织的长期考验。

申请人:×××

××××年×月×日

附录 5

入党誓词

我志愿加入中国共产党，拥护党的纲领，遵守党的章程，履行党员义务，执行党的决定，严守党的纪律，保守党的秘密，对党忠诚，积极工作，为共产主义奋斗终身，随时准备为党和人民牺牲一切，永不叛党。

宣誓人：×××

附录 6

党的基本知识测试模拟题（一）

（测试时间：80 分钟）

一、填空题（共 32 空，每空 1 分）

1. 十八届六中全会总结了我们党开展党内政治生活的历史经验，分析了全面从严治党面临的形势和任务，认为办好中国的事情，关键在党，关键在_____，并审议通过了_____、_____。

2. 2015 年 10 月，中央颁布实施了新修订的《中国共产党纪律处分条例》。根据《条例》，我们把党的纪律分为六大纪律：政治纪律、组织纪律、_____、_____、_____、生活纪律。

3. 中国共产党是根据自己的_____和_____,按照_____原则组织起来的统一整体。

4. 中国共产党第十九届中央政治局常务委员会有总书记：习近平，常委：李克强、_____、_____、王沪宁、赵乐际、韩正。

5. 中国共产党按照"_____、_____"的方针，完成祖国统一大业。

6. 中国共产党在国际事务中，坚持_____和平外交政策，维护我国的独立和主权，反对霸权主义和强权政治，维护世界和平，促进人类共同进步。

7. 总的来看，我国仍处于并将长期处于_____的基本国情没有变，_____同_____之间的矛盾这一社会主要矛盾没有变，同时我国发展呈现一系列新的阶段性特征，出现一系列新情况新问题。

8. 党的领导主要是政治、_____和_____的领导。

9. 党组织讨论决定问题，必须执行_____的原则。

10. 党的基层组织，根据工作需要和党员人数，经上级党组织批准，分别设立党的_____、_____、_____。

11. "两学一做"学习教育的主要内容是_____

_____。

12. 共产党员必须具有高度的_____观念、_____观念和_____观念。

13. 党组织应当指定_____名_____党员作入党积极分子的培养联系人。

14. 预备党员的预备期一般为_____年。

15. 发展党员，必须由_____名_____党员作入党介绍人。

二、单选题（共 15 题，每题 1 分）

1. _____，中国共产党第十九次全国代表大会在北京召开。

A. 2017 年 10 月 17 日　　　　B. 2017 年 10 月 18 日

C. 2017 年 10 月 20 日　　　　D. 2017 年 10 月 24 日

2. 凡是成立党的新组织，或撤销党的原有组织，必须由_____决定。

A. 上级党组织　　　　　　B. 县级以上党组织

C. 上级党委　　　　　　　D. 基层党组织

3. 把工人、农民、军人、知识分子以外的其他社会阶层中的先进分子吸收到党内来，有利于增强党的阶级基础，扩大党的_____。

A. 群众基础　　　　　　　B. 思想基础

C. 政治基础　　　　　　　D. 组织基础

4. 党员的先进性，党员与一般群众的根本区别，就在于党员具有高度的_____。

A. 组织纪律性　　　　　　B. 共产主义觉悟

C. 历史使命感与责任感　　D. 全心全意为人民服务的品质

5. 中国梦的基本内涵是_____。

A. 实现国家富强、民族振兴、人民幸福

B. 坚持中国道路、弘扬中国精神、凝聚中国力量

C. 造福中国人民、造福各国人民

D. 全面实现小康社会

6. 党员如果没有正当理由，连续_____个月不参加党的组织生活，或不交纳党费，或不做党所分配的工作，就被认为是自行脱党。

A. 3　　　　B. 9　　　　C. 6　　　　D. 12

7. 党的_____首次提出了中国特色社会主义制度的科学内涵和完整表述。

　　A. 十三大　　　B. 十八大　　　C. 十六大　　　D. 十七大

8. 党章提出党要适应改革开放和社会主义现代化建设的要求，坚持_____，加强和改善党的领导。

　　A. 党的基本路线　　　　　　B. 党的宗旨
　　C. 科学执政、民主执政、依法执政　D. 民主集中制

9. 申请入党的同志，在被批准为_____之后就应该按期交纳党费。

　　A. 积极分子　　　B. 发展对象　　　C. 预备党员　　　D. 正式党员

10. 预备党员认真履行党员义务，具备党员条件的，应当按期转为正式党员；需要继续考察和教育的，可以延长预备期，但不能超过_____。

　　A. 半年　　　B. 一年　　　C. 一年半　　　D. 两年

11. 党的纪律处分，最严重的是_____。

　　A. 严重警告　　　　　　　　B. 撤销党内职务
　　C. 留党察看　　　　　　　　D. 开除党籍

12. 入党积极分子的考察期为_____。

　　A. 3个月　　　　　　　　　B. 6个月
　　C. 12个月　　　　　　　　　D. 12个月以上

13. 党的最高领导机关是：_____

　　A. 党的中央委员会
　　B. 党的全国代表大会和它所产生的中央委员会
　　C. 党的各级委员会
　　D. 党的各级代表大会

14. 中国共产党和各民主党派共同协商、管理国家事务的合作方式主要包括_____等几种形式。

　　A. 中国人民政治协商会议、中国共产党召集的协商座谈会、共同参加国家政权
　　B. 全国人民代表大会、中国人民政治协商会议、共同参加国家政权
　　C. 中国人民政治协商会议、全国人民代表大会、中国共产党召集的协商座谈会

15. 党的十八大报告用24个字对社会主义核心价值观进行了表述，从国家层面看，是_____。

　　A. 爱国、敬业、诚信、友善

B. 富强、民主、文明、和谐

C. 自由、平等、公正、法治

D. 爱国、敬业、公正、友善

三、判断题，对的打"√"，错的打"×"（共 10 题，每题 1 分）

1. 预备党员的权利与义务同正式党员一样。 （ ）

2. 党员的预备期从支部大会通过他为预备党员之日算起。 （ ）

3. 党员的党龄从预备期满转为正式党员之日算起。 （ ）

4. 书写入党申请书时，如因特殊情况不能自己写，可以由本人口述，请别人代写。 （ ）

5. 下级组织如果认为上级组织的决定不符合本地区、本部门的实际情况，可以不执行上级组织的决定。 （ ）

6. 党按照德才兼备的原则选拔干部。 （ ）

7. 留党察看最长不超过 3 年。 （ ）

8. 党员在留党察看期间仍然有选举权和被选举权。 （ ）

9. 任何党员如有特殊情况可以不参加党的组织生活、不接受党内外群众监督。 （ ）

10. 入党志愿书与入党申请书是一种文书的两种称呼，其实质上是相同的。

（ ）

四、简答题（共 23 分）

1. 党的十九大提出的新时代中国特色社会主义的基本方略是什么？（8 分）

2. 在新的历史条件下，中国共产党党员先进性的时代特征是什么？（8 分）

3. 入党动机是什么？怎样才能成为一名合格的共产党员？（7分）

五、论述题（共 2 题，每题 10 分）

1. 结合实际，谈谈如何认真学习党章，自觉遵守党章，切实贯彻党章，坚决维护党章。（10分）

2. 共产党员的楷模王瑛同志曾经说过："生活不相信眼泪，人就是活一天也要活得快乐、精彩，就是倒下了，也要倒在岗位上。"请结合对王瑛同志这句话的理解，谈谈一名党员应如何在现实生活和工作中树立正确的世界观、人生观、价值观，做一名合格的共产党员。（10分）

附录 7

党的基本知识测试模拟题（二）

（测试时间：80 分钟）

一、填空题（共 20 空，每空 1 分）

1. 中国共产党第十九次全国代表大会在京隆重召开，大会主题是：不忘初心、牢记使命、高举中国特色社会主义伟大旗帜，＿＿＿＿＿＿＿＿＿＿＿＿＿，夺取新时代中国特色社会主义伟大胜利，为实现中华民族伟大复兴的中国梦而奋斗。

2. ＿＿＿＿＿＿＿＿＿＿＿＿＿＿＿＿是党的最高革命纲领。

3. 党的十八届四中全会，讨论的中心议题是＿＿＿＿＿＿＿＿＿＿＿＿＿＿。

4. 中国共产党第十九届中央政治局常务委员会有总书记：习近平，常委：李克强、栗战书、汪洋、＿＿＿＿＿、＿＿＿＿＿、韩正。

5. 党始终把＿＿＿＿＿建设放在党建首位。

6. 贯彻党的 ＿＿＿＿＿＿＿＿，是党的组织和领导制度建设的根本保证。

7. 中国共产党的纪律是由＿＿＿＿＿＿＿＿＿＿＿＿＿＿＿所决定的。

8. 我国正处于并将长期处于＿＿＿＿＿＿＿＿＿＿＿＿。

9. 党的领导主要是政治、＿＿＿＿＿和 ＿＿＿＿＿ 的领导。

10. 党组织讨论决定问题，必须执行＿＿＿＿＿＿＿＿＿＿＿＿的原则。

11. 党的基层组织，根据工作需要和党员人数，经上级党组织批准，分别设立党的＿＿＿＿＿＿＿＿、＿＿＿＿＿＿＿＿、＿＿＿＿＿＿＿＿。

12. 看一个政党是否先进，主要是看它的理论和纲领是不是＿＿＿＿＿＿，是不是代表 ＿＿＿＿＿＿＿，是不是代表 ＿＿＿＿＿＿＿＿＿。

13. 党的十八大提出的"两个一百年"分别是：＿＿＿＿＿＿＿＿＿

＿＿＿＿＿＿＿＿＿＿＿＿＿＿＿＿＿＿＿＿＿＿＿＿＿＿＿＿＿＿＿＿＿＿＿＿＿＿

＿＿＿＿＿＿＿＿＿＿＿＿＿＿＿＿＿＿＿＿＿＿＿；

＿＿＿＿＿＿＿＿＿＿＿＿＿＿＿＿＿＿＿＿＿。

二、单选题（共 15 题，每题 1 分）

1. _____，中国共产党十八届六中全会召开。
   A. 2016 年 10 月 20 日　　　　　　B. 2016 年 10 月 21 日
   C. 2016 年 10 月 24 日　　　　　　D. 2016 年 10 月 27 日

2. 凡是成立党的新组织，或撤销党的原有组织，必须由_____决定。
   A. 上级党组织　　　　　　　　B. 县级以上党组织
   C. 上级党委　　　　　　　　　D. 基层党组织

3. 企业、农村、机关、学校、科研院所、社会团体和其他基层单位，凡是有正式党员_____以上的，都应当成立党的基层组织。
   A. 二人　　　　　　　　　　　B. 三人
   C. 四人　　　　　　　　　　　D. 五人

4. 党的全国代表大会每_____举行一次，由中央委员会召集。中央委员会认为有必要，或者有_____以上的省一级组织提出要求，全国代表大会可以提前举行；如无非常情况，不得延期举行。
   A. 三年；1/5　　　　　　　　B. 四年；1/4
   C. 五年；1/3　　　　　　　　D. 六年；1/2

5. 加强和改进党的建设，必须加强党的执政能力建设，提高党的_____。
   A. 抵御风险能力和水平　　　B. 驾驭全局能力和水平
   C. 领导水平和执政水平　　　D. 拒腐防变能力和水平

6. 党员如果没有正当理由，连续_____个月不参加党的组织生活，或不交纳党费，或不做党所分配的工作，就被认为是自行脱党。
   A. 3　　　　　　　　　　　　B. 9
   C. 6　　　　　　　　　　　　D. 12

7. 首次完整提出构建社会主义和谐社会概念，并将其正式列为中国共产党全面提高执政能力的五大能力之一的会议是_____。
   A. 十六届三中全会　　　　　B. 十七届四中全会
   C. 十六届四中全会　　　　　D. 十七大

8. 党的十六大明确提出了_____的重大使命和重要战略任务。
   A. 加强党的执政能力建设　　B. 依法治国
   C. 加快建设小康社会　　　　D. 科学发展观

9. 申请入党的同志，在被批准为_____之后就应该按期交纳党费。
   A. 积极分子　　　　　　　　B. 发展对象

C. 预备党员　　　　　　　　　　D. 正式党员

10. 现行的党章由总纲和具体章程两大部分组成，共_____。

A. 10 章 51 条　　　　　　　　　B. 11 章 53 条

C. 12 章 55 条　　　　　　　　　D. 13 章 52 条

11. 党的纪律处分，最严重的是_____。

A. 严重警告　　　　　　　　　　B. 撤销党内职务

C. 留党察看　　　　　　　　　　D. 开除党籍

12. 入党积极分子的考察期为_____。

A. 3 个月　　　　　　　　　　　B. 6 个月

C. 12 个月　　　　　　　　　　 D. 12 个月以上

13. 《党章》规定每位发展对象至少要有_____名入党介绍人。

A. 1　　　　　　　　　　　　　　B. 2

C. 3　　　　　　　　　　　　　　D. 4

14. 1945 年，党的_____大把全心全意为人民服务第一次写进党章总纲和党员应尽的义务中。

A. 七　　　　　　　　　　　　　　B. 八

C. 九　　　　　　　　　　　　　　D. 十

15. 党的三大决定采取_____形式同国民党建立联合战线，共产党员以个人身份加入国民党。

A. 党内合作　　　　　　　　　　B. 党外合作

C. 党员合作　　　　　　　　　　D. 党间合作

三、判断题，对的打"√"，错的打"×"（共 10 题，每题 1 分）

1. 党的历史就是一部全心全意为人民服务的历史。　　　　　（　　）

2. 民主集中制、党内组织生活制度等党的组织制度都非常重要，必须严格执行。　　　　　　　　　　　　　　　　　　　　　　　　　　（　　）

3. 党的下级组织必须坚决执行上级组织的决定。　　　　　　（　　）

4. 成立党的新组织或撤销党的原有组织，由党组织所在单位决定就可以了，不必由上级党组织决定。　　　　　　　　　　　　　　　　　　（　　）

5. 新形势下，不断把党风廉政建设和反腐败斗争引向深入，需要加强制度建，强化党内监督。　　　　　　　　　　　　　　　　　　　　　　（　　）

6. 党规党纪的完备程度是我们党成熟与否、执政能力高低的重要标志。

（　）

7. 严明党的纪律，就是严明政治纪律。　　　　　　　　（　）

8. 纪律面前一律平等，党内不允许有不受纪律约束的特殊党员。（　）

9. 只有加强纪律建设，把守纪律讲规矩摆在更加重要位置，以严生威、以威促严，才能让管党治党变为严格的约束行动，完成好重构政治生态的工作任务。　　　　　　　　　　　　　　　　　　　　　　　（　）

10. 新的发展党员工作细则规定，党支部半年对入党积极分子进行一次考察。

（　）

四、简答题（共 25 分）

1. 社会主义初级阶段的基本路线是什么？（8 分）

2. 党的纪律在社会主义市场经济时期有何重要作用？（10 分）

3. 如何理解中国共产党是中国特色社会主义事业的领导核心？（7 分）

五、论述题（共 3 题，每题 10 分）

1. 简述申请入党的基本条件是什么？

2. 如何遵照入党程序，认真履行入党手续？

3. 当代大学生如何用实际行动贯彻党的十九大精神，做一名合格的共产党员？

参考文献

[1] 李荣健. 新编入党培训教程[M]. 北京：北京邮电大学出版社，2012.

[2] 中共中央党史研究室. 中国共产党历史：第一卷（1921—1949）[M]. 北京：中共党史出版社，2011.

[3] 中共中央党史研究室. 中国共产党历史：第二卷（1949—1978）[M]. 北京：中共党史出版社，2011.

[4] 中共中央党史研究室. 中国共产党的九十年：新民主主义革命时期[M]. 北京：中共党史出版社，党建读物出版社，2016.

[5] 中共中央党史研究室. 中国共产党的九十年：改革开放和建设时期[M]. 北京：中共党史出版社，党建读物出版社，2016.

[6] 中共中央党史研究室. 中共中央党的九十年：改革开放和社会主义现代化建设新时期[M]. 北京：中共党史出版社，党建读物出版社，2016.

[7] 李世平. 中国现代史（1919—1949）[M]. 重庆：西南师范大学出版社，1988.

[8] 李忠诚，王振川. 中国共产党七十年纪事[M]. 重庆：重庆出版社，1991.

[9] 张世全，张丝雨. 中国近现代史纲要[M]. 武汉：中国地质大学出版社，2014.

[10] 庄雷，熊焰，全军. 高职院校业余党校教育读本[M]. 重庆：重庆大学出版社，2015.

[11] 张荣臣. 入党培训教程[M]. 北京：中共党史出版社，2013.

[12] 黄蓉生. 高等学校党课教程[M]. 重庆：西南师范大学出版社，2003.

[13] 赵国运，彭斌，张晓庆. 新编大学生入党培训教程[M]. 长春：吉林大学出版社，2010.

[14] 习近平. 习近平谈治国理政[M]. 北京：外文出版社，2014.

[15] 中共中央宣传部. 习近平总书记系列重要讲话读本[M]. 北京：学习出版社，人民出版社，2016.

[16] 习近平. 决胜全面建成小康社会　夺取新时代中国特色社会主义伟大胜利——在中国共产党第十九次全国代表大会上的报告[M]. 北京：人民

出版社，2017.

[17] 朱金广，潘登，斯琴. 大学生入党培训教程[M]. 北京：中共中央党校出版社，2017.

[18] 陈坚. 发展对象与新党员培训教程[M]. 北京：中共中央党校出版社，2016.